Marie-Luise Raters
Das moralische Dilemma im Ethik-Unterricht

THELEM

Marie-Luise Raters

Das moralische Dilemma im Ethik-Unterricht

Moralphilosophische Überlegungen
zur Dilemma-Methode
nach Lawrence Kohlberg

THELEM
2011

Bibliografische Information der Deutschen Bibliothek
Die Deutsche Bibliothek verzeichnet diese Publikation in der
Deutschen Nationalbibliografie; detaillierte bibliografische Daten
sind im Internet unter <http://dnb.ddb.de> abrufbar.

Bibliographic information published by Die Deutsche Bibliothek
Die Deutsche Bibliothek lists this publication in the Deutsche
Nationalbibliografie; detailed bibliographic data is available in the
Internet at <http://dnb.ddb.de>

ISBN 978-3-942411-29-5

© 2011 w. e. b. Universitätsverlag & Buchhandel
Eckhard Richter & Co. OHG
Bergstr. 70 | D-01069 Dresden
Tel.: 0351/4 72 14 63 | Fax: 0351/4 72 14 65
http://www.thelem.de

Titelbild: Münze »Januskopf«
© Meyers Konversationslexikon. 4. Aufl. Band 11. Leipzig/Wien: Verlag des Bibliographischen
Instituts, 1885–1892. S. 0897a: Münzen I (Altertum)

Inhalt

Einleitung

Als in Brandenburg[1] das neue Schulfach LER (Lebensgestaltung – Ethik – Religionskunde) eingeführt werden sollte, hieß es im *Abschlussbericht* des *Ministeriums für Jugend, Bildung und Sport* zu einem im Jahr 1996 durchgeführten Modellversuch, dass »die Methode der Dilemma-Situation von den Lehrern« als besonders »angemessen und wirkungsvoll eingeschätzt«[2] worden sei. Dementsprechend exponierten die *Unterrichtsvorgaben* des Landes Brandenburg für das Fach *Lebensgestaltung – Ethik – Religionskunde* in der Sekundarstufe I vom 25. Juni 1996 die Fähigkeit zum »Aufnehmen und Thematisieren von moralischen Problemsituationen (Dilemmata)« als die wichtigste der im Ethik-Teil zu entwickelnden »ethischen Kompetenzen«[3]. Die genannte Dilemma-Methode basiert auf den Untersuchungen des amerikanischen Entwicklungspsychologen Lawrence Kohlberg zur Moralentwicklung von Kindern und Jugendlichen. Insofern stießen Edelstein und Oser als die führenden Theoretiker des Ethik-Anteils im LER-Unterricht in dasselbe Horn wie der *Abschlussbericht* und die *Unterrichtsvorgaben,* als sie in ihren Überlegungen zur *Grundlegung eines neuen Schulfachs* im Jahr 2001 eine »Privilegierung der Theorie Kohlbergs«[4] im Ethik-Anteil von LER empfahlen. Seitdem ist die Dilemma-Methode die didaktische Methode, die den Studierenden des Studiengangs LER in Brandenburg vorrangig beigebracht wird.[5]

1   Ich danke Christian Neuhäuser, Michael Pauen, Petra Lenz und Fritz Oser für wertvolle Kritik und Hinweise. Johannes Rohbeck und dem Thelem-Verlag danke ich für die Möglichkeit der Veröffentlichung. Anne Mindt und Siegfried Weichlein danke ich für Hilfe bei der Manuskriptgestaltung.
2   *Ministerium für Bildung, Jugend und Sport: Abschlussbericht zum Modellversuch ›Lebensgestalt – Ethik – Religion‹.* Potsdam Februar 1996, 32.
3   *Unterrichtsvorgaben* des Landes Brandenburg für das Fach *Lebensgestaltung – Ethik – Religionskunde* in der Sekundarstufe I vom 25. Juni 1996. Potsdam 1996, 25.
4   *Edelstein, Wolfgang/Oser, Fritz: Dilemmadiskussion.* In: *Lebensgestaltung – Ethik – Religionskunde.* Zur Grundlegung eines neuen Schulfachs. Analysen und Empfehlungen, vorgelegt vom Wissenschaftlichen Beirat LER W. Edelstein, K. E. Grözinger, B. Kirsch, A. Leschinsky, F. Oser. Mit Beiträgen von S. u. I. Hillerich. Weinheim, Basel 2001, (176–183) 176 f.
5   Um Missverständnisse zu vermeiden: Die Hochschätzung von Kohlbergs Dilemma-Methode ist keineswegs eine brandenburgische Besonderheit. Schon im Jahr 1987 heißt es in dem *Vorschlag für ein Projekt zur Förderung der moralisch demokratischen Urteilskompetenz in der Schule* der vom Kultusministerium des Landes Nordrhein-Westfalen einberufenen Expertenkommission, dass »der pädagogische Ansatz« von Lawrence Kohlberg »neue demokratisch-progressive Perspektiven« jenseits »von Tugend- und Werte-Erziehung auf der einen Seite und vorgeblich wertfreiem, technokratischem Unterricht auf der anderen Seite« eröffnen würde. *Hänisch, Hans/Hagemann, Wilhelm/Nunner-Winkler, Gertrud/Oser, Fritz/Reinhardt, Sibylle/Schiro, Heinz/Vossen, Ulrich/Lind, Georg/Raschert, Jürgen: Vorschlag für ein Projekt zur Förderung der moralisch demokratischen Urteils-*

Tatsächlich hat sich die Dilemma-Methode im Ethik-Unterricht unseren Erfahrungen zufolge weitgehend bewährt. Zwar hört man dann und wann den Unkenruf, dass man Kohlbergs Methode endlich verabschieden solle, weil sie ihre Konjunktur nur den Erfordernissen einer Demokratisierung des deutschen Schulsystems zu Beginn der Bundesrepublik verdankt habe und auf psychologisch längst überholten Prämissen beruhe. Wie im Verlauf meiner Überlegungen noch deutlich wird, nehme ich solche Einwände sehr ernst. Tatsächlich sollte die Dilemma-Methode nicht als der Weisheit letzter Schluß behandeln werden. Eine Lehrperson, die die Methode einsetzt, sollte vielmehr auch andere Methoden kennen und vermitteln können. Vor allem aber sollte sie die theoretischen Vorgaben der Dilemma-Methode genau kennen, um sowohl die Reichweite als auch die Grenzen dieser Methode einschätzen zu können, und dazu möchte meine Abhandlung einen Beitrag leisten. Dass sie Grenzen hat, ist nicht zu leugnen, und dass sie nur ein bestimmtes Konzept von Moralität exponiert und nur für eine bestimmte Gruppe von SchülerInnen passt, erst recht nicht. Dennoch aber möchte ich mich der Hochschätzung von Kohlbergs Dilemma-Methode für den Ethik-Unterricht ausdrücklich anschließen, weil diese genau da ansetzt, wo der Ethik-Unterricht in meinen Augen ansetzen sollte: bei konkreten moralischen Problemen nämlich, die es zu lösen gilt. Wenn ich die Dilemma-Methode hier kritisch zur Diskussion stelle, ist das also nicht gegen die Dilemma-Methode selbst gerichtet; im Gegenteil befasse ich mich so ausführlich mit ihr, weil ich sie ihren Schwächen und Begrenztheiten zum Trotz für sehr praktikabel und wichtig halte. Ich denke aber, dass man sie nur anwenden sollte, nachdem sie soweit modifiziert worden ist, dass sie erstens keine überzogenen Erwartungen mehr weckt, und dass sie zweitens den Einsichten Rechnung trägt, zu denen die Philosophie des moralischen Dilemmas in den letzten Jahrzehnten gelangt ist.[6] Dazu möchte mein Buch einen Beitrag leisten

Diese Abhandlung ist somit also ausdrücklich von der Warte der Moralphiloso-

---

kompetenz in der Schule. In: *Moralische Urteilsfähigkeit.* Hrsg. v. G. Lind, J. Raschert. Weinheim/ Basel 1987, 113. Dementsprechend äußerte der Kultusminister von Nordrhein-Westfalen dann die Hoffnung, dass die Schulpolitik mit Kohlbergs Dilemma-Methode ihrem »Interesse« ein Stück näher kommen könne, dass »jeder unserer Mitbürger in seiner moralisch-demokratischen Urteilskompetenz bestmöglich gefördert wird, damit ein Höchstmaß an sozialer Verantwortung und einvernehmlicher Konfliktlösung in unserer Gesellschaft erreicht und erhalten bleibt«. *Schwier, Hans: Einleitende Bemerkungen zu Schule und Erziehung des Kultusministers von Nordrhein-Westfalen.* In: *Moralische Urteilsfähigkeit.* A. a. O. (11–15) 14.

6   Vgl. dazu *Raters, Marie-Luise: Das moralische Dilemma – Supergau der Moral?* Eine kritische Diskussion der angelsächsischen Debatte. Forthcoming.

phie her verfasst, und das aus zwei Gründen.[7] Der erste Grund ist schlicht der, dass die Moralphilosophie nun einmal meine Profession ist: Ich befasse mich mit der Dilemma-Methode als Dozentin für Ethik an der Universität Potsdam im Zuge der Ausbildung von LER-LehrerInnen für das Land Brandenburg. Der zweite Grund ist sachlich stärker: Bei meiner professionellen Beschäftigung mit der Dilemma-Methode habe ich nämlich den Eindruck gewonnen, dass aus den einschlägigen didaktischen und methodischen Einwänden die entsprechenden Konsequenzen weitgehend schon gezogen wurden, während genau das für die einschlägigen moralphilosophischen Einwände nicht der Fall ist. Es sind vor allem zwei moralphilosophische Einwände, aus denen in meinen Augen unbedingt Konsequenzen für den Ethik-Unterricht gezogen werden sollten. Zum einen sollte eine hochentwickelte Moralität zur Vermeidung von rigoristischen moralischen Fehlentscheidungen auch über Regeln des begründeten Prinzipienverstoßes in Ausnahmefällen verfüge, und zum anderen konfrontiert uns die moralische Praxis entgegen Kohlbergs moralphilosophischen Vorentscheidungen durchaus mit so etwas wie unauflösbaren moralischen Dilemmata. Ich werde auf diese Einwände sowie auf mögliche didaktische Konsequenzen in den Kapiteln II. und III. meiner Abhandlung zu sprechen kommen, nachdem ich Kohlbergs Dilemma-Methode sowie die wichtigsten didaktischen und methodischen Einwände in einem ersten hinführen Teil I. vor dem Hintergrund seines Theoriegebäudes grob rekonstruiert habe.

---

7   Fritz Oser hat mich treffend darauf hingewiesen, daß moralphilosophische Vorstellungen und die tatsächliche moralische Entwicklung auseinanderklaffen können. Weil man die moralische Entwicklung allerdings (nicht zuletzt im Ethik-Unterricht) in gewissem Maße auch steuern kann, halte ich es für fruchtbar, wenn sich auch die Moralphilosophie zu ethikdidaktischen Fragen äußert.

1. Die Dilemma-Methode im Überblick

Lawrence Kohlberg[1] hat seine »Erziehungsphilosophie« auf den Einfluss von John Deweys pädagogischem Hauptwerk *Democracy and Education* von 1916 zurückgeführt. Allerdings sei »Deweys Denken über Moral« nur »theoretisch« geblieben. »Psychologisch konkret« geworden sei es erst durch Jean Piaget, der in der ersten Hälfte des 20. Jahrhunderts die Stadien der Entwicklung der kindlichen Intelligenz und der kindlichen Wahrnehmungsfähigkeiten untersucht hatte. Wie Kohlberg hervorhebt, hat sich Piaget im Zuge dessen »als erster« bemüht, »auf der Grundlage seiner vorherigen Untersuchung der kognitiven Entwicklung Stufen des moralischen Denkens bei Kindern zu definieren, indem er tatsächlich Kinder interviewte und (bei Regelspielen) beobachtete«. Um in die Fußstapfen von Piaget und Dewey zu treten, habe er zu Beginn der fünfziger Jahre des letzten Jahrhunderts beschlossen, die »Stufen der Moralentwicklung neu zu definieren«, um sie anschließend durch »Längstschnittuntersuchungen und transkulturelle Forschung« zu »validieren«[2]. Kohlberg hat seinen Plan in die Tat umgesetzt: Seit 1955 untersuchte er mit einem Stab von MitarbeiterInnen die Moralentwicklung von Kindern und Jugendlichen.

(1) Die sechs Stufen der Moralentwicklung. Durchgeführt wurden die Versuche, indem ausgewählten Probanden in regelmäßigen Abständen eigens zu diesem Zweck erfundene[3] Dilemmata zur Beurteilung vorgelegt und ihre Antworten in einem sechsstufigen Raster erfasst wurden, wobei sich Kohlberg und seine MitarbeiterInnen vor allem für die Veränderungen der jeweiligen Antwortstrategien interessierten. Das Ergebnis dieser Studien lautete, verkürzt

1   Biographische Angaben zu Lawrence Kohlberg finden sich in *Oser, Fritz/Althof, Wolfgang: Moralische Selbstbestimmung.* Modelle der Entwicklung und Erziehung im Wertebereich. Ein Lehrbuch. Stuttgart 1992, 83–89.

2   *Kohlberg, Lawrence: Moralische Entwicklung und demokratische Erziehung.* 1973. In: *Moralische Urteilsfähigkeit.* A. a. O. (25–43) 25 f. Die genannten Quellen sind vor allem *Dewey, John: Democracy and Education.* New York 1916. Auch als *ders.: Demokratie und Erziehung.* Eine Einleitung in die philosophische Pädagogik. Übers. v. E. Hylla. Braunschweig ³1964; sowie *Piaget, J.: The Moral Judgement of the Child.* New York 1932. Auch als *ders.: Das moralische Urteil beim Kinde.* Frankfurt 1973. Bei Piaget findet sich ein Vorläufer von Kohlbergs Stufenschema. A. a. O. 80–89. Ein Überblick über die für Kohlberg relevanten Forschungsergebnisse von Piaget findet sich in *Kuld, Lothar/Schmid, Bruno: Lernen aus Widersprüchen.* Dilemmageschichten im Religionsunterricht. Donauwörth 2001, 81 f.

3   Die berühmtesten Dilemmata wie beispielsweise das Heinz-Dilemma oder das Sterbehilfe-Dilemma des Dr. Jefferson finden sich in verschiedenen Varianten in *Kohlberg, Lawrence: Anhang.* In *ders.: The Psychology of Moral Development.* San Franscico 1984. Im Text zit. Als *ders.: Die Psychologie der Moralentwicklung.* Übers. v. U. Eckensberger. Hrsg. v. W. Althof, G. Noam, F. Oser. Frankfurt 1996, 495–508.

gesagt, dass sich die Kriterien der moralischen Entscheidungen von Kindern und Jugendlichen auf drei verschiedenen Urteilsebenen[4] abbilden lassen, denen sechs Stufen der Moralentwicklung entsprechen sollen.[5]

(1) Auf den ersten und zweiten *präkonventionellen* Stufen sollen sich die Entscheidungen nach den unmittelbar zu erwartenden Konsequenzen richten. Auf der ersten Stufe orientieren sich die Probanden an angedrohten Strafen oder an in Aussicht gestellten Belohnungen. »Ob eine Handlung gut oder böse ist«, wird auf dieser untersten Stufe ausschließlich nach »ihren physischen Konsequenzen« und unabhängig von ihrer »sozialen Bedeutung« beispielsweise beurteilt.

---

4   Eine Dreistufigkeit der Moralentwicklung wird sowohl bei Dewey als auch bei Piaget angenommen.
(1) Zu Dewey heißt es bei Kohlberg: »Dewey postuliert drei Niveaus der moralischen Entwicklung: (i) das *prämoralische* oder *präkonventionelle* Niveau des durch biologische und soziale Impulse motivierten Verhaltens mit Folgen für die Sitten, (ii) das *konventionelle* Niveau des Verhaltens, auf dem das Individuum die Massstäbe seiner Gruppe ohne grössere kritische Reflexion akzeptiert, sowie (iii) das *autonome* Niveau des Verhaltens, auf dem das Handeln durch individuelles Denken und durch persönliche Urteile darüber geleitet wird, ob eine Zwecksetzung gut ist; die Maßstäbe der Gruppe werden nicht unreflektiert akzeptiert.« *Kohlberg: Moralische Entwicklung und demokratische Erziehung.* In: *Moralische Urteilsfähigkeit.* A. a. O. 25 f.
(2) Vergleichbar heißt es zu Piaget, dass dieser »unter Verwendung« seines »Interviewmaterials« folgende »Entwicklungsniveaus« definiert hätte: »(i) die *prämoralische* Stufe, auf der es kein Gefühl der Verpflichtung auf Regeln gibt; (ii) die *heteronome Stufe*, auf der das moralisch Richtige in buchstäblichem Gehorsam gegenüber Regeln und einer Gleichsetzung von Verpflichtung und Unterwerfung besteht (ungefähres Altersspektrum: 4–8 Jahre); (iii) die *autonome* Stufe, auf der der Zweck und die Konsequenzen einer Regelbefolgung erwogen werden und Verpflichtungen auf Reziprozität und Austausch beruhen (ungefähr 8–12 Jahre)«. A. a. O. 26.
5   Eine Rekonstruktion der Stufenfolge birgt die Schwierigkeit, dass sie von Kohlberg (in der Regel als Reaktion auf einschlägige Kritik) in Details mehrmals geändert wurde. Hier berücksichtigt wurden *Kohlberg, Lawrence: Moral Development.* In: *International Encyclopedia of the Social Sciences.* New York 1968, 483–494. Im Text zit. nach *ders.: Moralische Entwicklung.* Übers. v. W. Althof. In *ders. Die Psychologie der Moralentwicklung.* A. a. O. (7–40) 28; sowie *ders.: Essays on Moral Development.* San Franciso 1981, Bd. I. 409 ff.; sowie *ders.: Moralische Entwicklung und demokratische Erziehung.* A. a. O. 26 ff.; sowie *Kohlberg, Lawrence/Colby, Anne: The Measurement of Moral Judgment.* (2 Bde.) Bd.1. *Theoretical Foundations and Research Validation.* Cambridge 1987/1990, 18 f.: sowie die Rekonstruktion in, *Habermas, Jürgen: Moralbewusstsein und kommunikatives Handeln.* In *ders.: Moralbewusstsein und kommunikatives Handeln.* Frankfurt 1983, (127–206) 134 f. Vgl. ergänzend auch *Stangl, Werner:. Kurs 03250. FernUniversität Hagen. Einführung in die Psychologie;* sowie *Pfeiffer, Volker: Didaktik des Ethik-Unterrichts.* Bausteine einer integrativen Wertevermittlung. Stuttgart 2009, 290; sowie *Schuster, Peter: Von der Theorie zur Praxis.* Wege zur unterrichtspraktischen Umsetzung des Ansatzes von Kohlberg. In: *Moralische Erziehung in der Schule.* Entwicklungspsychologie und pädagogische Praxis. Hrsg. v. W. Edelstein, F. Oser, P. Schuster. Weinheim/Basel 2001, (177–212) 184.

(2) Die zweite Stufe bezeichnet Kohlberg auch als die Stufe der »instrumentell-relativistischen Orientierung«. Sie soll davon gekennzeichnet sein, dass »zwischenmenschliche Beziehungen als Marktbeziehungen« erscheinen, so dass »Grundzüge von Fairness, Gegenseitigkeit, Sinn für gerechte Verteilung« zwar »vorhanden« sind, aber »stets pragmatistisch interpretiert« werden. Es sollen kleine Abkommen nach dem Motto ›ich verprügele Dich nicht, wenn Du mich auch nicht verprügelst‹ getroffen werden, die jedoch noch nicht auf echter »Loyalität«, sondern auf dem Prinzip »eine Hand wäscht die andere« beruhen sollen.

(3) Auf den dritten und vierten *konventionellen* Stufen sollen die Entscheidungen davon geprägt sein, dass sich die Kinder jetzt in andere hineinversetzen können. Entscheidungen auf der dritten Stufe sollen sich an »personengebundener Zustimmung« orientieren. Als »richtiges Verhalten« soll auf dieser Stufe ein Verhalten angesehen werden, »was anderen gefällt« und »ihre Zustimmung findet«. Kennzeichnend sei deshalb ein »hohes Maß an Konformität« gegenüber einem »Verhalten«, das »mehrheitlich« für »richtig« befunden wird.

(4) Die vierte Stufe nennt Kohlberg auch die Stufe der »Orientierung an Recht und Ordnung«. Maßgebend soll jetzt die jeweilige »soziale Ordnung« sein, so dass »richtiges Verhalten« darin besteht, »seine Pflicht« zu tun, die »Autorität« zu respektieren und »für die gegebene soziale Ordnung« gegebenenfalls »um ihrer selbst willen«[6] einzutreten.

(5) Die letzten beiden Stufen fasst Kohlberg unter dem Etikett *»postkonventionelle, autonome oder prinzipiengeleitete Ebene«* zusammen. Das von Fritz Oser und Wolfgang Althoff entwickelte Ethik-Lehrbuch *Moralische Selbstbestimmung* von 1992 enthält Kohlbergs Abhandlung *Moralische und Entwicklung und demokratische Erziehung* aus dem Jahr 1973. Diese Abhandlung nennt die fünfte Stufe die »legalistische« Stufe der »Sozialvertrags-Orientierung«. Näherhin gekennzeichnet wird die fünfte Stufe hier als eine, auf der sich »die Richtigkeit einer Handlung« nach »allgemeinen individuellen Rechten und Standards« bemessen soll, die »nach kritischer Prüfung von der gesamten Gesellschaft eingehalten« werden sollen. Man soll sich auf dieser Stufe »der Relativität persönlicher Meinungen und Werthaltungen deutlich bewusst« sein und dementsprechend besonderen »Wert auf Verfahrensregeln zur Konsensfindung« legen. Das »Ergebnis« sei eine »Betonung des legalistischen Standpunkts«, wobei jedoch im Gegensatz zur vierten Stufe der »rigiden Aufrechterhaltung von Recht

---

6 *Kohlberg: Moralische und Entwicklung und demokratische Erziehung.* A. a. O. 26 f.

und Ordnung« die »Möglichkeit von Gesetzesänderungen aufgrund rationaler Reflektion sozialen Nutzens nicht ausgeschlossen«[7] würde. In seinen *Essays on Moral Development* von 1981 betont Kohlberg vor allem die utilitaristische Ausrichtung der Entscheidungen auf dieser Stufe am ›größten Glück der größten Zahl‹. Hier wird das fünfte Stadium das »Stadium der Grundrechte, der Gesellschaftsverträge und der Nützlichkeit«[8] genannt.

(6) Die höchste moralische Urteilskompetenz ist nach Kohlberg schließlich auf der sechsten Stufe erreicht. Mit einigen wenigen Sätzen ist diese Stufe im Gegensatz zu den übrigen Stufen allerdings nicht mehr zu charakterisieren, weil sie nach einschlägiger Kritik von Kohlberg immer wieder umfassenden Revisionsbemühungen unterworfen worden ist (vgl. Kapitel II). In Kohlbergs Abhandlung *Moralische Entwicklung und demokratische Erziehung* von 1973 wird die sechste Stufe der Moralentwicklung so charakterisiert, dass die Person nach »selbstgewählten ethischen Prinzipien« urteilt, bei denen es sich »um universale Prinzipien der Gerechtigkeit« handelt, welche von den Prämissen ausgehen, dass »alle Menschen« die »gleichen Rechte« haben, und dass »die Würde des Einzelwesens« unbedingt »zu achten« sei. Wenn jemand die höchste Stufe der Moralentwicklung erreicht hat, orientieren sich seine Entscheidungen dem frühen Kohlberg zufolge an den als »universelle Prinzipien« behaupteten Prinzipien der »Gerechtigkeit, der Gegenseitigkeit und Gleichheit der Menschenrechte und des Respekts vor der Würde des Menschen als individuelle Person«[9]. In der 1981 erschienenen Aufsatzsammlung *Essays on Moral Development* wird die sechste Stufe als »die Stufe der allgemeinen ethischen Prinzipien« charakterisiert. Was moralisch richtig ist, soll auf der sechsten Stufe durch eine »bewusste Entscheidung in Übereinstimmung mit selbstgewählten ethischen Prinzipien« erfasst werden, wobei es sich um Prinzipien »abstrakter und ethischer Natur« wie beispielsweise »die Goldene Regel« und den »Kategorischen Imperativ«[10] handeln soll, während »konkrete Moralregeln wie etwa die zehn Gebote« nicht einschlägig sind. Auf dem Deckblatt der deutschen Ausgabe des Bandes *The Psychology of Moral Development*, der im englischen Original im Jahr 1984 erschienen ist, heißt es wiederum, dass die voll entwickelte moralische

---

7   *Kohlberg: Moralische und Entwicklung und demokratische Erziehung*. A. a. O. 27.
8   Im englischen Wortlaut ist die Rede von »The Stage of Prior Rights and Social Contract and Utility«. *Kohlberg: Essays on Moral Development*. A. a. O. Bd. 2, 410. So abgedruckt in *Habermas: Moralbewusstsein und kommunikatives Handeln*. A. a. O. 135.
9   *Kohlberg: Moralische Entwicklung und demokratische Erziehung*. A. a. O. 27.
10   Im englischen Wortlaut ist die Rede vom »Stage of Universal Ethical Principles«. *Kohlberg: Essays on Moral Development*. A. a. O. 410. So abgedruckt in *Habermas: Moralbewusstsein und kommunikatives Handeln*. A. a. O. 135.

Urteilsfähigkeit durch den »Glauben einer rationalen Person an die Gültigkeit universaler moralische Prinzipien und ein Gefühl persönlicher Verpflichtung ihnen gegenüber«[11] gekennzeichnet sei. Nach ausgiebigen Debatten insbesondere mit Jürgen Habermas wird die sechste Stufe dann in dem zusammen mit Dwirght und Levine verfassten deutschsprachigen Essay *Die Wiederkehr der sechsten Stufe* von 1986 sehr viel komplexer als in früheren Abhandlung durch »Gewissensentscheidungen« charakterisiert, die »ein Kategorisches Sollen im Sinne Kants zum Ausdruck bringen«; durch »die Vorstellung von einer Universalität zugrundeliegender Pflichten«; durch die »Annahme, dass bestimmte Normen, z. B. die Erhaltung des menschlichen Lebens und die Einhaltung eines Versprechens, einen intrinsischen Wert besitzen«; und schließlich noch durch »die Vorstellung, dass im Falle eines Konfliktes das ›moralische Gesetz‹ dem ›legalen Gesetz‹ übergeordnet ist«[12]. Zusammenfassend lässt sich wohl sagen, dass Kohlbergs empirischen Untersuchungen zufolge eine Person die höchste mögliche Stufe ihrer moralischen Entwicklung erreicht hat, sobald sie in der Lage ist, ein moralisches Dilemma aufgrund von universalen ethischen Prinzipien wie dem Kategorischen Imperativ, der Goldenen Regel, dem Gerechtigkeitsprinzip und dem Prinzip der allgemeinen Menschenwürde beispielsweise zu beurteilen.[13]

Um es ausdrücklich zu betonen: Kohlbergs Stufenfolge bewertet nicht die Antworten selbst, sondern die Form bzw. die Begründungsstruktur der Antworten. Es geht also nicht darum, die ›richtige‹ Antwort zu geben, sondern vielmehr darum, dass die Antwort ›richtig‹ (sprich: auf höchstmöglichem moralischem Niveau) begründet wird. Veranschaulichen lässt sich dieser Unterschied am besten am sogenannten Heinz-Dilemma als dem wohl berühmtesten (und leider auch abgedroschensten) der von Kohlberg für seine Untersuchungen erfundenen Dilemmata. Es stellt einen Protagonist namens Heinz vor die Frage, ob er ein für das Überleben seiner Ehefrau lebenswichtiges Medikament stehlen darf oder gar stehlen sollte, nachdem alle legalen Wege vergeblich ausgeschöpft

11   *Kohlberg: Die Psychologie der Moralentwicklung.* A. a. O. Deckblatt.

12   So kennzeichnet zumindest der späte Kohlberg den Unterschied zwischen der fünften und der sechsten Stufe in der (im Original in deutscher Sprache erschienen) Abhandlung *Kohlberg, Lawrence/Dwirght, R. Boyd/Levine, Charles: Die Wiederkehr der sechsten Stufe. Gerechtigkeit, Wohlwollen und der Standpunkt der Moral.* In: *Zur Bestimmung der Moral.* Hrsg. v. W. Edelstein, G. Nunner-Winkler. Frankfurt 1986, (205–240) 205 f.

13   Kuld und Schmidt ergänzen den Katalog möglicher universaler Prinzipien noch um die »christliche Nächstenliebe«. *Kuld/Schmidt: Lernen aus Widersprüchen.* A. a. O. 85. Tatsächlich spricht der späte Kohlberg (auf den sich die Autoren beziehen) jedoch von ›Benevolenz‹ (vgl. Abschnitt II.6.). Dass damit die ›christliche‹ Nächstenliebe gemeint ist, würde ich eher bezweifeln.

worden sind. Auf welchem moralischen Niveau ein Lösungsvorschlag für die Situation in Kohlbergs Stufenfolge angesiedelt werden würde, hängt (letztlich) nicht davon ab, ob er für oder gegen das Stehlen plädiert, sondern wie das Plädoyer begründet wird. Was gemeint ist, kann folgendes Schema vielleicht verdeutlichen:

Stufe	Begründungs-muster	Pro Stehlen	Contra Stehlen	Alter[14]
1.	Strafe, Gehorsam, Autorität.	Heinz muss sich ja nicht erwischen lassen.	Meine Eltern haben gesagt, dass Diebe ins Gefängnis kommen.	Ca. 6–9 Jahre
2.	Belohnungen, individuelle Interesse im Austausch	Wer soll denn für Heinz kochen?	Ich würde nicht für jemand anderen ins Gefängnis gehen.	Ca. 9–14 Jahre
3.	Lob, Aufmerksamkeit, Anerkennung der sozialen Gruppe	Seine Frau wäre enttäuscht und traurig.	Niemand mag einen Dieb.	Ca. 15–20 Jahre
4.	Pflichten der sozialen Gruppe	Er hat versprochen, seiner Frau beizustehen.	Man darf nicht stehlen.	erwachsen
5.	Anerkennung und Achtung vor dem Gesetz	Das Gesetz würde mildernde Umstände anerkennen.	Wer Ausnahmen vom Einbruchsverbot zulässt, zerstört das Gesetz.	
6.	Orientierung an universalen moralphilosophischen Prinzipien	Ein Menschenleben steht höher als jedes Eigentum.		

---

14   Die Altersbestimmungen finden sich in *Kuld/Schmidt: Lernen aus Widersprüchen*. A. a. O. 85. Obwohl sie die Altersangaben aufgenommen haben, betonen die Autoren, dass Kohlbergs Theorie »streng entwicklungspsychologisch« und »keine biologische Reifungstheorie« sei, weshalb sich »Zuordnungen von Lebensalter und Entwicklungsstufe mit Kohlbergs Ansatz nicht voraussagen« ließen. Insgesamt nehmen die Autoren jedoch an, »dass im Grundschulalter Stufe 2 (präkonventionelles Niveau) und in der Sekundarstufe I Stufe 3 (konventionelles Niveau) des moralischen Urteils vorherrschen«. A. a. O. 84. Eine differenzierte Zuordnung der Stufen 1–4 zu verschiedenen Altersstufen findet sich A. a. O. 84.

(2) Die Dilemma-Methode. Laut Kuld und Schmid geht die Idee einer Übertragung der empirischen Untersuchungen zur Moralentwicklung in den Ethik-Unterricht auf Kohlbergs Mitarbeiter M. Blatt zurück, der schon 1969 die Auffassung vertreten haben soll, dass sich durch »Diskussionen moralischer Dilemmata das Niveau des moralischen Urteils«[15] steigern läßt. Die schulpraktische Arbeit mit der Dilemma-Methode scheint auf den ersten Blick denkbar einfach zu sein. Den SchülerInnen wird eines der von Kohlberg erdachten moralischen Dilemmata vorgelegt. Dann werden ihre Antworten analysiert, um den SchülerInnen die Struktur ihres moralischen Denkens bewusst zu machen. Anschließend werden ihre Antworten hinterfragt, um sie durch das Herstellen einer produktiven Unzufriedenheit dazu anzuregen, auf der jeweils höheren Stufe eine alternative Antwort mit einer moralisch höherrangigen Begründung zu geben, bis die SchülerInnen im Idealfall endlich die sechste und höchste Stufe erreicht haben, auf der sie die vorgelegten Dilemmata unter Rückgriff auf universale moralphilosophische Prinzipien lösen können. Schematisch dargestellt, könnte eine Unterrichtseinheit zum moralischen Dilemma damit also ungefähr[16] so aussehen:

Phase	SchülerInnen	Aktion	LehrerIn
1.	Erste intuitive Reaktion	Präsentation eines Dilemmas	Rückversicherung, ob das Dilemma und alle Begriffe etc. verstanden worden sind. Eventuell Klärung.
2.	Formulierung der Position mit Begründung	Festlegung einer ersten Position	Klärende Nachfragen

15 *Kuld/Schmid: Lernen aus Widersprüchen.* A. a. O. 150.
16 Vorlagen für die Planung konkreter Unterrichtsreihen finden sich beispielsweise in *Oser, Fritz: Acht Strategien der Wert- und Moralerziehung.* In: *Moralische Erziehung in der Schule.* A. a. O. (63–89) 79 ff.; sowie in *Pfeiffer: Didaktik des Ethik-Unterrichts.* A. a. O. insg. Vgl. auch *Dubs, Rolf: Lehrerverhalten.* Zürich 1995; sowie *Lind, Georg: Moral ist lehrbar.* Handbuch zur Theorie und Praxis moralischer und demokratischer Bildung. München 2003. Vgl. auch die graphische Darstellung zum »vermutlich ältesten Vorschlag zur Methodik von Dilemma-Diskussionen« von R. E. Galbraith und T. M. Jones in *Kuld/Schmid: Lernen aus Widersprüchen.* A. a. O. 154 f. Verweis auf *Galbraith, R. E./Jones: T. M.: Teaching Strategies for Moral Dilemmas.* In: *Social Education* 39. O. O. 1975, 16–22; sowie auf *Mauermann, L.: Unterrichtsplanung zur Diskussion eines moralischen Dilemmas in der 8./9. Jahrgangsstufe.* In: *Der Erziehungsauftrag der Schule.* Hrsg. v. L. Mauermann/E. Weber. Donauwörth 1978, (192–201) 198; sowie auf *Oser/Althoff: Moralische Selbstbestimmung.* A. a. O. 107.

3.	Erläuterung der Position inkl. ihrer Begründungen	Sichtung der verschiedenen Positionen	Schematische Auflistung der Pro- und Contra-Begründungen an der Tafel
4.	Verteidigung der Position inkl. ihrer Begründungen	Diskussion in Kleingruppen oder im Klassenverband	Moderation oder Organisation der Kleingruppenarbeit
5.	Selbstkritische Reflexion	Analyse der Begründungsstrukturen nach Kohlbergs Stufenfolge und Diskussion über Stärken und Schwächen der Begründungen	Moderation ohne Indoktrination
6.	Revision	Erneute Festlegung einer Position	Moderation
7.		Nachbesprechung	Rekapitulation und Auswertung

In einem ersten Schritt wird von der Lehrperson ein moralisches Dilemma präsentiert, wobei darauf geachtet werden sollte, dass es altersgerecht ist. Die Präsentationsformen können variieren: Das Dilemma kann vorgelesen oder erzählt, aber auch per Video oder per Power Point präsentiert werden. Nachdem sich die Lehrperson versichert hat, dass alle SchülerInnen das Dilemma in seinen moralisch relevanten Grundzügen verstanden haben, geht es in einer zweiten Phase darum, dass die SchülerInnen eine erste Stellungnahme abgeben, wie das Dilemma in ihren Augen entschieden werden sollte. In dieser Phase ist es wichtig, dass die Dilemma-Struktur der geschilderten Situation offensichtlich wird. In einem nächsten Schritt sollten die abgegebenen Stellungnahmen mit Hilfe der Lehrperson geordnet und an der Tafel o. ä. festgehalten werden. Dann sollte es darum gehen, Gründe für die Positionen herauszuarbeiten und diese Gründe in Kleingruppen zu diskutieren, wobei Pfeiffer hervorhebt, dass in dieser Phase »eine eindeutige und zeitlich begrenzte Aufgabenstellung«[17] wichtig sei, und dass die Gruppen möglichst heterogen zusammengesetzt sein sollten. Am Ende dieser Phase sollten die jeweils stärksten Gründe für und wider eine Position exponiert werden. Die Phase der Selbstreflexion ist dann das Herzstück der Dilemma-Methode. Sie stellt besondere Anforderungen an die Lehrperson, weil sie die SchülerInnen in dieser Phase dazu bringen muss, die Struktur ihrer

17   *Pfeiffer: Didaktik des Ethik-Unterrichts.* A. a. O. 298.

Begründungen und Argumente zu erkennen und im Bestfall zugunsten einer Argumentation zu revidieren, die in Kohlbergs Stufenfolge höher anzusiedeln wäre. In einer letzten abschließenden Phase müsste die Lehrperson den Diskussionsverlauf mit der Klasse rekapitulieren, wobei der Fokus der Aufmerksamkeit auf die Phase der Selbstreflexion zu setzen wäre. Besser als durch weitere Detailerläuterungen erschließt sich die Dilemma-Methode vielleicht durch einen Blick auf die Erwartungen, die bis heute mit ihr verknüpft werden.[18]

(1) Im Vordergrund steht die Erwartung, dass durch das Einsetzen der Dilemma-Methode eine »Anhebung des Niveaus der Urteilsbildung«[19] bei den SchülerInnen bewirkt werden kann. In diesem Sinne bezeichnen Oser und Althoff die »Stimulierung« einer jeweils »höheren Stufe sensu Kohlberg« in ihrem Lehrbuch *Moralische Selbstbestimmung* von 1992 als das »übergeordnete Ziel«[20] dieser Methode. Mit diesem Anspruch können sie sich unmittelbar auf Kohlberg berufen. Formuliert wird dieser Anspruch beispielsweise in dem Abschnitt *Ziele der Erziehung* von Kohlbergs Essay *Moralische Entwicklung und demokratische Erziehung* von 1973. Unmissverständlich stellt Kohlberg hier klar, dass die »offene, ›sokratische‹ Diskussion von Wertkonflikten unter Gleichaltrigen« nur der erste Schritt einer umfassenden Moralerziehung sein und nicht als Selbstzweck betrachtet werden dürfe. Das eigentliche »Ziel« des Ethikunterrichts müsse in einer »Voranbewegung zur nächsten Stufe des moralischen Denkens«[21] gesehen werden.

(2) Althoff und Oser verknüpfen mit der Dilemma-Methode zweitens auch die Erwartung einer gerechteren Gestaltung der Schule als »Lebenswelt« und als »Basis für Lernen«[22]. Entstanden ist diese Idee aus der Debatte darüber,

---

18   Prominente Diskussionsbeiträge zu Kohlbergs didaktischer Dilemma-Methode sowie Vorschläge zu einer kreativen Weiterentwicklung finden sich in u. a. in den Bänden *Moralische Erziehung in der Schule. A. a. O.* insg.; sowie in *Oser/Althof: Moralische Selbstbestimmung. A. a. O.* insg.

19   So heißt es bei *Franzen, Winfried: Ethikunterricht.* In: *Ethik.* Ein Grundkurs. Hrsg. v. H. Hastedt, E. Martens. Hamburg 1994 (301–323) 315. Die Äußerung ist interessant, weil sie von einem Didaktiker kommt, der sich nicht ausdrücklich der Dilemma-Methode verpflichtet.

20   *Oser/Althof: Moralische Selbstbestimmung. A. a. O.* 160.

21   *Kohlberg: Moralische Entwicklung und demokratische Erziehung. A. a. O.* 35.

22   Vgl. dazu u. a. *Oser, Fritz/Althoff, Wolfgang: Die gerechte Schulgemeinschaft.* Lernen durch Gestaltung des Schullebens. In: *Moralische Erziehung in der Schule. A. a. O.* 233–267; sowie *Oser, Fritz: Lernen durch Gestaltung des Schullebens.* Der Ansatz der ›Gerechten Gemeinschaft‹. In: *Aufwachsen in Widersprüchen.* Bericht der 38. Internationalen Pädagogischen Werktagung. Salzburg 1990, 11–115. Vgl. mit Details zum Konzept der ›just community‹ auch *Pfeiffer: Didaktik des Ethik-Unterrichts. A. a. O.* 308–316.

inwieweit die SchülerInnen durch nur hypothetische Dilemmata zum Handeln befähigt werden. Gegen entsprechende Zweifel trat Kohlberg 1974 die Flucht nach vorne an, indem er die Einrichtung einer demokratischen Schule (engl. just community) als zweites didaktisches Element neben der Dilemma-Methode vorschlug. Es sollte sich um eine Schulform handeln, in der die realen Konflikte des Schulalltags nach dem Vorbild der Dilemma-Methode thematisiert und gelöst werden sollten. Anders als Althoff und Oser steht ein Didaktiker wie Lind beispielsweise der Idee jedoch skeptisch gegenüber, weil »von allen Schulen« berichtet worden sei, dass ein solches Projekt so »hohe Anforderungen an alle Beteiligten, an Lehrer, Schulleitung, Eltern, Schüler« gestellt hätte, dass nicht alle bereit gewesen seien »diese Aufgabe auf sich zu nehmen«[23]. Pfeiffer verweist zudem auf das schulorganisatorische Problem, dass eine umfassende Umsetzung des Konzepts »wohl nur auf Kosten des Fachunterrichts« erfolgen könne, wobei mit »erheblichem Widerstand nicht nur von Seiten der Schulleitung, sondern auch von Seiten zahlreicher Fachkollegen« und »wohlmöglich auch der Eltern zu rechnen«[24] wäre.

(3) Ihre erste Hochkonjunktur hatte die Methode im deutschen Sprachraum in den siebziger Jahren. Vor dem Hintergrund der Überzeugung, dass die Nazi-Verbrechen ihren Grund auch in einem durch autoritäre Erziehung beförderten stumpfen Mitläufertum der meisten Deutschen hatte, wird von der Dilemma-Methode seitdem nicht weniger als eine Erziehung zur Demokratie im Sinne John Deweys durch eine »Förderung moralisch-demokratischer Urteilsfähigkeit«[25] erwartet.

(4) Erwartet wird zudem auch die Beförderung von ethischen Tugenden und Kompetenzen. Althoff und Oser exponieren in diesem Zusammenhang Tugenden wie »Toleranz und Offenheit«. Außerdem versprechen sie eine »Stimulierung der Konfliktsensibilität«[26]. Mit ähnlicher Stoßrichtung heißt es bei Pfeiffer, dass in einer »Dilemma-Diskussion die für den Ethikunterricht zentralen Möglichkeiten der Kompetenzförderung fokussiert und versammelt« würden. Konkret exponiert Pfeiffer die Kompetenzen der Selbstreflexion, der Empathie durch Perspektivenwechsel, der Kommunikation durch Verbalisierung der eigenen Position, der Argumentation und Begründung, der Achtung vor dem je

---

23   *Lind, Georg: Kohlberg auf dem Prüfstand.* Ein fiktives Gespräch über Schule, Demokratie und kognitiv-moralische Entwicklung. In: *Moralische Urteilsfähigkeit.* A. a. O. (93–115) 108.
24   *Pfeiffer: Didaktik des Ethik-Unterrichts.* A. a. O. 314.
25   Vgl. dazu u. a. *Schwier: Einleitende Bemerkungen.* In: *Moralische Urteilsfähigkeit.* A. a. O. (11–15) 12; sowie *Vorwort der Herausgeber.* In: *Moralische Urteilsfähigkeit.* A. a. O. 7–9.
26   *Oser/Althof: Moralische Selbstbestimmung.* A. a. O. 160.

bessern Argument sowie der Ambiguitätstoleranz gegenüber Zweideutigkeiten und Widersprüchen.[27] Nach Kuld und Schmid sollen Dilemma-Diskussionen schließlich »sensibel für fremdes Leid (engl. compassion)«[28] machen können.

(5) Von der Dilemma-Methode versprechen sich ihre Befürworter zudem auch, dass die SchülerInnen zu der einen ›richtigen‹ Auffassung von Moral erzogen werden, die Kohlbergs Theoriegebäude insgesamt zugrundeliegt. Auch dieser Anspruch wird deutlich formuliert in dem Abschnitt *Ziele der Erziehung* von Kohlbergs Essay *Moralische Entwicklung und demokratische Erziehung* von 1973. In einem ersten Schritt distanziert sich Kohlberg von zwei polaren didaktischen Auffassungen seiner Zeit. Sein erster Gegner ist die »Form der Indoktrination«, die in den Vereinigten Staaten der späten achtziger Jahre laut Kohlberg als »Charaktererziehung« bezeichnet wird, die sich die amerikanische Lehrervereinigung (engl. American Federation of Teachers) »in ihrem Curriculum zu eigen gemacht« haben, und deren Ziel in der »Wiederherstellung traditioneller Werte« bestehen soll. Von dieser wegen ihrer Indoktrinativität »unpopulären« Auffassung distanziert sich Kohlberg, weil nicht etwa universelle Werte vermittelt würden, sondern lediglich relative »Werte«, die »durch die Auffassungen der Lehrer und der konventionellen Kultur bestimmt« seien und sich »in ihrer Rechtfertigung« lediglich »auf die Autorität des Lehrers« stützen könnten. Sein zweiter Gegner ist die »mit den Namen von Louis Raths und Sidney B. Simon« identifizierte Position der ›Werterklärung‹ (engl. values clarification). Wie Kohlberg hervorhebt, handelt es sich bei diesem Ansatz um einen »expliziten Werterelativismus« mit dem Anspruch, »wertneutral zu sein«. Von diesem Ansatz distanziert sich Kohlberg mit dem bezeichnenden Argument, dass bei den Schülern der falsche Eindruck erweckt würde, »es gäbe keine richtigen moralischen Antworten«. Aufgrund dieser (in Kohlberg Augen) falschen Prämisse würde die Diskussion von Dilemmata dann auch lediglich dazu dienen, »unterschiedliche Werte aufzudecken und ihre Differenzen untereinander zu diskutieren«. Der Lehrer sei »angehalten, zu betonen, dass unsere Werte verschieden« seien, anstatt seine Schüler zu der Einsicht zu führen, zu der er sie nach Kohlberg führen sollte, zu der Einsicht nämlich, »dass ein Wert adäquater sei als der andere«. Wie oben schon erwähnt, sollte eine solche »offene, ›sokratische‹ Diskussion von Wertkonflikten unter Gleichaltrigen« in Kohlbergs Augen jedoch nur der erste Schritt einer umfassenden Moralerziehung sein. Das eigentliche »Ziel« des Ethikunterrichts müsse in einer »Voranbewegung zur nächsten Stufe des moralischen Denkens« gesehen, bis im Idealfall schließlich die sechste Stufe als

---

27 *Pfeiffer; Didaktik des Ethikunterrichts.* A. a. O. 299.
28 *Kuld/Schmid: Lernen aus Widersprüchen.* A. a. O. III.

die (nach Kohlberg) höchste Stufe der Moralentwicklung erreicht ist. Zwar kann die Schule in Kohlbergs Augen kein Mandat zur Vermittlung von konkreten Werten haben. Jenseits dessen besteht für ihn aber kein Zweifel daran, dass der Ethik-Unterricht im Idealfall »ein Bewusstsein der Gerechtigkeit« der in der amerikanischen »Verfassungsordnung garantierten Rechte der Mitmenschen« zu schaffen hat. Getragen ist diese didaktische Grundüberzeugung von der Moralphilosophie von Kohlbergs großem Mentor John Rawls. Im Hintergrund steht die universalistische moralphilosophische Überzeugung, dass »die gesamte Sphäre der persönlichen, politischen und religiösen Werte nonrelativ« ist und »also in den Bereich« gehört, in dem »Universalien gelten«, so dass es »eine klare Richtung der Entwicklung«[29] unserer Moralität mit einem klaren Endpunkt gibt, der von der Erziehung in der Schule als solcher auch anvisiert werden muss. Diesem doch sehr voraussetzungsreichen moralphilosophischen Anspruch haben sich allerdings nicht alle Befürworter der Dilemma-Methode in letzter Konsequent angeschlossen. Zwar heißt es bei Kuld und Schmid in einer Abschnittsüberschrift, dass »Dilemmadiskussionen« aufweisen könnten, »warum Normen verbindlich sind«. Dann betonen die Autoren jedoch, dass die »Lösung für den Konflikt« nicht »von einer Autorität verordnet, sondern in einer Diskussion gesucht« werden sollte, damit die SchülerInnen lernen, dass »die Verbindlichkeit von Normen« nicht der »Autorität, die sie vertritt« entspringt, sondern der »inneren Stimmigkeit, der Plausibilität der Normen«[30]. Im Zuge einer Auseinandersetzung mit Herzog in Osers Abhandlung *Acht Strategien der Wert- und Moralerziehung* von 2001 betonen dieselben Autoren dann, dass es nicht das Ziel der Moralerziehung nach Kohlberg sein könne, »die Kinder ›gut‹ zu machen«, sondern dass es vielmehr darum gehen solle, sie in die Lage zu versetzen, dass sie »ihr moralisches Urteil und ihre moralische Intuition zur Interpretation und Lösung moralischer Probleme«[31] einsetzen können. Noch vorsichtiger äußert sich Pfeiffer: In seinen Augen kann die Dilemma-Methode als eine »mäeutische Befragungsmethode« dazu verhelfen, »das intuitive moralische Wissen der Schüler bewusst zu machen, auf den Begriff zu bringen und zu differenzieren«. Dadurch könne »wirkliche Orientierungssicherheit« als gesunde »Mitte« zwischen »verordneter Indoktrination und substanzlosem Relativismus«[32] erreicht werden. Von einer Erziehung zu der ›einen richtigen‹ Moral im Sinne Kohlbergs spricht Pfeiffer also ausdrücklich nicht.

---

29   *Kohlberg: Moralische und Entwicklung und demokratische Erziehung.* A. a. O. 35 ff.

30   *Kuld/Schmid: Lernen aus Widersprüchen.* A. a. O. 109 f.

31   *Oser: Acht Strategien.* A. a. O. 73. Verweis auf *Herzog, W.: Die Banalität des Guten.* In: *Zeitschrift für Pädagogik.* 37. 1991, 41–64.

32   *Pfeiffer: Didaktik im Ethik-Unterricht.* A. a. O. 303.

(3) Didaktische Standardeinwände. Oser will im Rahmen einer Studie mit »zwei Gruppen von Banklehrlingen« in der Schweiz festgestellt haben, dass in der Gruppe, die mit Kohlbergs Methode unterrichtet worden war, »eine höhere moralische Sensibilität«, eine höhere »Konfliktfähigkeit« und eine Zunahme von Toleranz verzeichnen ließ. Insgesamt seien »nach der Woche und auch noch nach einem halben Jahr mehr ideelle als materielle Werte festgestellt« worden »bei den Lehrlingen als zu Anfang«[33]. Damit scheint sich solchen Studien zufolge also zumindest die Erwartung der Anhebung des Urteilsniveaus zu erfüllen. Als eine der wirkmächtigsten didaktischen Theorien des ausgehenden 20. Jahrhunderts konnte es aber nicht ausbleiben, dass die Dilemma-Methode auch kritisch hinterfragt wurde. Weil ich den Schwerpunkt meiner Überlegungen jedoch (wie eingangs angekündigt) auf zwei moralphilosophische Einwände gegen Kohlberg legen möchte, werde ich mich in meiner Rekonstruktion der wichtigsten didaktischen Einwände und ihrer Lösungsmöglichkeiten auf skizzenartige Auflistungen beschränken.

(1) Eine erste didaktische Debatte kreist um die Frage, ob es so etwas wie ›moralische Erziehung‹ überhaupt geben kann.[34] Bekanntlich wurde diese Frage unter der Überschrift ›Die Lehrbarkeit der Tugend‹ schon von Sokrates, Platon und Aristoteles gestellt. So alt die Frage auch sein mag, so obsolet ist sie in meinen Augen, weil Moralerziehung selbstverständlich ein sinnvolles und erfolgversprechendes Projekt darstellt. Für ebenso abwegig halte ich den verwandten Einwand, dass man auf eine spezielle Moralerziehung verzichten könnte, weil die kognitive Entwicklung von Kindern und Jugendlichen den Forschungen von Piaget und anderen zufolge in aller Regel parallel zur moralischen Entwicklung verlaufen würde.[35] Zwar mögen Kuld und Schmidt auf einschlägige Studien verweisen können, die bestätigen, dass »in Kindheit und Jugend spezifische Entwicklungsstufen des Moralverständnisses bzw. moralischen Urteils parallel zur kognitiven Entwicklung« tatsächlich »wahrscheinlich« sind. Dennoch aber kann eine noch so gute kognitive Erziehung die Moralerziehung nicht ersetzen. Lind plausibilisiert diese Irreduzibilität mit dem Beispiel eines Jungen, der »seine Chemieausbildung dazu nutzt, um eine Bombe zu basteln, die er in einem Kaufhaus hochgehen lässt, nur um zu sehen, ›was passiert‹«[36]. Gut auf

---

33   Oser, Fritz: *Möglichkeiten und Grenzen der Anwendung des Kohlberg'schen Konzepts der moralischen Erziehung in unseren Schulen.* In: *Moralische Urteilsfähigkeit.* A. a. O. (44–53) 44.

34   Vgl. zu dieser Debatte u. a. *Lind: Kohlberg auf dem Prüfstand.* A. a. O. 93.

35   *Kuld/Schmid: Lernen aus Widersprüchen.* A. a. O. 84. Die Autoren verweisen als Beleg auf die Rekonstruktion der Forschungen von A. Colby in *Flammer, A.: Entwicklungstheorien.* Psychologische Theorien der menschlichen Entwicklung. Bern u. a. 1988, 177.

36   *Lind: Kohlberg auf dem Prüfstand.* A. a. O. 107.

den Punkt gebracht wurde die Sachlage in meinen Augen von Kohlberg in dem Essay *Moral Stages and Moralization* von 1976. Hier heißt es nämlich, dass »die logische Entwicklung« zwar eine »notwendige«, aber noch keine »hinreichende Voraussetzung« der moralischen Entwicklung sei, weshalb »viele Individuen« eine relativ hohe logische Entwicklung, aber nicht die »parallele moralische Stufe« erreicht hätten, während sich umgekehrt »so gut wie niemand auf einer höheren moralischen als logischen Stufe«[37] befände. Wenn ich nun einmal voraussetze, dass so etwas wie eine ›rein kognitive Förderung‹ überhaupt möglich ist (woran ich massive Zweifel habe), dann scheint es mir auch vom Standpunkt der Moralphilosophie plausibel zu sein, dass sich moralischen Kompetenzen durch eine ausschließlich auf die kognitiven Fähigkeiten gerichtete Förderung nicht so entfalten würden, wie es wünschenswert ist.

(2) Ebenso eindeutig Position beziehen möchte ich in der Frage, ob die Schule ein angemessener Ort für moralische Erziehung sein kann, weil das in meinen Augen selbstverständlich der Fall ist.[38] Damit soll natürlich nicht gesagt sein, dass die Schule die primäre moralische Erziehung im Elternhaus ersetzen kann. Sie kann sie aber sinnvoll vertiefen und im Falle von problematischen Elternhäusern in gewissen Grenzen auch gegensteuern und Verschiebungen im Wertehorizont bewirken.

(3) Für wenig gewichtig halte ich auch den Einwand, dass SchülerInnen durch eine Analyse ihrer Antworten nach Kohlbergs Stufenfolge diskriminiert werden könnten. Wie Lind treffend bemerkt, wäre die Dilemma-Methode schlicht missverstanden, wenn man sie dazu verwenden würde, »Menschen zu kategorisieren, und, soweit sie sich auf unteren Stufen befinden, abzuwerten«[39]. Diesem Einwand kann man in meinen Augen durch eine entsprechende Schulung der Lehrpersonen relativ problemlos begegnen.

(4) Von größerem Gewicht scheint mir jedoch der Einwand der Anwendungsschwierigkeiten der Dilemma-Methode zu sein. Schmid und Kuld beispiels-

---

37   *Kohlberg, Lawrence: Moral Stages and Moralization.* The Cognitive Developmental Approach. In: *Moral Development and Behaviour.* New York 1976. In leicht überarbeiteter Form auch in *ders.: The Psychology of Moral Development.* Bd. II. *The Psychology of Moral Development.* A. a. O. 170–205. Im Text. zit. nach *ders: Moralstufen und Moralerwerb. Der kognitiv-entwicklungstheoretische Ansatz.* In *ders.: Psychologie der Moralentwicklung.* A. a. O. (123–174) 124 f. Verweis auf *Walker, L. J.: Cognitive and Perspective-Taking Prerequisites for Moral Development.* In: *Child Development* 51. 1980, 131–139.
38   Gestellt wird diese Frage beispielsweise in *Lind: Kohlberg auf dem Prüfstand.* A. a. O. 98 ff.
39   *Lind: Kohlberg auf dem Prüfstand.* A. a. O. 108 ff.

weise heben hervor, dass sowohl die »Zuordnung der Schüleräußerungen« zu Kohlbergs Stufen als auch die »kategoriale Abgrenzung« einzelner Stufen untereinander in der Schulpraxis manchmal »schwierig«[40] seien. Besonders deutlich legt Pfeiffer den Finger in diese Wunde. Insgesamt kommt er zu dem Resultat, dass Dilemma-Diskussionen »methodisch-praktisch nicht immer leicht zu operationalisieren« seien. Seinen schulpraktischen Erfahrungen zufolge stellt »die unterrichtspraktische Durchführung von Dilemma-Diskussionen« an die »Lehrperson nicht geringe Anforderungen«. So sei beispielsweise die »Schaffung eines guten, vertrauensvollen Diskussionsklimas« eine unabdingbare Voraussetzung für ein erfolgreiches Arbeiten mit dieser Methode. Eine weitere notwendige Voraussetzung sei die Fähigkeit der Lehrperson zu »flexibel und sorgfältig gesetzten Frageimpulsen«. »Sicherlich zu Recht« ist in Pfeiffers Augen die »Homogenität und strenge Sequenzialität« von Kohlbergs Stufenfolge kritisiert worden. Entgegen dieser Stufenfolge sei die »Zuordnung bestimmter Schüleräußerungen zu einer bestimmten Stufe« in der Praxis der Dilemma-Methode »selten eindeutig« vorzunehmen, zumal sie immer auch von »entwicklungspsychologischen, situativen und anderen relativierenden Faktoren« und nicht zuletzt von »dem interpretierenden Auge der Lehrperson«[41] abhängig seien. Diesem Einwand ist in meinen Augen schlicht und einfach stattzugeben: Wie die Debatte um die ›Wiederkehr der sechsten Stufe‹ zeigt, hatte sogar das Team unmittelbar um Kohlberg selbst in einigen Fällen Schwierigkeiten, die Antworten von Probanden eindeutig zuzuordnen. Ein- und derselbe Typ von Antworten wurde von diesem Team erst der zweiten Stufe zugeordnet und wenige Jahre später einer neu definierten Zwischenstufe 4 ½. Im Anschluß daran hat sich eine jahrzehntelange Debatte darüber entwickelt, wie die Antworten der Probanden denn nun tatsächlich zu bewerten sind, und ob die sechste Stufe tatsächlich der finale Abschluss und Höhepunkt jeder Moralentwicklung sein muß. Auf die Details dieser Debatte werde ich im Abschnitt II.1. ausführlich eingehen. Hier reicht der Hinweis darauf, dass selbst Kohlberg und seine Mitarbeiter die Stufenzuordnungen nicht immer eindeutig vornehmen konnten, um dem Einwand der Zuordnungsschwierigkeiten für den Ethik-Unterricht Gewicht zu verleihen,

(5) Ernst nehmen möchte ich auch den Einwand einer möglichen Überfrachtung des Ethik-Unterrichts durch moralische Dilemmata.[42] Es scheint mir auf der Hand zu liegen, dass die Dilemma-Methode nicht die einzige Methode eines Ethik-Unterrichts oder Ethik-Studiums sein sollte. Die SchülerInnen

---

40 *Kuld/Schmid: Lernen aus Widersprüchen.* A. a. O. 129.
41 *Pfeiffer: Didaktik des Ethik-Unterrichts.* A. a. O. 181, 299–301.
42 Dieser Einwand wurde in den entsprechenden Gutachten nach dem Schulversuch in NRW im Jahr 1986 erhoben. Vgl. dazu www.learn-line.nrw.de/…/dilemma_rolf.html

sollten im Gegenteil möglichst mit mehreren philosophischen und ethischen Methoden vertraut gemacht werden (eine kurze Begründung gebe ich in Einwand III.9.1).

(6) Der wichtigste didaktische Einwand ist zweifellos der Einwand der nur hypothetischen Dilemmata. Bezeichnenderweise klingt dieser Einwand in nicht-didaktischem, sondern methodischen Zusammenhang erstmalig schon in dem Essay *Two Moralities* von Kohlbergs Mitarbeiterin Norma Haan aus dem Jahr 1978 mit der Frage an, inwieweit sich aus Befragungen zu nur hypothetischen Dilemmata Erkenntnisse darüber gewinnen lassen, wie dieselben Probanden unter realen Bedingungen reagieren und entscheiden würden.[43] Zu einem zentralen Thema der Fachdidaktik Ethik wurde die Frage, ob eine Auseinandersetzung mit nur hypothetischen Dilemmata die Schüler tatsächlich zur Lösung ihrer lebenspraktischen moralischen Probleme befähigen könne, spätestens in den achtziger Jahren, als die Dilemma-Methode in den Schulen der BRD als zentrale Methode etabliert werden sollte. Damals legte Lind den Finger in die Wunde mit dem Hinweis darauf, dass es ja für die Dilemma-Methode charakteristisch sei, dass die »Lösungen«, auf die sich eine Klasse gegebenenfalls schließlich einigen mag, »nicht realisiert werden und daher auch keine Konsequenzen für reale Personen haben«[44]. In der Formulierung von Oser und Althof lautet die Kritik, dass »die Erziehung nach Kohlberg« ausschließlich »in der vom Lehrer gesteuerten Diskussion *hypothetischer und abstrakter Dilemma-Geschichten* in der Schulklasse« bestünde, so dass die vorgebliche Erziehung zur Moral eine bloße »Denkerziehung« sei, welche »die Bedeutung emotionaler und motivationaler Faktoren ignoriert«[45]. Die Kritik ist sehr ernst zu nehmen. Was kann ein Unterricht schließlich taugen, der zu moralischen Urteilen führt, von denen nicht sicher gestellt ist, dass die SchülerInnen sie im praktischen Ernstfall auch in die Tat umsetzen würden? In Fantasie und Fiktion ist es leicht, ein Held oder ein moralisches Vorbild zu sein. Es muß aber offensichtlich auch das Ziel des Ethik-Unterrichts sein, dass dem gut begründeten moralischen Urteil auch die entsprechende Tat folgt.[46]

(6.1) Kohlberg äußert sich zu dem Problem zusammen mit Candee in der Abhandlung *The Relationship of Moral Judgment to Moral Action* von 1984. Diesem Essay zufolge gibt es das Problem eines Hiats zwischen dem moralischen Urteil und einer Entscheidung zu einer tatsächlichen Handlung gemäß

---

43   *Haan: Two Moralities.* A. a. O. 302.
44   *Lind: Kohlberg auf dem Prüfstand.* A. a. O. 108.
45   *Oser/Althof: Moralische Selbstbestimmung.* A. a. O. 252.
46   Vgl. zum Hiat zwischen moralischem Urteil und tatsächlicher Handlung auch den Sammelband *Moralisches Urteil und Handeln.* Hrsg. v. W. Althof, D. Garz, F. Oser. Frankfurt a. M. 1999.

des moralischen Urteils letztlich gar nicht, weil Candee und Kohlberg glauben, festgestellt zu haben, dass Probanden tendenziell umso eher bereit sind, ihrem moralischen Urteil auch die entsprechende Handlung folgen zu lassen, auf je höherem moralischen Niveau sie Kohlbergs Stufenfolge urteilen. Der Essay erläutert in seinem wesentlichen Kern Untersuchungen, denen zufolge die »Übereinstimmung zwischen einem Verantwortlichkeitsurteil und dem deontischen Richtigkeitsurteil von Stufe zu Stufe monoton«[47] zunehmen soll. Ausführlich wird ein Experiment von McNamee aus dem Jahr 1977 thematisiert, bei dem während einer Befragung zu einem Standard-Dilemma jemand in den Raum geschickt wurde, der vorgab, ein hilfsbedürftiger Drogensüchtiger zu sein. Das Ergebnis dieses versteckten Versuchs sei eindeutig gewesen: »Praktisch durchgängig« seien die »Entscheidung zu helfen und die tatsächliche Hilfeleistung auf jeweils höherer Moralstufe häufiger«[48] aufgetreten. Als weitere Belege werden Studien zum My-Lai-Massaker sowie eigene Studien ins Feld geführt, die den Autoren zufolge ebenfalls gezeigt haben sollen, dass die »Tendenz zur Diffusion von Verantwortlichkeit« und »die Neigung, Verantwortung auf andere abzuschieben«, umso »geringer«[49] werden, je höher die moralische Entwicklung fortgeschritten ist. Es mag also zwar übertrieben sein, wenn Pfeiffer behauptet, dass Kohlberg der »sokratische Grundüberzeugung« anhängen würde, der zufolge einer rationalen Einsicht quasi automatisch eine motivierende Kraft zukommt« gemäß dem Motto »Derjenige, der um das Gute weiß, der tut es auch«[50]. Von einer entsprechenden Tendenz geht Kohlberg jedoch offensichtlich wohl tatsächlich aus.

(6.2) Nun kann man im Ethik-Unterricht natürlich nicht darauf vertrauen, dass alle SchülerInnen das Niveau der fünften und sechsten Stufe erreichen, so dass das Problem des Hiats zwischen moralischer Einsicht und Handlung für den Ethik-Unterricht auch dann nicht als gelöst gelten kann, wenn man Kohlbergs und Candees Analysen uneingeschränkt Glauben schenkt. Tatsäch-

---

47 *Kohlberg, Lawrence/Candee, Daniel: The Relationship of Moral Judgement to Moral Action.* In: *Kohlberg, Lawrence: Essays on Moral Development.* Bd. II. *The Psychology of Moral Development.* San Francisco 1984, 498–581. Im Text zit. nach *dies.: Die Beziehung zwischen moralischem Urteil und moralischem Handeln.* In: *Die Psychologie der Moralentwicklung.* Übers. v. U. Eckensberger. A. a. O. (373–495) 405.
48 *Kohlberg/Candee: Relationship.* A. a. O. 408.
49 *Kohlberg/Candee: Relationship.* A. a. O. 457.
50 *Pfeiffer: Didaktik des Ethik-Unterrichts.* A. a. O. 303. Pfeiffer diskutiert Kohlbergs Thesen zum »Weg von Urteilen zum Handeln« A. a. O. 303–308. In diesem Zusammenhang hebt er hervor, dass Kohlberg selbst »wiederholt die ›Kopflastigkeit‹« einer Betonung des moralischen Urteilens gegenüber dem Handeln kritisiert habe. A. a. O. 305. Anschließend kommt er auf Augusto Blasis alternatives Modell zum Zusammenhang von Urteilen und Handeln zu sprechen, welches »differenzierter und umfassender« sei als das Modell Kohlbergs. A. a. O. 305–308.

lich scheint gegen das Problem der nur hypothetischen Dilemmata im Ethik-Unterricht jedoch kein Kraut gewachsen zu sein. Die einzig denkbare Alternative wäre eine Fokussierung auf ein reales Dilemma, in dem ein Mitglied der SchülerInnengruppe gerade steckt. Es bedarf jedoch wohl keiner weiteren Erläuterungen, dass die Lehrperson mit einem solchen Vorgehen wichtige Scham- und Intimitätsgrenzen überschreiten würde. Außerdem müßte sich die Auswahl der Dilemmata dann nach dem doch willkürlichen Kriterium vollziehen, von welchem SchülerInnen-Dilemma die Lehrperson zufällig gerade Kenntnis hat. Aus Respekt vor den SchülerInnen scheint es zum hypothetischen Dilemma keine Alternative zu geben. Das bestätigen nicht zuletzt wohl auch die Erfahrungen mit der ›gerechten Schule‹, von denen in Abschnitt I.2.2. ja schon die Rede war.

(6.3) Insgesamt möchte ich mich Lind anschließen, der den »Versuch«, mit Hilfe der Dilemma-Methode »zu einer gemeinsamen Lösung« eines Dilemmas zu kommen, gegen den Einwand der hypothetischen Dilemmata schließlich überzeugend als »Übung« verteidigt, die »vertraut« machen könne mit der »Tatsache, dass verschiedene Individuen die gleiche Situation verschieden wahrnehmen und Wege gefunden werden müssen, die einen Ausgleich zwischen konkurrierenden Handlungsprinzipien ermöglichen«[51]. Für mein Dafürhalten kann das hypothetische Dilemma ein guter Anlass sein, seine moralischen Kompetenzen unter den schützenden Bedingungen einer Entlastung vom konkreten Entscheidungs- und Handlungsdruck zu üben. Man sollte aus dem Einwand der nur hypothetischen Dilemmata jedoch zum einen die Konsequenz ziehen, dass man den Unterschied zwischen realen und hypothetischen Dilemmata im Zuge einer von der Dilemma-Methode geprägten Unterrichtseinheit durchaus auch anspricht und thematisiert (vgl. dazu auch Abschnitt III.6.2). Vor allem aber sollte man die Konsequenz ziehen, die SchülerInnen (das gilt erst Recht für StudentInnen) mit altersgerechten hypothetischen Dilemmata zu konfrontieren, die ihnen in ihrem konkreten Alltag auch wirklich begegnen können. Man kann sich Rolf nur anschließen, der in einer Internet-Veröffentlichung betont, dass es »für didaktische Zwecke« in seinen Augen »unerlässlich« sei, dass »Konfliktsituationen« gefunden werden, »in denen Aspekte der Lebens- und Erfahrungswelt der Schüler angesprochen werden«[52]. Mit derselben Stoßrichtung kritisieren Kuld und Schmid, dass in der Praxis zu häufig das Heinz-Dilemma eingesetzt würde, »ohne über die Realitätsferne dieser Geschichte in den Augen heutiger Schüler zu reflektieren«. Auch dem kann ich nur zustimmen. Hypothetische Dilemmata mögen unverzichtbar sein, aber sie sollten nicht auch noch abwegig

---

51 *Lind: Kohlberg auf dem Prüfstand.* A. a. O. 108.
52 www.learn-line.nrw.de/ .../ dilemma_rolf.html.

konstruiert sein! Deshalb sollte vor allem das gute alte Heinz-Dilemma endlich in den längst verdienten Ruhestand geschickt werden. Vielleicht sollte man auf konstruierte Dilemmata sogar ganz verzichten und statt dessen auf lebensweltliche Dilemmata aus der Tagespresse beispielsweise (vgl. dazu Abschnitt IV.5) zurückgreifen.[53]

(4) Methodische Standardeinwände. Nicht nur Didaktiker des Ethik-Unterrichts, sondern auch Entwicklungspsychologen haben Einwände gegen Kohlberg erhoben. Ihre Einwände richten sich vor allem gegen die Methoden, mit denen Kohlberg und sein Team ihre Daten erhoben haben. Die meisten dieser Einwände möchte ich hier jedoch weitgehend ignorieren und mich nur auf die wenigen Einwände konzentrieren, die mir für meine eigenen Überlegungen in den folgenden beiden Kapiteln wichtig zu sein scheinen.

(1) So möchte ich mich beispielsweise nicht weiter mit dem Einwand befassen, dass die getesteten Probanden spätestens ab der fünften Stufe auf derselben Stufe der Moralentwicklung stehen wie die Tester.[54] Zum einen spricht das nicht per se für eine Verfälschung der Testergebnisse. Vor allem aber hätte dieses Problem nur vermieden werden können, wenn man sich ausschließlich auf Kinder und Jugendliche konzentriert hätte. Das aber hätte die Untersuchungen vom Standpunkt der Moralphilosophie uninteressant gemacht, weil sich die Moralphilosophie anders als die Moralpsychologie nicht für die Entwicklung von Moralität interessiert, sondern für die voll ausgereifte Moralität vernünftiger Wesen.

(2) Durchaus auch vom Standpunkt der Moralphilosophie relevant scheint mir jedoch der methodische Einwand der Zirkularität bzw. der mangelnden Ergebnisoffenheit von Kohlbergs Versuchsaufbau zu sein. Weil Kohlberg seinen Probanden selbst erdachte hypothetische Dilemmata vorlegt und ihre Antworten dann nach einer vorab erstellten Skala ausgewertet hat, liegt dieser Einwand nahe.

(2.1) Habermas verteidigt Kohlbergs Vorgehen mit dem Hinweis darauf, dass Kohlberg seine »normative Theorie« ja einer »indirekten Überprüfung«

---

53   Es ist in meinen Augen unmittelbar nachvollziehbar, wenn Oser und Althof betonen, dass »in einer Reihe von Experimenten« gezeigt werden konnte, dass »lebensgeschichtliche Problemlösungsvorgänge im moralischen Bereich signifikant länger diskutiert werden als künstliche Dilemmata«. *Oser/Althof: Moralische Selbstbestimmung.* A. a. O. 252. Verweis auf *Oser, Fritz: Moralisches Urteil in Gruppen, soziales Handeln, Verteilungsgerechtigkeit.* Stufen der interaktiven Entwicklung und ihre erzieherische Stimulation. Frankfurt 1981.

54   Vgl. zu diesem Einwand stellvertretend *McCarthy, Thomas A.: Rationality and Relativism.* In: *Critical Debates.* Hrsg. v. J. B. Thompson, D. Held, J. Habermas. London 1982, 74.

dadurch unterzogen habe, dass er sie zu einem »wesentlichen Bestandteil einer empirischen Theorie« gemacht habe. Infolgedessen habe er nur an den theoretischen Vorgaben festhalten können, die sich »empirisch bewähren« konnten. Deshalb erklärt Habermas alle »Bedenken wegen des zirkulären Charakters« von Kohlbergs Vorgehensweise für »nicht stichhaltig«[55].

(2.2) Dass die Zirkularitätsbedenken aber doch einen wunden Punkt treffen, beweisen einige empirische Untersuchungen, durch die die theoretischen Grundannahmen Kohlbergs infrage gestellt werden. Einschlägig scheinen mir beispielsweise die Forschungen von Edelstein, Keller und Malti zu sein. Den Ausgangspunkt dieser Forschungen bildete die Hypothese, dass Kohlbergs Stufenmodell die »moralischen Fähigkeiten jüngerer Kinder« schon deshalb nicht in »adäquater Weise« abbilden könne, weil die »meisten Dilemmata im Kohlberg-Text für jüngere Kinder nicht sehr geeignet« waren. Untersuchungen mit kindgerechten Dilemmata sollen dann gezeigt haben, »dass jüngere Kinder in Situationen moralischer Regelverletzungen bereits differenzierte moralische Vorstellungen über die Gefühle haben, die in diesen Situationen entstehen, und dass sie die Gefühle auch mit Bewertungen der Personen verbinden«[56]. Vergleichbar müsste man auch mit Nunner-Winkler Kohlbergs Bild vom »Kind als kompetenten moralischen Akteur« korrigieren. Auch ihre Forschungen zeigen, dass kleine Kinder sich keineswegs ausschließlich an Lohn und Strafe orientieren, sondern vielmehr schon sehr früh über ein »nicht-instrumentalistisches Moralverständnis«[57] und über empathische Fähigkeiten der Einfühlung und des Mitleids verfügen. Es kann insgesamt keinen Zweifel geben, dass Kohlbergs Untersuchungen ein ganz bestimmtes Moralverständnis zugrundegelegen hat, das durch eine entsprechende Befragungspraxis in seiner Universalität bestätigt

---

55 *Habermas: Moralbewusstsein und kommunikatives Handeln.* A. a. O. 128.

56 *Keller, Monika: Moral in Beziehungen.* Die Entwicklung des frühen moralischen Denkens in Kindheit und Jugend. In: *Moralische Erziehung in der Schule.* A. a. O. (111–140) 111, 114, 123. Verweise u. a. auf *Keller, Monika/Edelstein, Wolfgang: Beziehungsverständnis und moralische Reflexion.* Eine entwicklungspsychologische Untersuchung. In: *Zur Bestimmung der Moral.* A. a. O. 259–277; sowie auf *Keller, Monika: Zur Entwicklung moralischer Reflexion.* Eine Kritik und Rekonzeptualisierung der Stufen des präkonventionellen moralischen Urteils in der Theorie von L. Kohlberg. In: *Entwicklung.* Allgemeine Verläufe – Individuelle Unterschiede – Pädagogische Konsequenzen. Festschrift für F. E. Weinert. Hrsg. v. M. Knopf, W. Schneider. Göttingen 1990, 19–44; sowie auf *dies.: Moralische Sensibilität.* Entwicklung in Freundschaft und Familie. Weinheim 1996 insg.; sowie auf *Malti, T.: Moralische Gefühle.* Begründungen und Sozialverhalten in der Kindheit. Ein integrativer Ansatz. Diplomarbeit FU Berlin 1999 insg.

57 *Nunner-Winkler, Gertrud: Moralentwicklung im Kindesalter.* Zur Frage nach dem Verhältnis von Moral und Religion. In: *Der Kinderglaube.* Perspektiven aus der Forschung für die Praxis. Donauwörth 1996, (47–64) 49 f.

werden sollte, womit der Einwand der Zirkularität wohl zugegeben werden muß.

(3) In ihrer Abhandlung *Two Moralities in Action Contexts* aus dem Jahr 1978 vertritt Kohlbergs Mitarbeiterin Norma Haan die These, dass Kohlbergs empirische Untersuchungen seine moralphilosophischen Vorannahmen nur bestätigen konnten, weil Kohlberg und sein Team ihre Untersuchungen an einer nichtrepräsentativen Gruppe von Probanden vorgenommen hätten. Ausgehend von dem Verdacht, dass »Kohlbergs Auswertungssystem« das »moralische Argumentieren von Männern, die in technischen rationalisierten Gesellschaften leben«[58], besonders favorisieren würde, startete sie alternative Versuchsreihen, die zum einen gezeigt haben sollen, dass männliche Probanden auf der sechsten Stufe gegenüber weiblichen Probandinnen drastisch überrepräsentiert waren (Haan nennt Zahlenverhältnisse von 78 % versus 22 %), und zum anderen, dass männliche Probanden signifikant häufig die vierte Stufe der Moralentwicklung erreichen, während die Mehrzahl der untersuchten weiblichen Probanden lediglich die dritte Stufe erreichten.[59] Aus diesen Daten zog Haan ausdrücklich nicht den Schluß, dass Frauen qua Geschlecht ›moralisch zurückgeblieben‹ sind. Naheliegender schien ihr die Schlussfolgerung zu sein, dass es (mindestens) zwei verschiedene Moralen geben könnte, die gleichrangig nebeneinander stehen, ohne aufeinander reduzierbar zu sein. Aufgrund dieser Hypothese machte Haan den Vorschlag, dass eine zweite Testreihe durchgeführt werden sollte, der unter dem Etikett ›Interpersonale Moral‹[60] die Moralität der Probanden abbildet, die

58   Es heißt im englischen Wortlaut: »Thus the moral reasoning of males who live in technical, rationalized societies, who reason at the level of formal operations and who defensively intellectualize and deny interpersonal and situational details, is especially favored in the Kohlberg scoring system.« *Haan: Two Moralities*. A. a. O. 287.

59   *Haan: Two Moralities*. A. a. O. 287. Haan verweist auf die entsprechenden Daten in *Kuhn, D./Langer, J./Kohlberg L/Haan, N.: Logical Operational Foundation of Moral Judgement*. In: *Genetic Psychology Monographs 95*. O. O. 1977, 97–188; sowie auf *Haan, N./Langer, J./Kohlberg L.: Familiy Moral Patterns 1947*. O. O. 1976, 1204–1206.

60   Die fünf Entwicklungsstadien dieser Interpersonalen Moral werden skizziert in *Haan: Two Moralities*. A. a. O. 288 f. Die Merkmale der Interpersonalen Moral in ausgereifter Form sind »(a) As the critical moral structures become more interpersonal, interactive, and processible, they encompass all substantive contents, and are no longer tied to rule-governed situations. (b) The freedom or constraint of the moral dialogue becomes critical in defining the quality and outcome of the moral interchange. (c) Moral balance and decision are more closely tied to action because participants expect each other to enact agreements. (d) Both the content and structure of moral dialogue reflect the specific characteristics of the actors – their own and joint needs as moral beings – and the specific aspects of the occasion. (e) Skill in dialogue depends less on the ability to use formal, deductive logic and more on the evolution of differentiated, sensitive intersubjective understandings. (f) Finally, moral truth is based on agreements moral agents achieve about their

laut Kohlbergs Stufenfolge auf der dritten Stufe der Moralentwicklung einzu-ordnen wären. Haans These, dass es neben der deontologischen Moral noch (mindestens) eine zweite gleichwertige Moral geben könnte, wurde fortan unter dem Etikett ›die zwei Moralen‹ diskutiert. Außerdem hat sie Debatten über die Interkulturalität von Kohlbergs Moralkonzept angestoßen, die bis heute nicht verstummt sind. Schließlich und endlich kann der Essay auch als Initialzündung für eine Debatte über die Geschlechtsspezifik von moralischen Überzeugungen und Haltungen gelten, welche die internationale Moralphilosophie vor allem in den neunziger Jahren des letzten Jahrhunderts intensiv beschäftigt hat. Alle drei Debatten wurden allerdings so komplex und mit so vielen Beteiligten geführt, dass eine umfassende Rekonstruktion hier nicht möglich ist, zumal sich die Debatten auch immer wieder ineinander vermengten. So vertrat Sheyla Benhabib beispielsweise die These, dass die konkurrierende ›zweite Moral‹ den Erfordernissen der weiblichen moralischen Praxis besser gerecht würde als die dominierende deontologische Moral (vgl. Abschnitt I.3.5), während Sandra Harding beispielsweise die Auffassung vertrat, dass die als ›weiblich‹ behauptete Moral den afrikanischen Kulturraum beherrschen würde. Mehr als einen relativ groben chronologischer Abriss über die wichtigsten Veröffentlichungen zu allen drei Debatten kann hier aus den genannten Gründen nicht geleistet werden.

(3.1) Die Tatsache, dass weibliche Probanden bei den Untersuchungen signifikant schlechter abschnitten als männliche Probanden, war Kohlberg und seinem Team zur Zeit der Veröffentlichung von Haans Essay durchaus bekannt. So findet sich in dem von Kohlberg und seinem Mitarbeiter Kramer gemeinsam verfassten Essay *Continuities and Discontinuities in Childhood and Adult Moral Development* von 1969 beispielsweise eine Passage, der zufolge sich in Langzeitstudien gezeigt haben soll, dass von den »in der High School auf Stufe 3 stehenden Jungen nur 6 % auch im frühen Erwachsenenalter auf Stufe 3« standen, »während die übrigen auf Stufe 4 wechseln«. Im Gegensatz dazu »scheint die Stufe 3 bei Frauen eine stabile Erwachsenenstufe zu sein«. Weiterhin wird hier hervorgehoben, dass es »während der High School« unge-fähr »denselben Prozentsatz Jungen wie Mädchen auf Stufe 3« gäbe. »In der College-Stichprobe« gäbe es »dann aber doppelt so viele Mädchen wie Jungen auf Stufe 3«. Bei einer »Eltern-Stichprobe« sei das Resultat schließlich eindeutig gewesen: Hier hätten sich »viermal so viele Frauen wie Männer auf Stufe 3« befunden. Der Essay erklärt diese Daten mit den unterschiedlichen Rollen, die Männer und Frauen im Erwachsenenalter erfüllen müssen. Es heißt hier, dass Mädchen auffällig häufig auf Stufe 3 verharren würden, wenn sie »nach

---

common interest and is not predetermined by rules or principles, that is, truth is to be achieved, not revealed.« A. a. O. 287 ff.

der High School oder dem College die Mutterrolle übernehmen«, während »ihre männlichen Altersgenossen diese Stufe« zu diesem Zeitpunkt »zugunsten der höheren hinter sich lassen« würden. Das beweist dem Essay zufolge, dass die »Moral der persönlichen Harmonie«, wie sie für die Stufe 3 kennzeichnend sei, »für Hausfrauen und Mütter funktional« sei, »nicht aber für Geschäftsleute und Berufstätige«[61].

(3.2) Zu einer weltweiten Debatte wuchs sich die die Diskussion über das auffällig schlechtere Abschneiden von weiblichen gegenüber männlichen Probanden in den achtziger Jahren des letzten Jahrhunderts aus, nachdem Carol Gilligan (ebenfalls eine Mitarbeiterin Kohlbergs) in ihrem Buch *The Different Voice* von 1982 die These ins Spiel gebracht hatte, dass sich nur die männliche Moralität zu einer Gerechtigkeitsmoral im Sinne von Kohlberg und Rawls entwickelt, während sich die Moralität von Frauen zu einer Fürsorgemoral entfalten soll. Gilligans Thesen nehmen ihren Ausgang bei der Tatsache, dass sich Kohlbergs Untersuchungen ursprünglich auf männliche Kinder und Jugendliche von amerikanischer Herkunft beschränkt haben.[62] Bei Pieper heißt es dazu pointiert, dass sich »die als universal gültig ausgegebenen Ergebnisse von Piaget und Kohlbergs Analysen« ursprünglich lediglich »auf Erfahrungen von ausschließlich männlichen Testpersonen stützte, deren Auswertung wiederum nur von Männer vorgenommen wurde«[63]. In ihrem Buch vertritt Gilligan dann die provozierende These, dass die Daten als Hinweis darauf interpretiert werden müssten, dass Männer und Frauen im Zuge ihres moralischen Reifeprozesses geschlechtsspezifisch unterschiedliche Moralen entwickeln würden.[64]

61   *Kohlberg, Lawrence/Kramer, Richard: Continuities and Discontinuities in Childhood and Adult Moral Development.* In: *Human Development* 12. 1969, 93–120. Im Text zit. nach *dies. Zusammenhänge und Brüche zwischen der Moralentwicklung in der Kindheit und im Erwachsenalter.* In: *Die Psychologie der Moralentwicklung.* A. a. O. (41–81) 63. Verweis auf *Turiel, E.: Developmental Processes in the Child's Moral Thinking.* In: *New Directions in Developmental Psychology.* New York 1969. Dt. als *ders.: Entwicklungsprozesse des moralischen Bewusstseins des Kindes.* In: *Entwicklung des Ichs.* Hrsg. v. R. Döbert, J. Habermas, G. Nunner-Winklers. Köln 1977, 115–149; sowie auf *Haan, N./Smith, M. B./Block, J.: Moral Reasonning of Young Adults.* In: *Journal of Personality and Social Psychology* 10. 1968, 183–201. Dt. als *dies.: Moralische Argumentationsstrukturen junger Erwachsener.* In: *Entwicklung des Ichs.* A. a. O. 307–337; sowie auf *Holstein, C.: Parental Determinants of the Development of Moral Judgement.* Unveröff. Diss. University of California Berkeley 1968.
62   Als Beleg vgl. u. a. *Kohlberg, Lawrence/Gilligan, Carol: The Adolescent as a Philosopher.* The Discovery of the Self in a Post-Conventional World. In: *Dädalus* 100. O. O. 1971, 1051–1086.
63   *Pieper, Annemarie: Der Aufstand des stillgelegten Geschlechts.* Einführung in die feministische Ethik. Freiburg 1993, 148.
64   *Gilligan, Carol: A Different Voice.* Harvard 1982. Im Text zit. als *dies: Die andere Stimme.* Lebenskonflikte und Moral der Frau. München 1984, 28 f. Vgl. auch *Gilligan, Carol: Moral Orientation and moral development.* In: *Women and Moral Theory.* Hrsg. v. E. Kittey, D. Meyers. Totowa 1987, 19–33. Im Text zit. nach *dies.: Moralische Orientierung und moralische Entwicklung.*

Gilligans Buch erhielt großes internationales Echo: In allen Teilen der Welt wurde in den folgenden Jahren Gilligans These diskutiert, dass man Kohlbergs vierter Stufe entsprechend eine spezifisch männliche Gerechtigkeitsmoral und Kohlbergs dritter Stufe entsprechend eine spezifisch weibliche Fürsorgemoral unterscheiden sollte.[65]

(3.3) Wie Habermas in dem Kapitel *Moralbewusstsein und kommunikatives Handeln* in seinem gleichnamigen Buch aus dem Jahr 1983 ausdrücklich betont, würde es »zu weit von dem intuitiven Verständnis eines moralisch sensiblen Auswerters«[66] abführen, wenn man solche Resultate mit einer generellen moralischen Andersartigkeit (oder gar Minderwertigkeit!) des gesamten weiblichen Geschlechts erklären würde. In seinen Augen verdanken Gilligans und Haans Vorschläge einer alternativen Moral ihre vordergründige Plausibilität ausschließlich der Tatsache, dass in einer prinzipienorientierten Moral »moralischer Rigorismus« droht, insofern »die hermeneutische Sensibilität für das Anwendungsproblem fehlt und wenn abstrakte moralische Einsichten unvermittelt konkreten Situationen übergestülpt werden«: Auch »Max Webers Konstrastierung von Gesinnungs- und Verantwortungsethik« lebt nach Habermas »zu einem guten Teil von dieser populären Kant-Kritik«. Vom Standpunkt seiner Diskursethik erklärt er die Annahme einer zweiten (konsequentialistisch oder kontextualistisch ausgerichteten) Moral gegenüber einer prinzipienorientierten Moral für völlig überflüssig, weil diejenigen Haltungen und Fähigkeiten, die Gilligans ›Fürsorgemoral‹ oder Haans ›Interpersonelle Moral‹ im wesentlichen ausmachen sollen, von einer ausgereiften moralischen Persönlichkeit im Rahmen seiner Diskursethik selbstverständlich ebenso eingefordert würden wie die Fähigkeit zur Auffindung des richtigen moralischen Urteils durch die Anwendung von moralphilosophischen Prinzipien. Im Detail betont Habermas, dass die »Berücksichtigung der Folgen und Nebenwirkungen, die sich aus der allgemeinen Anwendung einer strittigen Norm in bestehenden Kontexten voraussichtlich ergeben«, keine »zusätzlichen verantwortungsethischen Gesichtspunkte« erfordern würde, weil sich eine solche Berücksichtigung aus der prinzipienmoralischen Forderung der Universalisierbarkeit von moralischen Entscheidungen je schon ergeben würden. Vergleichbar gehörten Erwägungen

---

In: *Weibliche Moral. Die Kontroverse einer geschlechtsspezifischen Ethik.* Hrsg. v. Nunner-Winkler. Frankfurt/New York 1991, 79–100.
65 Beiträge zur und Darstellungen der Debatte finden sich u. a. in *Women and Moral Theory.* A. a. O. insg.; sowie in *Maihofer, A.: Ansätze zur Kritik des moralischen Universalismus.* In: *Feministische Studien I.* O. O. 1988, 32–52; sowie in *Jenseits der Geschlechtermoral.* Hrsg. v. H. Nagel-Docekal, Pauer-Studer. Frankfurt a. M. 1993; sowie in *Eine weibliche Moral?* Hrsg. v. G. Nunner-Winkler. München 1995.
66 *Habermas: Moralbewusstsein und kommunikatives Handeln.* A. a. O. 187.

einer »nicht-privilegierten Fürsorge bzw. Verantwortung«[67] selbstverständlich zu jedem ausgereiften prinzipiengelenkten moralischen Urteilsfindungsprozess.

(3.4) Kohlberg springt auf diesen Zug schon ein Jahr später in der Abhandlung *The Relationship of Moral Judgement to Moral Action* von 1984 mit dem Zugeständnis auf, dass Gilligan in *The Different Voice* von 1982 (dt. 1984) »richtigerweise« darauf hingewiesen hätte, »dass wir in partikularistischen Beziehungen, etwa denen zwischen Eltern und Kind, unvermeidlich den Standpunkt einer verantwortungs- oder konsequenzenorientierten Ethik, wie Weber sie nennt, einnehmen« würden. In solchen Fällen würde unsere Moral tatsächlich »nicht allein von unseren Prinzipien« abhängen, sondern auch von unserer »Fähigkeit, positive Konsequenzen für unsere Kinder abzuschätzen und zu erreichen«. Dieses Zugeständnis schränkt Kohlberg jedoch mit der Bemerkung ein, dass die Fürsorgeperspektive »für einen so umgrenzten Bereich wie die Familie« angemessen sei, »in dem wir die Verantwortung für die Folgen unseres Handelns tragen«. Betrachtete man dagegen »größere Zusammenhänge menschlichen Zusammenlebens«, so könne eine Verantwortungsethik »leicht verkommen«, wie Stalins »utilitaristische Entscheidung, vier Millionen Kulaken verhungern zu lassen, um die Kollektivierung der sowjetischen Landwirtschaft sicherzustellen«, zweifelsfrei beweise. Sobald es um größere Zusammenhänge ginge, könne man auf Prinzipien nicht verzichten. Insofern wolle er »die Geltung« einer konsequenzenorientierten »Verantwortungsethik« nicht leugnen, aber ihre Anwendung doch auf die Bereiche beschränken, in denen »zwischenmenschliche Fürsorge und Anteilnahme wirksam sein kann, und in denen Erfahrung und Umgang mit dem anderen möglich sind«[68]. Es ist hier nicht der Raum, Kohlbergs Position zu der Frage der zwei Moralen umfassend zu diskutieren; deshalb nur drei kurze Bemerkungen. Es kann zum einen natürlich nicht den Hauch eines Zweifels geben kann, dass man Stalins Verbrechen das Etikett ›Verantwortungsethik‹ nicht anheften kann. Außerdem sollte man die Begriffe ›Verantworungsethik‹, ›Fürsorgeethik‹ und ›Konsequentialismus‹ nicht so differenzlos in einen Topf werfen. Die utilitaristische Moralphilosophie kann man beispielsweise den konsequentialistischen Moralen zurechnen, und ein Utilitarismus ist definitiv keine Fürsorgemoral. Bedenkenswert ist in meinen Augen lediglich Kohlbergs Hinweis darauf, dass es auch von den jeweiligen Kontexten oder Rollen abhängen könnte, welche Moralität angemessen ist.

(3.5) Ebenfalls im Fahrwasser von Habermas entfaltet Sheyla Benhabib in ihrem Essay *The Generalized and the Concrete Other* von 1986 dann ein Plädoyer für die Annahme von zwei Moralen. Der Essay rekonstruiert zunächst

---

67 *Habermas: Moralbewusstsein und kommunikatives Handeln.* A. a. O. 192 f.
68 *Kohlberg/Candee: Relationship.* A. a. O. 395 f.

die Geschichte der männlich dominierten Moralphilosophie so, dass sich seit der Aufklärung mit der Metapher des Naturzustandes und seinem Bild vom moralischen Akteur als völlig bindungslosem, nur sich selbst verpflichten Subjekt sowohl eine völlige Trennung von Öffentlichkeit und Privatheit und mit dieser Trennung die Gerechtigkeitsmoral sukzessive immer mehr durchgesetzt haben, der zufolge man von allen persönlichen Beziehungen und Erfahrungen abstrahieren muss, um gerecht zu sein. Den Höhepunkt dieser Entwicklung sieht Benhabib in John Rawls *Theory of Justice*, von der Kohlberg ja maßgeblich beeinflusst ist. Nach Rawls sollen alle Verteilungsentscheidungen hinter einem ›Schleier des Nichtwissens‹ gefällt werden, indem der moralische Akteur von allem abstrahiert, was er über sich und die von seiner Entscheidung Betroffenen weiß. Benhabib bezweifelt nun, dass man »unabhängig« von einer »Kenntnis der beteiligten Akteure, ihrer Lebensläufe, Einstellungen, Charaktere und Wünsche« eine moralische Entscheidung treffen kann, die den Beteiligten in einem nicht-abstrakten, realen Sinne ›gerecht‹ wird.[69] Im Sinne einer Alternative zu dieser etablierten männlichen Moral des ›Verallgemeinerten Anderen‹ schlägt sie deshalb die Etablierung einer Moral des ›Konkreten Anderen‹ vor, welche »stärker kontextgebunden« und abhängiger von »besonderen Umständen, von Beziehungen und Lebensgeschichten« sein soll; welche statt »formaler Gleichheit und Reziprozität« Normen wie »Freundschaft, Liebe und Fürsorge« etablieren soll; und mit deren Hilfe sich die Frauen schließlich auch von der »Unterdrückung und Ausbeutung« durch die etablierte männliche Geschlechterordnung emanzipieren können sollen.[70]

(3.6) Carol Gilligan reagiert in dem Essay *Moral Orientation and Moral Development* von 1987 auf Kohlbergs Zugeständnis, dass »das Vorhandensein einer Perspektive der Fürsorge« zum ausgereiften »moralischen Denken des Menschen«[71] gehöre, mit der These, dass es sich bei Gerechtigkeit und Für-

---

69 *Benhabib, Seyla: The Generalized and the Concrete Other.* Visions of the Autonomous Self. In: *Praxis International.* Bd. 5. Nr. 4. 1986, 402–424. Im Text zit nach *dies.: Der verallgemeinerte und der konkrete Andere.* Ansätze zu einer feministischen Moraltheorie. In: *Denkverhältnisse.* Feminismus und Kritik. Übers. v. H. Studer. Frankfurt 1989, (454–487) 473. Vgl. weiterführend auch *dies.: Feminismus und Postmoderne. Ein prekäres Bündnis.* In: *Der Streit um Differenz.* Feminismus und Postmoderne in der Gegenwart. Hrsg. v. S. Behabib, J. Butler, D. Cornell, N. Fraser. Frankfurt a. M. 1993, 9–30.

70 *Benhabib: The Generalized and the Concrete Other.* A. a. O. 455, 469, 459. Benhabibs Thesen werden heute von der Debatte um die Geschlechtsspezifik von Moral abgelöst diskutiert: Sie finden heute vor allem Beachtung, sobald es um das genuin moralphilosophische Problem geht, ob moralische Urteile tatsächlich im Sinne von Kant und Rawls von allen konkreten Interessen abstrahieren müssen bzw. können.

71 *Gilligan: Moral Orientation.* In: *Weibliche Moral.* A. a. O. 83. Als Beleg für Kohlbergs Zugeständnis wird verwiesen auf *Kohlberg: Essays in Moral Development.* A. a. O. insg

sorge um zwei getrennte moralische Perspektiven handeln würde, die ebenso
wenig gleichzeitig eingenommen werden könnten, wie man auf einem Dop-
pelbild gleichzeitig einen Hasen und eine Ente sehen könne. Gilligans Argument für die Irreduzibilität beider Perspektiven besteht in dem Hinweis auf
einen »empirischen Zusammenhang zwischen Fürsorge-Orientierung und
weiblicher Geschlechtszugehörigkeit«. Die Irreduzibilität beider Perspektiven
bedeute nicht, »dass Gerechtigkeit unfürsorglich und Fürsorge ungerecht wäre«.
Gemeint sei vielmehr, dass sich mit einem Wechsel der Perspektive das »moralische Problem« verlagern würde: Während aus der Gerechtigkeitsperspektive
gefragt würde »Was ist gerecht?«, stünde aus der Perspektive der Fürsorge die
Frage »Wie soll man reagieren?« im Zentrum. Das sei allerdings eine grundsätzlich andere Frage: Während aus der Gerechtigkeitsperspektive Beziehungen
vorrangig in Begriffen von abstrakter Gleichheit definiert würden, ginge es in
der Fürsorgeperspektive um konkrete Abhängigkeiten und Bindungen. Deutlicher als in diesen doch eher unscharfen Definitionen der beiden Perspektiven wird Gilligan in ihren Beispielen. So würde ein Teenager, der in einem
Konflikt mit seinen Eltern über religiöse Überzeugungen die Fürsorge- statt
der Gerechtigkeitsperspektive einnimmt, nicht mehr darauf beharren, dass
er ein Recht auf seine eigene religiöse Überzeugung habe, sondern vielmehr
darauf, dass seine Eltern sich mit seinen religiösen Überzeugungen auseinandersetzen sollten, weil sie schließlich seine Eltern seien. Vergleichbar würde
man in einer Debatte über einen möglichen Schwangerschaftsabbruch aus der
Gerechtigkeitsperspektive die ›Rechte des Fötus‹ gegenüber den Rechten der
Mutter abwägen, während man aus der Fürsorgeperspektive die Beziehung
zwischen Mutter und Kind zum Ausgangspunkt nehmen und fragen würde,
»ob es verantwortlich oder unverantwortlich, fürsorglich oder leichtsinnig ist,
diese Verbindung fortzusetzen oder zu beenden«[72]. Gegen den nun naheliegenden Einwand, dass sich die These von den zwei Moralen als empirisch nicht
haltbar erwiesen hat, führt Gilligan eine »Stichprobe von Nordamerikanern mir
höherem Bildungsgrad« ins Feld, denen zufolge eine »Dominanz der Fürsorgeperspektive« ein »nahezu ausschließlich weibliches Phänomen« gewesen sein
soll, wenn die Fürsorgeperspektive auch nicht »für alle Frauen charakteristisch
war«, während es ein »eindeutig fürsorgedominiertes Urteilen bei Männern«[73]
schlichtweg überhaupt nicht gegeben haben soll. Der Essay schliesst mit der
Aussicht, dass es den Frauen »leichter« gemacht würde, »über ihre Erfahrungen
und Wahrnehmungen zu sprechen«, wenn »die Moraltheorie eine kohärente
und begrifflich besser durchgearbeitet Perspektive der Fürsorge zur Verfügung

---

72 *Gilligan: Moral Orientation.* A. a. O. 83–86.
73 *Gilligan: Moral Orientation.* A. a. O. 89.

stellen könnte«[74]. Gilligan gibt sich mit Kohlbergs Zugeständnis also nicht zufrieden, dass in manchen (insbesondere im familiären) Kontexten tatsächlich eine Fürsorgeperspektive eingenommen werden muss.[75] Sie vertritt vielmehr die Standpunkte, dass Fürsorge und Gerechtigkeit erstens grundsätzlich verschieden sind, sich zweitens gleichrangig gegenüberstehen, und dass es drittens eine weibliche Tendenz zur Fürsorgeperspektive gibt.

(3.7) Ebenfalls im Jahr 1987 führt Sandra Harding dann Forschungen ins Feld, denen zufolge afrikanische Probanden in ihrer Moralentwicklung ebenso deutlich von Kohlbergs Stufenfolge abweichen sollen wie die weiblichen Probanden von Haan, Murphy und Gilligan.[76]

(3.8) Seit den neunziger Jahren ist es dann relativ still geworden um alle drei Debatten: Das didaktische Interesse an Kohlbergs Untersuchungen überwog das moralphilosophische Interesse bei weitem. Tatsächlich sollten aus den drei Debatten vor allem didaktische Konsequenzen gezogen werden.

(4) So krankt die Debatte über eine geschlechtsspezifische Moral schon daran, dass sich die Gleichrangigkeit der Fürsorgemoral gegenüber der ›traditionellen‹ Gerechtigkeitsmoral moralphilosophisch letztlich nicht diskutieren läßt, weil (wie Gilligan in einer Seitenbemerkung selbst einräumt) die »Fürsorge als Moralperspektive« gegenüber der Gerechtigkeitsperspektive deutlich »weniger gut ausgearbeitet«[77] ist. Weder in *Moral Orientation* von 1987 noch in *The Other Voice* von 1982 kann Gilligan moralphilosophisch tragfähig darlegen, was die weibliche ›Fürsorgeperspektive‹ im Gegensatz zur männlichen ›Gerechtigkeitsperspektive‹ in der Moral eigentlich sein soll. Statt dessen beschränken sich ihre Ausführungen zumeist auf das Auflisten von Beispielen von moralischen Urteilen, die Gilligan als ›fürsorgemoralisch‹ einstuft, ohne dass wirklich klar wird, welches die Kriterien einer solchen Einstufung sind. Dem könnte man nun entgegenhalten, dass Gilligans wichtiges Kriterium in der Unterscheidung der Fragen ›was ist gerecht‹ und ›wie soll ich reagieren‹ bestünde. Darauf wäre allerdings zu antworten, dass jeder Gerechtigkeitsmoralist natürlich mit guten Gründen beanspruchen kann, dass sich Gilligans Frage ›wie soll ich reagieren‹

---

74   *Gilligan: Moral Orientation.* A. a. O. 99.

75   *Kohlberg/Candee: Relationship.* A. a. O. 395 f.

76   Vgl. dazu *Harding, Sandra: The Curious Coincidence of Feminine and African Moralities.* In: *Women and Moral Theory.* Hrsg. v. E. Kittay, D. Meyers. Totowa NJ 1987, 296–315. Im Text zit. nach *dies.: Die auffällige Übereinstimmung feministischer und afrikanischer Moralvorstellungen.* Eine Herausforderung für feministische Theoriebildung. In: *Weibliche Moral.* A. a. O. 162–189; sowie *Noddings, Nel: Women and Evil.* Berkeley 1989.

77   *Gilligan: Moral Orientation.* A. a. O. 87.

unmittelbar aus der Frage ›was ist gerecht‹ beantwortet. Insgesamt fand Gilligans These nämlich zwar große Beachtung, aber auffallend wenige Verteidiger.[78]

(4.1) Sehr bald schon wurden Gilligan methodische Fehler vorgeworfen oder alternative Deutungsvorschläge für ihre Daten für ihre Daten ins Spiel gebracht. So spricht die Psychologin Debra Nails beispielsweise von einer »Fehlvermessung des Menschen«[79], weil die Anzahl der von Gilligan untersuchten Probanden den psychologischen Standards für Längsschnittuntersuchungen zufolge viel zu gering gewesen sei, und weil sie vorschnell und wenig überzeugend aus einigen wenigen Antworten umfassende Rückschlüsse auf eine unterschiedliche moralische Ausrichtung der Geschlechter gezogen habe.

(4.2) Kohlberg reagiert noch in den achtziger Jahren auf diese Frage, indem er seine Thesen von 1969 wiederholt und darauf hinweist, dass man keine Rückschlüsse auf geschlechtsspezifische Moralen ziehen könne, wenn man Hausfrauen versus berufstätige Männer untersucht, sondern lediglich Rückschlüsse auf den Einfluss von Faktoren wie Beruf und Bildungsstand auf die moralische Entwicklung.[80] In dasselbe Horn wie Kohlberg stößt der Psychologe Lawrence Walker: Auch seinen Untersuchungen zufolge gibt es keine signifikanten Unterschiede in der moralischen Entwicklung von Männern und Frauen. Vielmehr seien Bildungsunterschiede ausschlaggebend.[81] In einer Abhandlung von Nunner-Winkler von 2001 heißt es dann lapidar, dass sich in den »allermeisten Untersuchungen« schlicht« gar keine »Geschlechtsunterschiede im Moralniveau« hätten aufweisen lassen, oder aber nur solche, die »verschwinden, wenn der Einfluss von Bildungsniveau und Berufstätigkeit korreliert wird«[82].

---

78 Verteidigt wird Gilligans These von zwei geschlechtsspezifischen, aufeinander irreduziblen Moralen beispielsweise in *Haug, Frigga: Die Moral ist zweigeschlechtlich wie der Mensch.* Zur Theorie weiblicher Vergesellschaftung. In: *Weiblichkeit oder Feminismus.* Hrsg. v. C. Opitz. Konstanz 1983, 95–122.

79 *Nails, Debra: Social-Scientific Sexism: Gilligan's Mismeasure of Man.* In: *Social Research 50.* O. O. 1983, 643–663. Im Text zit. nach *dies: Sozialwissenschaftlicher Sexismus. Carol Gilligans Fehlvermessung des Menschen.* In: *Weibliche Moral.* A. a. O. 101–108. Vgl. mit ähnlichem Tenor auch *Gould, Carol C.: Philosophical Dichotomies and Feminist Thought.* Towards a Critical Feminism. In: *Feministische Philosophie.* Hrsg. v. H. Nagl-Docekal. München 1990, 84–190.

80 Vgl. dazu *Benhabib: The Generalized and the Concrete Other.* A. a. O. 457. Sie verweist auf *Kohlberg. Lawrence: Synopses and Detailed Replies to Critics.* In: *ders.: Essays on Moral Development.* Bd. 2. *The Psychology of Moral Development.* A. a. O. 341 ff.

81 *Walker, Lawrence J.: Sex Differences in the Development of Moral Reasoning.* A Critical Review. In: *Child Development 55.* O. O. 1984, 677–691. Im Text zit. nach *ders.: Geschlechtsunterschiede in der Entwicklung des moralischen Urteils.* In: *Weibliche Moral.* A. a. O. 109–120.

82 *Nunner-Winkler, Gertrud: Weibliche Moralentwicklung?* In: *Moralische Erziehung in der Schule.* A. a. O. (141–153) 143. Nunner-Winkler betont zudem, dass auch die Nähe und Ferne des jeweiligen moralischen Problems einen Einfluss darauf zu haben scheint, wie differenziert ein moralisches Problem behandelt wird. Sobald in einer entsprechenden Studie die Berechtigung

Insgesamt scheint es heute Konsens zu sein, Bildung und Beruf höher als das Geschlecht zu bewerten. Von angeborenen geschlechtsspezifischen moralischen Unterschieden zwischen Männern und Frauen bzw. zwischen Jungen und Mädchen spricht hingegen niemand mehr. Wie Kuld und Schmid treffend bemerken, hat sich »die These von den zwei Moralen« mittlerweile als »Mythos« erwiesen, der in der »Diskussion um die Entwicklung des moralischen Urteils« nicht weiterführe.[83]

(4.3) Didaktisch relevant sind in ihren Augen lediglich »unterschiedliche, verhaltenswirksame Sozialisationserfahrungen von Jungen und Mädchen«[84]. Dem möchte ich mich ausdrücklich anschließen. Faktoren wie geschlechtsspezifische Sozialisation, Bildungsstand und Beruf sind von didaktisch relevantem Einfluss auf die moralische Entwicklung von Kindern und Jugendlichen. Rechnung tragen könnte man dem wiederum durch eine spezifische Auswahl bzw. Konstruktion der Dilemmata. Die Zeiten einer geschlechtsspezifischen (Moral-) Erziehung in unseren Schulen sind aber glücklicherweise vorbei!

(5) Die Debatte über die Kulturrelativität von Kohlbergs Methode wurde bei Norma Haan auf den Punkt gebracht mit dem Einwand, dass Kohlbergs ursprüngliche Probanden-Auswahl auch hinsichtlich ihrer kulturellen Wurzeln alles andere als repräsentativ war.[85] Deshalb stand (um noch einmal Jürgen Habermas zu zitieren) relativ bald schon die Frage im Raum, »ob und gegebenenfalls in welchem Sinne auf der postkonventionellen Ebene überhaupt von *natürlichen* Stufen die Rede sein kann«[86].

(5.1) Kohlberg hatte in den späten sechziger Jahren noch relativ hilflos versucht, entsprechende Untersuchungsergebnisse mit der moralischen Unreife

von Schwangerschaftsabbrüchen zur Debatte gestellt worden sei, hätten »die meisten männlichen Jugendlichen kurz und bündig« mit allgemeinen Sätzen wie »Abtreibung ist Mord« oder »Jede Frau hat das Recht auf Selbstbestimmung« geantwortet, während die Mädchen »allerlei zu bedenken« gegeben hätten. Sobald es jedoch um die Frage der Wehrdienstverweigerung gegangen sei, hätten die Mädchen plötzlich »rigide« argumentiert, während die Jungen »konkrete kontextbezogene Überlegungen« angestellt hätten. A. a. O. 143. Verweis auf *Döbert, R.; Nunner-Winkler, Gertrud: Wertwandel und Moral.* In: *Gesellschaftlicher Zwang und moralische Autonomie.* Hrsg. v. H. Bertram. Frankfurt a. M. 1986, 289–319.

83   Zu weiteren Auseinandersetzungen mit Gilligans Thesen vgl. u. a. *Juraneck, Natalie/Dobert, Rainer: Eine andere Stimme?* Universalien oder geschlechtsspezifische Differenzen in der Moral. Heidelberg 2002; sowie *Weibliche Moral. Ein Mythos?* Hrsg. v. D. Hoerster. Frankfurt a. M. 1998.

84   *Kuld/Schmid: Lernen aus Widersprüchen.* A. a. O. 87. Verweis auf *Oser/Althoff: Moralische Selbstbestimmung.* A. a. O. 308.

85   Vgl. dazu *Haan: Two Moralities.* A. a. O. 287.

86   *Habermas: Moralbewusstsein und kommunikatives Handeln.* A. a. O. 183.

der untersuchten Kulturen zu erklären.[87] Später unternimmt er Versuche, die kulturübergreifende Universalität der fünften und insbesondere der sechsten Stufe der Moralentwicklung durch entsprechende Studien zu beweisen. Die Versuche waren allerdings von keinem Erfolg gekrönt. Wie Habermas berichtet, hat Kohlberg noch nicht einmal »in den Längsschnittuntersuchungen«, die er in »den USA, Israel, und der Türkei« durchführte, die gesuchten »Evidenzen« für die sechste Stufe gefunden. Das habe in Kohlberg selbst schließlich Zweifel erweckt, »ob es sich bei Stufe 6 um eine psychologisch identifizierbare natürliche Stufe oder um eine ›philosophische Konstruktion‹ handelt«[88], weshalb er erwogen hätte, die sechste Stufe in der als universal behaupteten Stufenfolge schlicht wegzulassen. Wie Habermas treffend bemerkt, wäre das aber keine Lösung des eigentlichen Problems, weil eine solche »Revision« natürlich auch »den Status der Stufe 5 berühren würde«, weil das, was für die universalen Prinzipien der Philosophie gilt, für die »Ideen des Gesellschaftsvertrages und des größten Nutzens der größten Zahl«[89] ja ebenfalls gilt. Letztlich kann wohl kein Zweifel sein, dass der Kategorische Imperativ, die Goldenen Regel, das Gerechtigkeitsprinzip und das Prinzips der allgemeinen Menschenwürde (um die wichtigsten von Kohlberg exponierten postkonventionellen Begründungsmuster zu nennen) einer »spezifischen, vor allem in angelsächsischen Ländern verbreiteten Traditionen«[90] verpflichtet und Produkte unserer durch die Aufklärung geprägten westlichen Kultur sind. Es steht deshalb für mich außer Frage, dass es sich bei dem postkonventionellen Stadium um ein kulturell bedingtes und nicht um ein natürliches Stadium der menschlichen Moralentwicklung handelt.

(5.2) Diese Diagnose kann für eine Didaktik der Ethik nun offensichtlich nur solange ohne Konsequenz bleiben, wie man es mit einer homogenen Schülergruppe aus dem europäischen Kulturraum zu tun hat. In einem solchen Falle ist die (moralphilosophisch sehr spannende) Frage nach der Natürlichkeit des postkonventionellen Niveaus pragmatisch ohne Belang. Konsequenzen muß man aber ziehen, wenn man es mit einer kulturell gemischten SchülerInnengruppe zu tun hat, wie es in deutschen Großstädten wie in Berlin ja mittlerweile an der Tagesordnung ist. Um muslimischen SchülerInnen gerecht zu werden, wäre es beispielsweise sicherlich eine Überlegung wert, wie sich religiöse

---

87 Vgl. dazu u. a. *Kohlberg, Lawrence: A Cognitive-Developmental Approach to Sozialization.* In: *Handbook of Socialization.* Hrsg. v. D. Goslin. New York, 1969 O. S.

88 *Habermas: Moralbewusstsein und kommunikatives Handeln.* A. a. O. 183 f. Verweis auf einen Vortrag *Kohlberg, Lawrence: Philosophical Issues in the Study of Moral Development.* Vortrag Cambridge (Mass) Juni 1980.

89 *Habermas: Moralbewusstsein und kommunikatives Handeln.* A. a. O. 185.

90 *Habermas: Moralbewusstsein und kommunikatives Handeln.* A. a. O. 185.

Begründungsmuster in die Stufenfolge integrieren lassen, ohne sie gegenüber genuin moralphilosophischen Begründungsmustern abzuwerten. Modifikationsbedarf würde aber vor allem bestehen, falls die Dilemma-Methode einmal in ein asiatisches oder arabisches Land exportiert werden soll. Ein solcher Export geriete ohne entsprechende Anpassungen des postkonventionellen Niveaus an die Moralität des jeweiligen Kulturraums sicherlich schnell unter den Verdacht des Kulturimperialismus. Der Illusion, die Dilemma-Methode in jedem beliebigen kulturellen Kontext erfolgreich zur Moralerziehung von Kindern und Jugendlichen anwenden zu können, sollte man also nicht aufsitzen. Ein flexibler Umgang mit der Methode scheint mir in vielen Kontexten vielmehr sogar dringend geboten zu sein.

(6) Didaktisch ernst nehmen sollte man auch den Einwand der zwei Moralen. Leider ist diese Idee im Lager der Kohlberg-Anhänger nie wirklich weiter verfolgt worden. Ich bin mir aber ziemlich sicher, dass sich Haans Hypothese bestätigen würde, dass es neben Kohlbergs prinzipienorientierter monistischer Universalmoral im Sinne von Kant und Rawls noch (mindestens) eine andere Form von Moralität gibt, denen sich moralisch ausgereifte, vernünftige Wesen verpflichtet fühlen können, ohne dass deshalb unter den Verdacht der moralischen Unreife gestellt werden zu müssen. Die Frage, ob sich diese Moral tatsächlich so darstellen würde, wie es Haan in ihren kurzen Skizzen angedeutet hat, muß ich hier zwar ebenso offen lassen wie die Frage, ob es vielleicht noch eine dritte oder vierte Moral gibt, die mit den beiden von Haan identifizierten Moralen konkurrieren könnten. Fest steht für mich aber, dass eine Didaktik des Ethik-Unterrichts aus Haans Untersuchungen zumindest die eine Konsequenz ziehen muß, dass der Ethik-Unterricht bei aller Hochschätzung der Dilemma-Methode weder die Methode noch die bei Kohlberg zugrundeliegenden moralphilosophischen Überzeugungen verabsolutieren darf.

Zusammenfassend läßt sich wohl sagen, dass sich Oser die Sache sicherlich zu einfach macht mit der Behauptung, dass es bisher »grundsätzlich« noch »niemandem gelungen« sei, die »Theorie zu falsifizieren«, weshalb es ebenso »grundsätzlich keine Rückkehr auf den Stand der Überlegungen vor diesem Modell geben«[91] könne. Zwar sind die methodischen und didaktischen Standardeinwände glücklicherweise nicht von solchem Gewicht, dass man die Dilemma-Methode ihretwegen zu den Akten legen müßte. Sie sind aber doch schwerwiegend genug, dass eine Lehrperson sie kennen und berücksichtigen sollte, wenn sie die Dilemma-Methode im Unterricht anwendet.

---

91 *Oser: Acht Strategien.* A. a. O. 75.

Das wiederum bedeutet, dass sie im Rahmen der LehrerInnenausbildung thematisiert werden müssen, falls man die Dilemma-Methode zukünftigen LehrerInnen als eine der favorisierenden Methoden für den Ethik-Unterricht empfehlen will.

2. Das Desiderat einer 7. Stufe des begründeten Prinzipienverstoßes

Als Moralphilosophin gilt mein spezielles Interesse den moralphilosophischen Vorentscheidungen und den Ansprüchen an die Dilemma-Methode in Kohlbergs Theoriegebäude. Eine im engeren Sinne moralphilosophische Debatte kreiste um die Frage, ob die höchste Stufe der Moralentwicklung tatsächlich so charakterisiert werden sollte, wie Kohlbergs Stufenmodell es vorsieht. Die Debatte gilt zwar seit den späten achtziger Jahren als abgeschlossen. Ich denke jedoch, dass sie wieder aufgegriffen werden sollte, weil sie damals lediglich abgebrochen, aber nicht zu einem konsensfähigen Abschluss geführt wurde.

(1) Die Debatte zur Wiederkehr der 6. Stufe im Überblick. Geführt wurde die Debatte unter der Überschrift ›Die Wiederkehr der sechsten Stufe‹. Dieses Etikett greift die Überschrift einer einschlägigen Abhandlung Kohlbergs aus dem Jahr 1986 auf. Der Anfang dieser Debatte liegt jedoch schon in den späten sechziger Jahren. Ihr Ausgangspunkt waren Untersuchungen[1] zur Langzeitentwicklung einiger Probanden, die Kohlberg während seiner Dissertationszeit in den späten fünfziger Jahren als Jugendliche untersucht hatte. Bei diesen Untersuchungen wurde nämlich irritierenderweise festgestellt, dass ungefähr ein Fünftel[2] dieser Probanden im frühen Erwachsenenalter nicht so argumentierten, wie es Kohlbergs Grundannahmen einer linear verlaufenden und im frühen Erwachsenenalter endgültig abgeschlossenen Moralentwicklung zufolge eigentlich zu erwarten gewesen wäre. Es handelte sich um Probanden, die ursprünglich schon ein relativ hohes Niveau der Moralentwicklung erreicht haben sollen (wobei Kohlberg in unterschiedlichen Schriften aus unterschied-

---

1 Vgl. dazu u. a. *Haan/Smith/Block: Moral Reasonning of Young Adults*. A. a. O. insg; sowie *Turiel: Developmental Processes in the Child's Moral Thinking*. A. a. O. insg; sowie *Holstein: Determinants of the Development of Moral Judgment*. A. a. O. insg.

2 Kohlberg selbst spricht in dem als Reaktion auf die Untersuchungen Kramers verfassten Essay im Jahr 1969 von ca. 20 % seiner Probanden. *Kohlberg/Kramer: Continuities and Disconti-nuities*. A. a. O. 64. Auf diese Daten beziehen sich Gilligan und Murphy 1979; es heißt: »In 1969 he reported with Kramer the anomalous finding that 20 percent of Kohlberg's subjects seemed to have turned away from the compelling formal logic of his highest stages and regressed to less complex forms of judgment«. *Gilligan, Carol/Murphy, J. M.: Development from Adolescence to Adulthood*. The Philosopher and the Dilemma of the Fact. Auch in: *Intellectual Development Beyond the Childhood*. Hrsg. V. D. Kuhn. San Fracnsico 1980. Im Text zit. nach *New Directions for Child Development* 5. 1979, (85–99) 90. Gilligan spricht mit Bezug auf eine als »Kohlbergs 58 Report« bezeichnete Studie von einem Verhältnis von 7:1. *Gilligan, C., Murphy, J. M.: Moral Development in Late Adolsecnece and Adulthood*. A Critique and Reconstruction of Kohlberg's Theory. In: *Human Development* 23. 1980, (77–104) 82.

lichen Zeiten sowohl von Stufe 4 als auch von Stufe 5 oder 6 spricht), die dann aber wider Erwarten nicht so geantwortet haben, dass Kohlberg und sein Team auf ein Fortschreiten ihrer moralischen Entwicklung oder zumindest auf ein Stagnieren auf dem schon erreichten hohen Niveau hätten schließen können. In einem Rückblick faßt Kohlberg die Sachlage im Jahr 1986 so zusammen, dass »longitudinale Analysen« gezeigt hätten, dass einige »Adoleszenten der Stufe 6 ein Bewusstsein davon« entwickelt hätten, dass »Gewissensentscheidungen – selbst dann, wenn sie in kategorischen moralischen Pflichten gründen – als subjektiv und relativ aufgefasst werden können«, wobei sich dieses »Bewusstsein« dann »zuweilen in einem kompromisslosen Skeptizismus« geäußert habe. Weiter heißt es, dass manche Probanden der sechsten Stufe »aus dem Gleichgewicht« geraten und »für eine extrem relativistische Infragestellung anfällig«[3] geworden seien. Wohl in der Hoffnung, dass bei den entsprechenden Untersuchungen Fehler gemacht worden waren, ließ Kohlberg daraufhin seinen Doktoranden Richard Kramer[4] noch einmal Kontrollinterviews mit denselben Probanden durchführen. Als diese Interviews jedoch zu denselben Resultaten führten, musste sich Kohlberg dem Problem der scheinbar ›rückfällig‹ gewordenen Probanden stellen.

(1) Eine erste Interpretation der Datenlage nimmt Kohlberg in dem zusammen mit Kramer verfassten Essay *Continuities and Discontinuities in Childhood and Adult Moral Development* von 1969 vor. Der Entwicklungspsychologe Perry hatte angesichts der Daten im Jahr 1968 die These vertreten, dass die moralische Entwicklung im frühen Erwachsenenalter entgegen Piagets Überzeugung vielleicht noch nicht abgeschlossen sein könnte.[5] Obwohl Perry nicht namentlich genannt wird, scheint er der eigentliche Adressat der Abhandlung von 1969 zu sein: Der Essay ist nämlich insgesamt der These gewidmet, dass die »die Moralentwicklung mit 25 Jahren ›praktisch‹ gelaufen«[6] sei. Sollten sich im

---

3   *Kohlberg/Boyd/Levine: Die Wiederkehr der sechsten Stufe.* A. a. O. 206.
4   Die Ergebnisse der Interviews finden sich in *Kramer, Richard: Changes and Moral Judgment Response Pattern During Late Adolescnence and Young Adulthood.* Unveröff. Diss. University of Chicago 1968; sowie in *ders.: Progression an Regression in Adolescent Moral Development.* Vortrag vor der *Society for Research in Child Development.* Santa Monica 1969.
5   So stellen es zumindest Gilligan und Murphy dar in *Gilligan/Murphy: Moral Development.* A. a. O. 79. Verweis auf *Perry, W. B.: Forms of Intellectual and Ethical Development in the College Year.* A Scheme. New York 1968. Im Jahr 1973 sei Riegel mit der These gefolgt, dass die kognitive Entwicklung vielleicht generell nicht kontinuierlich im Sinne Kohlbergs und Piagets, sondern vielmehr in dialektischen Sprüngen verlaufen würde. *Gilligan/Murphy: Moral Development.* A. a. O. 79. Verweis auf *Riegel, K.: Dialectical Operations.* The Final Period of Cognitive Development. In: *Human. Development* 16. O. O. 1973, 345–276.
6   *Kohlberg/Kramer: Continuities and Discontinuities.* A. a. O. 42.

Erwachsenenalter dennoch Veränderungen der moralischen Auffassungen oder Urteilsweisen beobachten lassen, handele es sich nicht um ›moralische Entwicklung‹ im substantiellen Sinne des Begriffs, sondern entweder um Symptome von gravierenden Persönlichkeitsveränderungen oder um eine Verfestigung eines schon erreichten Urteilsniveaus durch entsprechende Erfahrungen oder um eine temporärere Regressions-Reaktion auf eine schwere Krise, die sich irgendwann wieder auf dem ehemals schon erreichten hohen Urteilsniveau einpendeln würde. Für den ersten Ursachentypus interessieren sich die Autoren nicht weiter, und als Beleg für den zweiten verweisen sie erst auf moralische Heroen wie Martin Luther Kind oder Gandhi[7] und dann auf das Phänomen der Altersweisheit[8]. Den dritten Typ von Ursachen führen sie schließlich als Erklärung für das ins Feld, was hier zur Debatte steht: Für das merkwürdige Phänomen nämlich, dass ca. 20 % der Probanden, die Kohlberg während seiner Dissertationszeit untersucht hatte, ihre moralischen Auffassungen noch einmal deutlich geändert haben sollen, wobei es sich zudem ausgerechnet um diejenigen Probanden gehandelt haben soll, die Kohlbergs Stufenfolge entsprechend zuvor auf einem besonders hohen Niveau argumentiert hatten. Konkret soll der »Punkteabfall« den Autoren zufolge ein »bestimmtes Muster« gezeigt haben, dem zufolge die fraglichen Probanden »während der High School Zeit« zu den »Probanden mit dem am weitesten entwickelten moralischen Urteil« gezählt und schon »eine Mischung aus konventionellem (Stufe 4) und prinzipienorientiertem Denken (Stufe 5)« gezeigt haben sollen, wobei »dieser bisherigen Moralität« jedoch jeweils im »zweiten College-Jahr« ein »Tritt versetzt« und dem »wackeren alten hedonistischen Relativismus von Stufe 2 Platz« gemacht worden sei, der »nun noch mit einem gewissen philosophischen oder soziopolitischen Jargon ›aufgemotzt‹«[9] wurde. Als Beispiel exponieren die Autoren einen sogenannten ›Nietzscheaner‹. Dieser sei »auf der High School der am meisten geachtete Präsident der Schülerversammlung seit Jahren gewesen«. In dem von Kramer durchgeführten Interviews »während seines zweiten Studienjahres auf dem College« habe er dann aber plötzlich erzählt, dass er »zwei Tage zuvor einem Freund während des Arbeitens eine goldene Uhr entwendet habe«, weil er dem Freund, »der einfach zu gut, christusähnlich und vertrauensvoll« sei, eine »Lektion erteilen wollte, wie die Welt wirklich sei«. Anstatt nun die Möglichkeit

---

7 *Kohlberg/Kramer: Continuities and Discontinuities.* A. a. O. 44. Im Hintergrund steht die Tatsache, dass Erikson diese moralischen Heroen des 20. Jahrhunderts als Beispiele für eine eben doch mögliche moralische Entwicklung im Erwachsenenalter ins Feld geführt hatte.

8 *Kohlberg/Kramer: Continuities and Discontinuities.* A. a. O. 61.

9 *Kohlberg/Kramer: Continuities and Discontinuities.* A. a. O. 64 f. Verweis auf *Kramer: Changes and Moral Judgment Response Pattern during Late Adolescence and Young Adulthood.* A. a. O. insg.; sowie auf *ders.: Progression an Regression in Adolescent Moral Development.* A. a. O. insg.

einer Entwicklung im Erwachsenenalter im Sinne Perrys in Betracht zu ziehen, stellen die Autoren die Diagnose, dass es sich um eine temporäre »Regression«[10] handeln müsse, die einer Stabilisierung des schon erreichten Urteilsniveaus durch bewusste Auflehnung und Opposition diene. Für Kohlberg und sein Team ist es bezeichnend, dass die Probanden in einer Zeit ›abtrünnig‹ werden, in der die Emanzipation von der herkömmlichen Moral, an welche die Probanden »in ihrer Kindheit glaubten«, gerade erst stattgefunden hat. Dass die Probanden das Moralsystem ihrer Kindheit hinter sich gelassen haben, bedeute nämlich noch nicht, dass sie auch gegen die Schuldgefühle immun sind, die ihrer Erziehung zufolge bei jeder Zuwiderhandlung gegen diese Moral auftreten. Und von diesen Schuldgefühlen versuchen sich die Probanden laut Kohlberg quasi ›mit Gewalt‹ zu befreien. Den Autoren zufolge »erfordert« die Entwicklung einer eigenen sozio-moralischen Identität geradezu eine solche »rebellische Moratoriumsphase«, weil man nur dadurch die »Schuldgefühle« in den Griff kriegen könne, die »unsere Regressoren quälen«[11]. Bei der scheinbaren Regression handele es sich um ein zeitlich begrenztes Zwischenstadium, das der Stabilisierung einer eigentlich schon entfalteten erwachsenen moralischen Identität dienen soll. Den Autoren zufolge ist »das entwicklungspsycholgische Resultat solcher Konflikterfahrungen« eine »Stabilisierung« der moralischen Entwicklung im Sinne eines »immer stärkeren Verfestigens« des jeweiligen Urteilsniveaus, was man auch als »zunehmende ›Reinheit‹ der Stufen« bezeichnen könnte«.[12] Damit vertritt der Essay insgesamt die Auffassung, dass die bei den Probanden beobachtete »moralische Veränderung in der späten Adoleszenz bzw. im Erwachsenenalter« als »Ausdruck der Ich-Entwicklung« und nicht als ein weiterer Schritt in der »Entwicklung der Moralität«[13] zu betrachten seien.

(1.1) Den naheliegenden Einwand, dass die Probanden nicht nur temporär, sondern tatsächlich regrediert sein könnten, thematisieren die Autoren selbst. Im Sinne eines ersten Gegeneinwandes verweisen sie zunächst darauf, dass »dieselben geheimnisvollen Entwicklungskräften die diese 20 % unserer Probanden von der stabilen konventionellen Moral zu einer Trotzmoral«« geführt hätten,

---

10   Im Wortlaut der deutschen Übersetzung heißt es, dass Kramers Untersuchungen folgendes ergeben hätten: »Zwischen Ende der Schulzeit und dem zweiten oder dritten College-Jahr sinkt nämlich bei 20 % unserer Stichprobe aus der Mittelschicht der Wert für moralische Reife, findet eine Regression statt.« *Kohlberg/Kramer: Continuities and Discontinuities.* A. a. O. 64.

11   *Kohlberg/Kramer: Continuities and Discontinuities.* A. a. O. 73 f.

12   *Kohlberg/Kramer: Continuities and Discontinuities.* A. a. O. 78. Ein zweites Resultat sei »eine wachsende Übereinstimmung von Denken und Handeln«. A. a. O. 78. An diese Idee knüpft Kohlberg später u. a. in dem mit Candee verfassten Essay *The Relationship of Moral Judgement to Moral Action* von 1984 an, auf das ich unten noch zu sprechen komme.

13   *Kohlberg/Kramer: Continuities and Discontinuities.* A. a. O. 75.

schließlich auch »alles wieder in Lot gebracht« hätten. Tatsächlich sei »jeder einzelne« im »Alter von 25 Jahren zu einer Moral, die durch eine Mischung aus Stufe 4-und Stufe 5-Urteilen gekennzeichnet ist, zurückgekehrt, wobei Stufe 5 (Orientierung am, Prinzip des Sozialvertrags) etwas häufiger und Stufe 4 (Orientierung an Konventionen) etwas seltener« zu finden gewesen sei als während der High-School-Zeit«. Ein zweites Gegenargument antizipierend, heben die Autoren dann auch hervor, dass »die betreffenden Personen« ihre »frühere Fähigkeit zu Urteilen auf Stufe 4 und 5« nicht verloren hätten, als sie sich plötzlich dem nur auf der 2. Stufe einzuordnenden »ichbezogenen Relativismus« zuwandten. Das ließe sich erstens daran belegen, dass sie »auch während der Phase der Regression weiterhin ab und zu auf Stufe 4 oder. 5« geurteilt hätte; zweitens daran, dass sie »auf die Bitte, unsere Dilemmata so zu beantworten, wie es allgemein als hochmoralisch angesehen würde, meistens geradlinige auf Stufe-4-Antworten« zugesteuert seien; und drittens daran, dass sie ja schließlich zur »Stufe 4 und 5« zurückkehrt seien, was für die Autoren besonders deutlich darauf hinweist, dass »diese Stufen überhaupt nie richtig verlassen wurden«. Insofern würden sich die ›rückfälligen‹ Probanden von allen Fällen »echter struktureller Regression im Erwachsenenalter« deutlich unterscheiden, wie man sie bei »Schizophrenen, Personen über 65 Jahren und inhaftierte Kriminellen«[14] beispielsweise antreffen könne. Beide Argumente lassen sich in meinen Augen nun auch so interpretieren, dass überhaupt keine Regression (weder eine wirkliche noch eine nur temporäre) stattgefunden hat, sondern im Gegenteil eine Progression im Sinne Perrys (vgl. Argument II.5.3.).

(I.2) Jenseits einer solchen alternativen Interpretationsmöglichkeit sind Kohlbergs und Kramers Interpretation der erhobenen Daten schon deshalb wenig plausibel, weil nicht nachzuvollziehen ist, dass erwachsene Menschen auf das moralische Niveau von Kleinkindern zurückfallen sollen, weil sie Schuldgefühle aushalten müssen, die als Begleiterscheinung ihrer Emanzipation vom Wertesystem ihres Elternhaus auftreten. Das Erklärungsmodell überzeugt zumindest dann nicht, wenn sich die Betroffenen nicht tatsächlich in gravierender Weise schuldig gemacht haben, wie es bei Kohlbergs Probanden ja wohl er Fall war: Es handelte sich schließlich um High-School-Absolventen mit ganz normalen Biographien, und nicht um Mörder.

(I.3) Vom Standpunkt der Moralphilosophie drängt sich zudem der Einwand auf, dass man das, was gemeinhin mit den Etiketten ›Werteskeptizismus‹ und ›Wertrelativismus‹ beschrieben wird, nicht so einfach mit ›Egoismus‹, ›Autismus‹ und ›Hedonismus‹ in einem großen Topf zusammenrühren kann, wie Kohlberg es in seiner Beschreibung des Rückfallstadiums 4→2 offensicht-

---

14 *Kohlberg/Kramer: Continuities and Discontinuities.* A. a. O. 69 f.

lich getan hat. Eine Person, die sich ausschließlich an persönlichen Interessen orientiert, nennt man einen ›Egoisten‹; sollte es sich bei diesen Interessen ausschließlich um Lustgewinn handelt, spricht man von einem ›Hedonisten‹. Ein ›Werterelativist‹ ist hingegen jemand, der nicht daran glaubt, dass es den einen für alle Menschen verbindlichen Wertekanon gibt, weil er die Erfahrung gemacht hat, dass die Menschen unterschiedlich sind und dass sich auch unsere Umwelt ändert, so dass sich auch unsere Werte als Orientierungshilfen des Handelns für Menschen in einer bestimmten Umwelt ändern. Ein Werteskeptiker ist schließlich jemand, der daran zweifelt, ob es überhaupt so etwas wie ›Werte‹ geben kann, weil er nicht an Gott glaubt und auch sonst keine Instanz identifizieren kann, in der sich die Gültigkeit von Werten begründen sollte. Die Etikette ›Egoismus‹ und ›Hedonismus‹ bezeichnen somit also Charaktere von Menschen, während die Etikette ›Werterelativismus‹ und ›Werteskeptizismus‹ moralphilosophische Positionen bezeichnen. Beide Etikett-Typen sind ebenso wenig aufeinander zu reduzieren wie die mit den Etiketten bezeichneten Phänomene. Ich kann also schon allein deshalb nicht glauben, dass ein mehr oder weniger auffälliges Durchlaufen eines Regressionsstadiums 4→2 zur normalen moralischen Entwicklung gehört, weil Kohlberg das Stadium in einer Weise beschreibt, dass ich mir als Moralphilosophin nicht vorstellen kann, dass es das Stadium bei vernünftigen Menschen überhaupt geben kann.

(2) Das seltsame Regressionsstadium kann nun glücklicherweise schnell zu den Akten gelegt werden, weil Kohlberg schon im Jahr 1973 in dem Essay *Continuities in Childhood and Adult Moral Development Revisited* eine grundsätzliche Revision seiner ursprünglichen Interpretation vorgenommen hat. Im Sinne einer Einleitung wird es hier zunächst auf Piaget zurückgeführt, dass Kohlberg in seinem Essay von 1969 noch selbstverständlich davon ausgegangen war, dass es im Erwachsenenalter keine moralische Entwicklung geben könne, weil im Erwachsenenalter die kognitive und organische Entwicklung als abgeschlossen gelten könne.[15] Mittlerweile habe sich Kohlberg jedoch davon überzeugen lassen, dass moralische Entwicklungen nach einschneidenden Erfahrungen

---

15   *Kohlberg, Lawrence: Continuities in Childhood and Adult Moral Development Revisited.* In: *Life-span Developmental Psychology.* Hrsg. v. Baltes, Scharf. New York ²1973. Auch als *ders. Eine Neuinterpretation der Zusammenhänge zwischen der Moralentwicklung in der Kindheit und im Erwachsenenalter.* In: *Entwicklung des Ichs.* Hrsg. v. R. Döbert, J. Habermas, G. Nunner-Winkler. Köln 1977, 225–252. Im Text zit. als *ders.: Zusammenhänge zwischen der Moralentwicklung in der Kindheit und im Erwachsenenalter – neu interpretiert.* In *ders.: Die Psychologie der Moralentwicklung.* A. a. O. (81–123) 92. Als Beleg dafür, dass die kognitive Entwicklung im Erwachsenenalter abgeschlossen ist, verweist Kohlberg auf *Haan, N.: Coping and Defending.* Processes of Self-Environment Organization. New York 1977.

im Erwachsenenalter sogar der Regelfall seien. Wie Kohlberg jetzt ausdrücklich betont, brauche man schließlich nicht erst »Eriksons Untersuchungen über Martin Luther und Mahatma Gandhi, um zu wissen, dass die Krisen und Wendepunkte in der Identität der Erwachsenen oft moralischer Natur«[16] seien. Ja, Kohlberg äußert jetzt sogar die Überzeugung, dass ein »ein völlig prinzipienorientiertes Denken, wie es auf Stufe 5 und vor allem auf Stufe 6 zu beobachten ist«, eine »Entwicklung des Erwachsenen« darstelle und »erst gegen Ende 20 oder sogar noch später erreicht« werden könne, so dass die Probanden das postkonventionelle Niveau also noch gar nicht (wie 1969 noch angenommen) erreicht haben können, bevor sie auffällig geworden sind. Aufgrund dieser Prämissenänderung habe er ein neues Auswertungssystem entwickelt, das stärker zwischen Inhalt und Struktur von moralischen Urteilen unterscheidet. Mit diesem Auswertungssystem sei er dann zu einer anderen Sichtweise auf die auffälligen Untersuchungsdaten Kramers gelangt. Insgesamt hebt Kohlberg drei Änderungen gegenüber 1969 hervor. Die erste und wichtigste Änderung besteht darin, dass Kohlberg 1973 die auffälligen Daten als Hinweis auf ein Übergangsstadium 4 ½ zwischen konventionellem und postkonventionellem Niveau interpretiert, während er 1969 ja noch von einem temporären Regressionsstadium 2→4 ausgegangen war.[17] Eine zweite Änderung sieht Kohlberg darin, dass seine Auswertungsbögen nun konsequenter »zwischen Inhalt und Struktur im moralischen Denken« unterschieden würden. Im Auswertungsverfahren von 1969 habe die Vermischung von »Struktur und Inhalt« dazu geführt, »dass einige Personen zu hoch und andere zu niedrig in ihrem Denken eingestuft wurden«. Eine »sorgfältigere Analyse der Antworten« habe jedoch gezeigt, »dass es falsch war« die entsprechenden Probanden »der strukturellen Stufe 2 zuzuordnen«. Stattdessen seien sie »auf Stufe 4 ½ einzuschätzen«. Tatsächlich habe es sich nämlich »nicht wirklich ein Rückfall in ein früheres Denkmuster der Stufe 2« gehandelt, sondern um »ein Denkmuster«, das für einen »*Übergang* vom konventionellen zum prinzipienorientierten Denken*«[18] kennzeichnend sei. Die dritte Änderung sieht Kohlberg schließlich darin, dass das auffällige Stadium jetzt als ein eigenständiges Entwicklungsstadium und nicht mehr wie 1969 als eine »Mischung aus Stufe 2 und 4« betrachtet würde. Auf die nun naheliegende Frage, wodurch eine solche Entwicklung vorangetrieben werden könnte, antwortet der Essay in einem vorletzten Schritt damit, dass die moralischen »Entwicklungen im Erwachsenenalter« in aller Regel durch einschneidende »soziale Erfahrungen vorangetrieben« würden, wobei die entsprechenden

---

16 *Kohlberg: Continuities.* A. a. O. 92.
17 *Kohlberg: Continuities.* A. a. O. 98 f.
18 *Kohlberg: Continuities.* A. a. O. 99 f.

Erfahrungen »häufig« eine »stark »emotionale Komponente«[19] hätten. Wichtig seien insbesondere drei Erfahrungen, die sich typischerweise beim Eintritt ins College ereignen würden. Die Rede ist erstens von der »Krisenerfahrung«, dass die Werte des gerade verlassenen Elternhauses woanders keineswegs so unhinterfragt gültig sind wie dort; zweitens von der Erfahrung »einer andauernden Verantwortlichkeit für das Wohlergehen anderer«; und drittens von der Erfahrung »irreversibler moralischer Entscheidungen«[20]. Abschließend stellt Kohlbergs Essay Überlegungen an, ob im Sinne Eriksons eine 7. Stufe der Moralentwicklung angenommen werden sollte, die gegen alle Ungerechtigkeitserfahrungen im weitesten Sinne religiös geprägt wäre durch die »kontemplative Erfahrungen« der Eingebettetheit in das moralisch wohlgeordnete Ganze des Universums. Für die Möglichkeit einer solchen 7. Stufe spricht nach Kohlberg, dass »Personen« wie Sokrates oder Martin Luther King »für ihre ethischen Prinzipien gelebt haben und gestorben sind«, was sich in seinen Augen wohl tatsächlich nur erklären läßt, wenn man »außer einer Bindung an rationale Gerechtigkeitsprinzipien noch so etwas wie eine starke Stufe-7-Orientierung« annimmt. Gegen eine Aufnahme in sein Stufenmodell spricht nach Kohlberg jedoch, dass »die logische Struktur von Stufe 7 vage« bleiben müsse und »schwer zu rechtfertigen«[21] sei. Deshalb kommt Kohlberg insgesamt zu dem Schluß, dass es die Aufgabe von Biographen und Philosophen und nicht von Entwicklungspsychologen sei, sich mit der Möglichkeit einer siebenten religiösen Stufe der Moralentwicklung zu befassen.

(2.1) Die einschlägigen Debatten beziehen sich auf Kohlbergs Überlegungen von 1973, während die Ausführungen von 1969 kaum ein Echo gefunden haben.[22] Das verwundert aus der Retrospektive nicht weiter, weil Kohlbergs spätere Position tatsächlich in mindestens zwei Hinsichten überzeugender ist als seine frühere. Zum einen ist die Annahme eines wie immer gearteten moralischen Fortschritts im Erwachsenalter grundsätzlich überzeugender als die Annahme eines temporären Rückschritts.[23] Dasselbe gilt für die Loskoppelung

---

19   *Kohlberg: Continuities.* A. a. O. 103.

20   *Kohlberg: Continuities.* A. a. O. 108.

21   *Kohlberg: Continuities.* A. a. O. 117–122. Zur inhaltlichen Bestimmung einer möglichen 7. Stufe verweist Kohlberg auf *Fowler, J.: Toward a Developmental Perspective on Religious Faith.* Unveröff. Manuskript Harvard University Divinity School. Cambridge (Mass) 1972. Insgesamt muß ich die Debatten sowohl zu einer religiös ge4prägten 7. Stufe als auch zur religiösen Entwicklung generell hier ausblenden. Vgl. dazu u. a. *Oser, Fritz/Gmünder, Paul: Der Mensch – Stufen seiner religiösen Entwicklung.* Ein strukturgenetischer Ansatz. Gütersloh 1982; sowie *Fowler, James W.: Stages of Faith,* New York 1981 insg.

22   Vgl. insb. *Gilligan/Murphy: Moral Development.* A. a. O. 79; sowie *Habermas: Moralbewusstsein und kommunikatives Handeln.* A. a. O. insg.

23   Das würdigen auch *Gilligan/Murphy: Moral Development.* A. a. O. 81.

der moralischen Entwicklung von der kognitiven und organischen Entwicklung im Sinne Piagets: Man muß wohl tatsächlich nicht erst auf moralische Ausnahmemenschen wie Gandhi oder Martin Luther King verweisen, um davon zu überzeugt zu werden, dass moralische Entwicklungen nach Abschluss der Pubertät nicht nur möglich, sondern sehr verbreitet sind.[24]

(2.2) Einigermaßen verblüfft habe ich allerdings zur Kenntnis genommen, mit welcher Leichtigkeit Kohlberg 1973 zugesteht, dass eine Vermischung von »Struktur und Inhalt« bei den Analysen von 1969 dazu geführt hätte, dass »einige Personen zu hoch und andere zu niedrig in ihrem Denken eingestuft wurden«[25]. Schließlich wirft ein solches Zugeständnis nicht nur ein schlechtes Licht auf die 1969 verwendeten Analysebogen: Es hat (zumindest in mir) vielmehr umfassende Zweifel an der Exaktheit von Kohlbergs Erhebungsverfahren sowie an der moralphilosophischen Qualität seiner Charakterisierungen der sechs Entwicklungsstufen insgesamt erweckt. Gilligan und Murphy benennen also einen wichtigen Punkt, wenn sie 1980 bemängeln, dass Kohlberg aus den Schwächen der Untersuchung von 1969 in den folgenden Jahren nicht die Konsequenz gezogen habe, die Stufenfolge insgesamt und insbesondere die postkonventionellen Stufen neu zu definieren oder zumindest präziser zu beschreiben.[26]

(2.3) Wie Jürgen Habermas im Jahr 1983 zu Recht bemerkt, bleibt in dem Essay von 1973 insbesondere die Stufe 4 ½ (um deren Etablierung es in der Abhandlung ja schließlich geht) theoretisch so unterbestimmt, dass ihre Beschreibungen philosophischen Anforderungen nicht genügen kann.[27] Zunächst heißt es vage, dass das Zwischenstadium von einer »Denkweise« bestimmt sei soll, »in der Moral überhaupt mit dem Denken auf Stufe 4 gleichgesetzt und dann die Gültigkeit einer solchen Moral in Frage stellt wird«. Wenig später exponiert Kohlberg »zwei hervorstechende Merkmale« der Stufe 4 ½. Dieser Merkmalsliste zufolge soll das Zwischenstadium zum einen von einem »ethischen Skeptizismus oder extremen ethischen Relativismus« gekennzeichnet sein, wobei für die Verwendung dieser Etikette wiederum »die Behauptung« ausschlaggebend sein soll, »das ›moralisch Richtige‹ oder die ›moralische Pflicht‹ würden von den Wünschen und Bedürfnissen des Handelnde abhängen und hätten darüber hinaus keine weitere Gültigkeit«. Als zweites Merkmal führt Kohlberg einen »ethischen Egoismus oder ethischen Individualismus« ins Feld, den er diagnostiziert, sobald

---

24 Auch das würdigen *Gilligan/Murphy: Moral Development.* A. a. O. 81.

25 *Kohlberg: Continuities.* A. a. O. 99.

26 *Gilligan/Murphy: Moral Development.* A. a. O. 81.

27 *Habermas: Moralbewusstsein und kommunikatives Handeln.* A. a. O. 196 f. Habermas verweist allerdings nicht auf Kohlbergs Essay von 1973, sondern auf *Kohlberg: Essays on Moral Development.* Bd. 1. *The Philosophy of Moral Development.* A. a. O. 422 ff.

ein Proband die Auffassung vertritt, »eine moralische Begründung, eine Regel oder ein Prinzip seien dann ›gut‹, wenn sie dem Selbstinteresse des Handelnden oder seinem Standpunkt entsprechen«. Insbesondere wegen des letztgenannten Merkmals seien die Probanden der Stufe 4 ½ in den Analysen von 1969 der Stufe 2 zugeordnet worden. Tatsächlich gäbe es hier aber nur eine »Ähnlichkeit im Inhalt der Struktur des moralischen Denkens der Studenten der Stufe 4 ½ mit Stufe 2«. Formal betrachtet sei ihre Argumentation jedoch viel abstrakter und damit »völlig anders als die ›naiver‹ oder ›wirklich‹ auf Stufe 2 argumentierender Personen«[28]. Wieder vermischt Kohlberg Etikette wie ›Egoismus‹, ›Relativismus‹, ›Skeptizismus‹ und ›Individualismus‹ in einer Weise, dass (um die Sache auf den Punkt zu bringen) das Resultat nur als moralphilosophischer Unsinn bezeichnet werden kann. Weil anders als in dem Essay von 1969 zudem noch Beispiele fehlen, bleibt die Beschreibung der Stufe 4 ½ in dem Essay von 1973 letztlich sogar noch vager und noch weniger nachvollziehbar als die Beschreibung der Regressionsstufe 4→2 in dem Essay von 1969.

(2.4) Genau wie in dem Essay von 1969 fällt zudem auf, dass Kohlberg Etikette wie ›ethischer Skeptizismus‹, ›ethischer Relativismus‹ oder ›ethischer Individualismus‹ in abwertender Weise verwendet, die der Tatsache nicht gerecht wird, dass es sehr anspruchsvolle moralphilosophische Theorien gibt, die mit diesen Etiketten adäquat charakterisiert wären. In diesem Sinne heißt es bei Jürgen Habermas treffend, dass der »Werteskeptizismus der ›Stufe‹ 4 ½ auch philosophisch ausgearbeitet« und auf »der Linie Weber-Popper« beispielsweise als eine »ernstzunehmende Position verteidigt«[29] worden sei. Hier könnte man noch weiter ausholen. Als ›ethischen Skeptizismus‹ könnte man beispielsweise den existentialistischen Humanismus von Jean Paul Sartre[30] klassifizieren; als ›ethischen Relativismus‹ die Moralphilosophie von Richard Rorty[31] oder

---

28　*Kohlberg: Continuities.* A. a. O. 100 ff.

29　*Habermas: Moralbewusstsein und kommunikatives Handeln.* A. a. O. 196. Ein zweiter Einwand von Habermas lautet, dass Kohlberg die Stufe 4 ½ strukturell nicht so beschrieben habe, dass die Beschreibung auch philosophischen Anforderungen genügen würde. A. a. O. 196 f. Verweis auf *Kohlberg: Essays on Moral Development.* Bd. 1. *The Philosophy of Moral Development.* A. a. O. 422 ff.

30　Vgl. beispielsweise *Sartre, Jean Paul: L'Existencialisme est un Humanisme.* Vortrag Paris 1946. Im Text zit. nach *ders.: Ist der Existentialismus ein Humanismus?* In *ders.: Drei Essays.* Übers. u. hrsg. v. W. Schmiele. Zürich 1973, 7–51.

31　Vgl. dazu beispielsweise *Rorty, Richard: Solidarity or Objectivity?* Howison Lecture University of California. In: *Post-Analytic Philosophy.* Hrsg. v. J. Rajchmann, C. West. New York 1986, 3–19. Im Text zit. nach *ders.: Solidarität oder Objektivität?* In *ders.: Solidarität oder Objektivität.* Drei philosophische Essays. 1987. Übers. u. hrsg. v. J. Schulte. Stuttgart 1988, 11–37.

John Dewey[32]; und als ›ethischen Individualismus‹ die Moralphilosophie von Bernard Williams.[33]

(2.5) Habermas führt zudem den Einwand ins Feld, dass sich »die Möglichkeit der Stabilisierung dieses Urteilsniveaus nicht erklären«[34] ließe, wenn man das Auftreten der Stufe 4 ½ mit einer »noch nicht bewältigten Adoleszenzkrise« erklärt. Tatsächlich läßt es sich nicht erklären, dass Williams, Sartre, Rorty und Dewey auf dem Niveau der Stufe 4 ½ stehen geblieben und in regelmäßigen Abständen immer wieder neue Bücher zur präziseren Ausarbeitung ihrer Positionen verfasst haben, wenn die entsprechenden moralphilosophischen Überzeugungen lediglich eine zeitlich begrenzte Reaktion auf moralische Krisenerfahrungen gewesen wären, die zu jedem normalen Prozess des Erwachsenwerdens gehören. Es bedarf keiner weiteren Worte, dass die aufgelisteten moralphilosophischen Positionen als bloßes ›Durchgangsstadium‹ zu einer ausgereiften Moralität, das durch eine intrinsische Zwangsläufigkeit der moralischen Entwicklung irgendwann notwendig verlassen wird, definitiv falsch charakterisiert wären.

(2.6) Die naheliegende Frage nach den Probanden, die nicht auffällig geworden sind und ihre weitere moralische Entwicklung also dem Anschein nach ohne den krisengeschüttelten Durchgang durch das Stadium 4½ vollzogen haben, antizipiert Kohlberg selbst mit der Bemerkung, dass man daraus nicht schließen könne, dass es »zwei Arten der Moralentwicklung« geben könnte. Auch 1973 läßt Kohlberg keinen Zweifel daran, dass es »nur eine« Moralentwicklung mit universellem Verlauf geben kann. Für das Faktum der unauffällig gebliebenen Probanden bietet er die Erklärung an, dass diese Probanden das Stadium 4½ unauffälliger als die auffällig gewordenen Probanden durchlaufen hätten. Dass sie es durchlaufen haben, läßt sich nach Kohlberg aber nicht bezweifeln, weil »eine Identitätskrise und deren Lösung, so wie Erikson sie konzipiert«, seinen theoretischen Vorannahmen zufolge nun einmal »notwendige Bestandteile« der »Entwicklung«[35] seien. So nachvollziehbar das Argument zu sein scheint, so scheint es dennoch seltsam, dass empirische Untersuchungen zur Moralentwicklung das Durchlaufen eines Zwischenstadiums für alle Probanden behauptet, obwohl sich dieses Zwischenstadium nicht bei allen Probanden empirisch

32   Vgl. beispielsweise *Dewey, John: Moral Theory and Praxis*. In: *International Journal of Ethics I*. O. O. 1891, 186–203. Im Text zit. nach *ders: Early Works*. Bd. 3. Hrsg. J. A. Boydston. Carbondale and Edwardsville 1969, 93–109.

33   Vgl. beispielsweise *Williams, Bernhard: Ethics and the Limits of Philosophy*. Cambridge 1985. Im Text zit. nach *ders.: Ethik und die Grenzen der Philosophie*. Übers. v. M. Haupt. Hamburg 1999.

34   *Habermas: Moralbewusstsein und kommunikatives Handeln*. A. a. O. 196 f. Verweis auf *Döbert, R./Nunner-Winkler, G.: Adoleszenzkritik und Identitätsfindung*. Frankfurt a. M. 1975 insg.

35   *Kohlberg: Continuities*. A. a. O. 112.

aufweisen ließ. Zudem müssten sich der Stufe 4½ vergleichbare Krisenstadien auch zwischen den übrigen Stufen oder zumindest am Übergang zwischen präkonventionellem und konventionellem Niveau im Sinne einer Stufe 2½ aufweisen lassen, wenn Kohlbergs Prämisse zutreffen sollte, dass die moralische Entwicklung grundsätzlich nur durch Krisenerfahrungen vorangetrieben werden kann.

(2.7) Solche Einwände sind vom Standpunkt einer Didaktik des Ethik-Unterrichts jedoch relativ unerheblich in Anbetracht der Tatsache, dass die fünfte und sechste Stufe der Moralentwicklung dem Essay von 1973 zufolge im Schulalter überhaupt nicht erreicht werden soll! Während Kohlbergs in früheren Untersuchungen immer wieder Probanden auf postkonventionellem Niveau zu finden geglaubt hatte, muß er jetzt bekennen, dass sich aufgrund einer (gegenüber früheren Untersuchungen klareren) Unterscheidung zwischen Struktur und Inhalt der auszuwertenden moralischen Urteile gezeigt hätte, dass »kein Proband in unserer Längsschnittuntersuchung unter 23 Jahren echtes Stufe-5-Denken«[36] aufgewiesen hat. Ausnahmslos »keiner der Probanden« soll in der »Längsschnitt-Untersuchung« von 1973 mit »seinen moralischen Urteilen während der Schulzeit überwiegend auf Stufe 6« gelegen habe. Ja, an einer Stelle heißt es dann sogar, dass »auch im Alter von 30 Jahren«[37] kein Proband die 6. Stufe erreicht hätte! Wie Gilligan und Murphy in ihrem frühen Essay von 1979 treffend bemerken, hatte Kohlberg im Jahr 1979 also plötzlich das Problem, dass er durch die Einführung der Stufe 4 ½ »das 6. Stadium vollständig eliminiert und das Auftreten des 5. Stadiums drastisch reduziert«[38] zu haben schien.

(2.7.1) Zwar versichert Kohlberg in seinem Essay von 1973, dass mit seinen Untersuchungsergebnissen »nicht gesagt« sei, dass »niemand die Stufe 6 je erreichen«[39] könne. Aber selbstverständlich drängen sich eben doch massive Zweifel auf, ob es die sechste Stufe so gibt, wie Kohlberg sie 1973 definiert, wenn sich niemand findet, dessen moralische Entwicklung die Kriterien erfüllt![40] Gilligan und Murphy treffen zweifellos ins Schwarze mit dem Einwand, dass Kohlbergs Analysekriterien von 1973 zwar für die »Untersuchung der moralischen Entwicklung von Kindern und jüngeren Heranwachsenden« durchaus »nützlich« sein mögen, dass sie aber »bei älteren Heranwachsenden und

---

36   *Kohlberg: Continuities.* A. a. O. 100 f.
37   *Kohlberg: Continuities.* A. a. O. 101 f.
38   Es heißt im englischen Wortlaut: »Thus while the rescoring of his own data by his revised system has virtually eliminated regression, it has also eliminated Stage 6 and drastically reduced the incidence of Stage 5«. *Gilligan/Murphy: Development from Adolesence to Adulthood.* A. a. O. 90.
39   *Kohlberg: Continuities.* A. a. O. 101 f.
40   Angedeutet wird dieser Einwand in *Gilligan/Murphy: Moral Development.* A. a. O. 82.

Erwachsenen« auf so massive »Schwierigkeiten«[41] stoßen würde, dass sie für diesbezügliche Untersuchungen wenig geeignet zu sein scheinen.

(2.7.2) Wenn man Kohlberg jetzt einmal entgegenkommt und unterstellt, dass es reiner Zufall war, dass sich in der von Kohlberg untersuchten Probandengruppe kein entsprechender Proband befunden habe, bleibt vom Standpunkt der Dilemma-Methode immer noch das Problem, dass es sinnlos zu sein scheint, mit der Methode im Schulalter das postkonventionelle Niveau überhaupt anzuvisieren. Würden sich Kohlbergs Untersuchungen von 1973 bestätigen, könnte man in der Schule nämlich im Bestfall die Stufe 4 erreichen. Das wiederum würde bedeuten, dass die Dilemma-Methode ihr eigentliches Potential erst im Ethik-Studium einer Universität und in ähnlichen Lehrkontexten für Erwachsene entfalten könnte (vgl. dazu auch den Einwand II.5.2.).

(3) An der 1973 entwickelten Sichtweise hält Kohlberg in den folgenden Jahren zunächst fest. Das bedeutet nicht, dass er untätig gewesen wäre. Zum einen hat er sich den siebziger Jahren intensiv um präzisere Beschreibungen der Stufenfolge und insbesondere der postkonventionellen Stadien bemüht, wobei er vor allem sein Bekenntnis zur Moralphilosophie von John Rawls mit dem Diktum bekräftigt, dass der »Gerechtigkeitssinn eines Menschen« dasjenige sei, was am ausgeprägtesten und fundamentalsten moralisch ist«[42]. Ein zweiter Schwerpunkt liegt auf einer genaueren Bestimmung des Verhältnisses von kognitiver und moralischer Entwicklung[43], und ein dritter Schwerpunkt auf der Verbesserung der Methoden der Datenerhebung- und auswertung.[44] Auf all diese Bemühungen möchte ich nicht weiter eingehen, weil sie zur Debatte um die Wiederkehr der sechsten Stufe nichts substantiell Neues beitragen. Neuen Wind erhält die Debatte jedoch gegen Ende der siebziger Jahre durch Kohlberg Mitarbeiter Carol Gilligan und John Michael Murphy.

(4) Ihr Essay *Development from Adolesence to Adulthood. The Philosopher and the Dilemma of the Fact* von 1979 nimmt seinen Ausgangspunkt bei der Tatsache, dass sich in den sechziger Jahren namhafte Kognitionspsychologen wie Perry, Labouvie-Vief und schließlich sogar Piaget von der Überzeugung verabschiedet hätten, dass die kognitive Entwicklung im Erwachsenenalter per se abgeschlos-

---

41 Es heißt im englischen Wortlaut: »While this conception may be useful in research on moral development in children and younger adolescence, it encounters difficulties when applied to samples of older adolescents and adults.« *Gilligan/Murphy: Development from Adolescence to Adulthood.* A. a. O. 90.

42 *Kohlberg: Moral Stages and Moralization.* A. a. O. 144.

43 Vgl. dazu u. a. *Kohlberg: Moral Stages and Moralization.* A. a. O. 124 f.

44 Vgl. dazu u. a. *Kohlberg: Moral Stages and Moralization.* A. a. O. 146–160.

sen sei.[45] Unter Berufung auf Perry[46] und insbesondere unter Bezugnahme auf eigene empirische Forschungen machen sich die Autoren für dieselbe Auffassung im Bereich der Moral stark. Im Zuge von Untersuchungen zum Unterschied zwischen realen und hypothetischen Dilemmata (vgl. dazu auch Einwand I.3.6.) sei nämlich aufgefallen, dass einige Probanden, die im Falle von hypothetischen Dilemmata prinzipiengeleitet argumentiert hatten, gegenüber realen Dilemmata plötzlich auf dieselben ›relativistischen‹ Argumentationsmuster zurückgegriffen hätten wie diejenigen Probanden, bei denen Kohlberg zunächst einen Rückfall auf ein Stadium 4→2 und dann ein Übergangsstadium 4 ½ diagnostiziert hatte (vgl. II.1.1. und II.1.2.). Daraufhin hätten die Autoren eine separate Längstschnittstudie durchgeführt, welche klären sollte, inwieweit die Erfahrung realer Dilemmata Einfluss auf die Moralität hat. In einem ersten Durchgang wurden Probandinnen befragt, die akut vor der Frage einer Abtreibung standen. Die Studien sollten den Autoren Hinweise auf denselben »Durchgangsprozess« wie »bei der College-Gruppe« geliefert haben: Die Autoren berichten, dass sich im Alter von 19 Jahren etwa die prinzipiengeleitete Argumentationsweise (die nach Kohlberg das postkonventionelle Niveau der Moralentwicklung kennzeichnet) tatsächlich aufweisen ließ; dass »im Alter zwischen 22 und 27 Jahren« dann aber »plötzlich eine Unzufriedenheit mit dieser Logik als adäquate Basis für das Verständnis von persönlichen Dilemmata moralischer Konflikte und Wahlmöglichkeiten aufzutreten« schien, was dazu geführt haben soll, dass fortan auf andere (nämlich kontextualistische) Argumentationsmuster zurückgegriffen wurde. Das interpretieren die Autoren als Beweis, dass »eine Entwicklungslinie von einer Perfektion der logischen Systeme als Basis für das moralische Argumentieren im Heranwachsen zu einem Plazieren dieser logischen Systeme in den umfassenderen Kontext eines differenzierteren und dialektischeren Moralverständnis im Erwachsenenalter gezogen werden kann«[47]. Daraufhin haben die Autoren eine

---

45   Zur kognitiven Entwicklung im Erwachsenenalter vgl. *Gilligan/Murphy: Development from Adolescence to Adulthood.* A. a. O. 86–89. Piagets Überzeugungswandel wird auf Goedels Theorem zurückgeführt: Zum Einfluss von Goedels Theorem auf Piaget wird verwiesen auf *Piaget, Jean: Structuralism.* New York 1970, 140. Die Autoren verweisen weiterhin auf *Perry: Forms of Intellectual and Ethical Development.* A. a. O. insg.; sowie auf *Labouvie-Vief, G.: Uses of Logic in Life-Span Development.* A Theoretical Note on Adult Cognition. In: *Human Development.* 1979 o. S.

46   Verwiesen wird auf *Perry: Forms of Intellectual and Ethical Development in the College Years.* A. a. O. 205.

47   Es heißt im englischen Wortlaut: »The same transitional processes that appeared in the naturalistic study of abortion decision were also found among subjects in the college sample referred for previously. While a number of the subjects in that sample did seem to meet or even exceed Kohlberg's rigorous criteria of formal logical structure at age nineteen, at ages twenty-two and twenty-seven they began to indicate dissatisfaction with this logic as an adequate basis for understanding their own personal dilemmas of moral conflict and choice. Instead, their reasoning

zweite Untersuchungsreihe durchgeführt, welche ihre Hypothese bestätigt haben soll, dass die Erfahrung realer Dilemmata in vielen Fällen zur Ausbildung einer kontextualistisch-relativistischen Moralität führen soll. Zur Veranschaulichung stellen die Autoren die Argumentationsweisen zweier Probanden gegenüber, die sie als ›Philosopher One‹ und ›Philosopher Two‹ etikettieren. Ich werde auf diese Argumentationsweisen im Abschnitt II.2.2. noch ausführlich zu sprechen kommen; an dieser Stelle genügt der Hinweis darauf, dass Philosopher Two im Gegensatz zu Philosopher One durch die Erfahrung eines realen moralischen Dilemmas Zweifel gekommen sind, dass die Prinzipien der Moralphilosophie tatsächlich ausnahmslos immer bei strikter Anwendung zu moralischen Entscheidungen führen, die er im Nachhinein mit seinem Gewissen vereinbaren könnte. Ihm ist vielmehr der Verdacht gekommen, dass man von Moralprinzipien manchmal auch abweichen muß, weil es Situationen geben kann, in denen sie in die Irre führen würden.

(5) Es wäre in meinen Augen nun naheliegend gewesen, aus der Einsicht, dass Erfahrungen mit realen moralischen Dilemmata im frühen Erwachsenenalter Zweifel an der Tragfähigkeit und Praktikabilität einer rein prinzipiengeleiteten deontologischen Moral wecken können, die Konsequenz einer siebenten Stufe des (kontextualistisch) begründeten Regelbruchs zu ziehen (vgl. Abschnitt II.3). Gilligan und Murphy haben in ihrem nachfolgenden Essay *Moral Development in Late Adolescence and Adulthood* von 1980 aber stattdessen vorgeschlagen, Kohlbergs Stufenfolge aufgrund der erhobenen Daten um einen ›postkonventionellen Entwicklungspfad‹ im Sinne einer Gabelung zu erweitern. Während Kohlberg trotz der erhobenen Untersuchungsdaten an seiner Auffassungen festhielt, dass moralische Prinzipien kontextunabhängig seien und zu der einen objektiv richtigen Lösung von moralischen Prinzipien führen könnten, stellen Gilligan und Murphy hier die Möglichkeit von »zwei verschiedenen Typen des postkonventionellen moralischen Urteils« zur Diskussion. Den ersten Typus

began to show some different structural qualities which, according to their self-reports, emerged from experiences that had revealed to them the limitations of their earlier perspectives. In sum, these longitudinal data suggest that moral reasoning in its real-life contexts relies on cognitive structures other than those deriving solely from formal logic. In particular, the second author's reinterviews of the college subjects at age twenty-seven indicates that a developmental evolution can be traced from perfection of logical systems as a basis for moral reasoning in adolescence to the placing of these formal logical systems within the broader context of a more differentiated and dialectical moral understanding in adulthood.« *Gilligan/Murphy: Development from Adolescence to Adulthood*. A. a. O. 91. Verweis auf *Gilligan, J.: In a Different Voice: Women's Conception of Self and of Morality*. In: *Harvard Educational Review* 47. O. O. 1977. 481–517; sowie auf *Belenky, M.: Conflict and Development*. A Longitudinal Study of the Impact of Abortion Decision on Moral Judgments of Adolescents and Adult Women. Unveröff. Diss. Harvard University 1978.

wollen sie den »postkonventionellen formalen« Typus (PCF) nennen. Er soll vorliegen, wenn ein Akteur im Sinne Kohlbergs seine moralischen Entscheidungen an Begriffen des natürlichen Rechts oder des Sozialvertrags orientiert. Dem wollen die Autoren den Typ des »postkonventionellen kontextuellen« moralischen Urteils (PCC) gleichrangig gegenübergestellt sehen, auf dem die »Lösung als nur eine von verschiedenen möglichen« je nach den »Kontexten« erscheint, »denen sie angepasst sind«. Das moralische Urteil dieses zweiten Typs soll auf einem »Verständnis der kontextabhängigen Relativität des moralischen Urteils und der unvermeidlichen Restunsicherheit des moralischen Wählens« basieren. Aufgrund dieser Voraussetzungen soll eine »Moral der Verantwortung« entfaltet werden, die sich »auf die tatsächlichen Konsequenzen« einer moralischen Entscheidung fokussiert. Leitend soll nicht mehr das Ideal einer »absoluten Wahrheit«, sondern die »situative Passfähigkeit« einer moralischen Entscheidung sein, so dass es nicht mehr um »die eine richtige« moralische Entscheidung gehen kann, sondern vielmehr um das Auffinden derjenigen Entscheidung, die in einem konkret »vorliegenden Fall« so »angemessen«[48] wie eben möglich ist.

(5.1) Kohlberg bekennt 1982, dass er erst um 1980 herum begonnen habe, Gilligans Ideen »ernster zu nehmen«, nachdem er sie zuvor als »zwar interessant, aber nicht wirklich willkommen«[49] zu ignorieren versucht habe. Zurückzuführen sei dieser Gesinnungswandel auf Gilligans (und Murphys) Untersuchungen

48   Es heißt im englischen Wortlaut: »In this paper, we show how our different analysis of the phenomenon of relativism in moral development leads to a further distinction between two types of postconventional moral judgment.« *Gilligan/Murphy: Moral Development.* A. a. O. 83. Weiter heißt es: »The first, we call PCF (postconventional formal), solves the problem of relativism by constructing a formal logical system that derives solutions to all moral problems from concepts like the social contract or natural rights. The second, which we call PCC (postconventional contextual), finds the problem in that solution which now appears as only one of several potential contexts in which moral judgments can be framed. PCC reasoning derives from an understanding of the contextual relativism of moral judgment and the ineluctable uncertainty of moral choice. On that basis, it articulates an ethics of responsibility that focuses on the actual consequences of choice. In the shift from PCF to PCC, the criterion for the adequacy of moral principles chances from objective truth to ›best fit‹, and can only be established within the context of the dilemma itself. According to PCC reasoning, the choice of principles for solving moral problems is an example of commitment in relativism, a commitment for which on bears personal responsibility and which allows the possibility of alternate formulations that could be equally or more adequate in a given case.« A. a. O. 83.

49   Es heißt im englischen Wortlaut: »In 1980, however, rumination over data of our own led us to take more seriously Carol Gilligan's ideas.« *Kohlberg, Lawrence: A Reply to Owen Flanagan and Some Comments on the Puka-Goodpaster Exchange.* In: *Ethics 92.* Chicago April 1982, (515–528) 514. Weiter heißt es: »Carol Gilligan's ideas, while interesting, were not really welcome for us.« A. a. O. 514.

von 1979 und 1980 zum Zusammenhang des moralischen Urteils zur tatsächlichen Handlungsentscheidung gegen den Einwand der Aussagelosigkeit von Untersuchungen zu nur hypothetischen Dilemmata. Nun hatte Kohlberg zu dieser Zeit tatsächlich dasselbe Forschungsinteresse.[50] In meinen Augen ist das plötzliche Interesse der Kohlberg-Gemeinde an Gilligans und Murphys Vorschlag eines postkonventionellen Entwicklungspfades jedoch sehr viel eher darauf zurückzuführen, dass dieser Vorschlag relativ bald schon im Kapitel *Moralbewusstsein und kommunikatives Handeln* des gleichnamigen Buchs[51] von Jürgen Habermas aus dem Jahr 1983 prominent diskutiert wurde. Habermas' erster Einwand ist schnell rekonstruiert: Er lautet, dass Gilligan und Murphy keine Gegenmaßnahmen treffen würden, damit der formalistische und der kontextualistische Entwicklungspfad nicht mit dem von Gilligan anderenorts behaupteten geschlechtsspezifischen »Gegensatz zwischen einer Orientierung an Gerechtigkeit einerseits« und »einer Orientierung an Fürsorge und Verant-

---

50 *Kohlberg: A Reply.* A. a. O. 514. Vgl. zu Kohlbergs Untersuchungen zum Unterschied zwischen hypothetischen und realen Dilemmata *Kohlberg/Candee: Relationship.* A. a. O. insg. Vgl. zu Gilligans und Murphys Forschungen zum selben Gegenstand *Gilligan/Murphy: Development from Adolesence to Adulthood. The Philosopher and the Dilemma of the Fact.* A. a. O. ings.; sowie *dies.: Moral Development in Late Adolescence and Adulthood.* A. a. O. insg. Im Detail vgl. auch den Abschnitt II.1.4 zu den von Gilligan und Murphy gemeinsam vertretenen Thesen.

51 Das Interesse von Habermas an Kohlbergs Theoriegebäude manifestierte sich meiner Rekonstruktion zufolge in folgenden Stationen.

(1) Die Ausführungen von 1983 haben einen Vorläufer in der Abhandlung *Moral Development and Ego Identity* von 1979, in dem Kohlbergs Theoriegebäude skizziert, aber noch nicht diskutiert wird. *Habermas, Jürgen: Moral Development and Ego Identity.* In: *Communication and the Evolution of Society.* Boston 1979, 69–95.

(2) Im Jahr 1980 stand dann (vermutlich während einer Konferenz) in Cambridge ein vorläufiges Manuskript von Kohlbergs und Candees im Jahr 1984 veröffentlichter Abhandlung *The Relationship of Moral Judgment to Moral Action* zur Diskussion. Einer entsprechenden Anmerkung zufolge ist das Kapitel *Moralbewusstsein und kommunikatives Handeln* eine Reaktion auf diesen Text. Vgl. den Verweis auf ein Manuskript des Textes mit den Angaben Cambridge 1980 in *Habermas: Moralbewusstsein und kommunikatives Handeln.* A. a. O. 205, Anm. 57.

(3) Der Band von 1983 hat dann eigentlich die Grundlegung der Diskursethik zum Gegenstand. Habermas befasst sich hier aber dennoch mit Kohlbergs grundsätzlich »konsonanter« universalistischer Moralauffassung, weil er in Kohlbergs empirischen Untersuchungen eine Möglichkeit gefunden zu haben glaubt, die »empirische Mannigfaltigkeit der vorgefundenen Moralauffassung« gegen einschlägige »relativistische Bedenken« auf eine »Varianz von Inhalten gegenüber den universalen Formen des moralischen Urteils« zurückzuführen und die »auch dann noch bestehenden strukturellen Unterschiede als Stufendifferenzen in der Entwicklung der moralischen Urteilsfähigkeit« zu erklären. *Habermas: Moralbewusstsein und kommunikatives Handeln.* A. a. O. 128. Einleitend verteidigt Habermas Kohlberg gegen die Einwände der Zirkularität und des moralphilosophischen Dilettantismus. A. a. O. 128 ff. Eine Rekonstruktion von Kohlbergs Theoriegebäude findet sich A. a. O. 130–137.

wortung für einen bestimmten Personenkreis andererseits«[52] in einen Topf geworfen würden. Eine Abbildung der Thesen des Autorenduos Murphy und Gilligan von 1980 auf Gilligans Plädoyer für die Annahme von zwei geschlechtsspezifischen Moralen liegt tatsächlich aus drei Gründen nahe. Zum einen war 1983, als Habermas seinen Einwand vorbringt, im Jahr 1982 ja gerade Gilligans Buch zu den zwei geschlechtsspezifischen Moralen *A Different Voice* erschienen. Zum zweiten hat sich das Autorenduo Gilligan und Murphy in ihren Untersuchungen zum Einfluß realer Dilemmata auf die Moralentwicklung offensichtlich ausschließlich auf das Abtreibungsdilemma und damit ausschließlich auf weibliche Probandinnen konzentriert. Vor allem aber ließe es sich letztlich wohl tatsächlich nur mit geschlechtsspezifischen Tendenzen erklären, warum es im Erwachsenenalter plötzlich zu einer Gabelung kommen soll, nachdem die Moralentwicklung vorher (sprich: vor der Übernahme der geschlechtsspezifischen Rollen im Erwachsenenalter) homogen verlaufen sein soll. Was sollte sonst der Grund sein, dass sich ein signifikanter Anteil kontextualistisch und ein anderer signifikanter Anteil formalistisch entwickelt? Wie oben schon bemerkt, gibt es jedoch keine empirischen Hinweise für natürliche moralische Unterschiede zwischen den Geschlechter, womit die einzig mögliche ›natürliche‹ Erklärung wegfallen würde, warum sich die moralische Entwicklung auf dem postkonventionellen Niveau plötzlich so grundsätzlich gabeln soll, wie Gilligan und Murphys behaupten. Tatsächlich kann ich an eine Gabelung schon deshalb nicht glauben, weil es in meinen Augen keinen nachvollziehbaren Grund dafür gibt, warum sich ein Teil der Heranwachsenden in die Richtung einer kontextualistischen und ein anderer Teil in die Richtung einer formalistischen Moralität entwickeln sollten.

(5.2) Ein zweiter Einwand von Habermas überzeugt mich dagegen deutlich weniger. Er lautet, dass es überflüssig sei, der »Gerechtigkeit« andere moralische Prinzipien wie beispielsweise Frankenas »Prinzip der allgemeinen Wohlfahrt« (engl. principle of beneficience) oder »das der nicht-privilegierten Fürsorge bzw. Verantwortung für andere« (engl. care and responsibility) »gleichrangig« gegenüberzustellen, weil beide Prinzipien in der Forderung »schon berücksichtigt« seien, dass »gültige Normen verallgemeinerungsfähige Interessen verkörpern müssen«[53]. Hervorzuheben ist jedoch, dass dieser Einwand die Überlegungen des Autorenduos Gilligan und Murphy nicht treffen, weil hier von Wohlfahrt und Fürsorge im Gegensatz zur Gerechtigkeit gar nicht zentral die Rede ist, sondern von einer kontextsensitiven Anpassung der moralischen Überzeugungen

---

52 *Habermas: Moralbewusstsein und kommunikatives Handeln.* A. a. O. 192
53 *Habermas: Moralbewusstsein und kommunikatives Handeln.* A. a. O. 193. Verweis auf *Frankena, W. K.: Ethics.* Englewood Cliffs 1973, 45 f.

und Prinzipien. Eine Polarität der Perspektiven von Fürsorge und Gerechtigkeit wird vielmehr nur von Gilligan allein (so beispielweise in ihrem Buch *A Different Voice* von 1982) behauptet. Und hier ist dann nicht von einer ›nicht-privilegierten Fürsorge‹ die Rede, sondern vielmehr (wenn auch der Begriff so nicht fallen mag) von einer ›privilegierten Fürsorge‹, die aus persönlichen Liebes- und Verantwortungsbeziehungen entsteht. Das wiederum ist wichtig. weil eine so verstandene Fürsorge aus der Perspektive abstrakter Gerechtigkeitserwägungen im Sinne von John Rawls gar nicht geleistet werden kann, wie unter Bezug auf den entsprechenden Argumentationsgang von Sheyla Benhabib im Abschnitt I.3.3.1. schon dargelegt worden ist.

(5.3) Ein dritter Einwand war schließlich von besonderer Wirkmacht, weil Habermas ausgehend von diesem Einwand einen eigenen Vorschlag zur Interpretation der seltsamen Datenlage entwickelt hat, die in den späten sechziger Jahren ja einmal der Ausgangspunkt der Debatte um die Wiederkehr der sechsten Stufe waren. Habermas Rekonstruktion zufolge haben Gilligan und Murphy ihre kontextualistische Alternative zu Kohlbergs moralischem Formalismus überhaupt nur deshalb ins Feld geführt, um dem moralischen Rigorismus und des weltfremden Intellektualismus der deontologischen Moral etwas entgegenzusetzen. Dieses Anliegen kann Habermas grundsätzlich nachvollziehen. Schwierigkeiten hat er allerdings damit, dass das Autorenduo die Fähigkeiten der kontextspezifischen Anwendung von moralphilosophischen Prinzipien und der adäquaten Berücksichtigung der berechtigten Interessen aller Beteiligten genauso als moralische Fähigkeiten behandelt wie die Fähigkeit, durch Anwendung moralphilosophischer Prinzipien zum richtigen moralischen Urteil zu gelangen. Habermas steht Gilligans und Murphys Vorschlag (dasselbe gilt für Nora Haans Vorschlag, zwei separate Moralentwicklungen anzunehmen) vor allem deshalb ablehnend gegenüber, weil sich die »Konstruktion der ›Stufe‹ des kontextuellen Relativismus« in seinen Augen »einer Verkennung des Grundproblems« verdankt, wie Sittlichkeit (im Sinne eines gewachsenen System des Guten mit Blick auf das gute Leben) und Moral (als begründungsbedürftiges rationales Normensystem) »zu vermitteln sind«[54]. Wenige Seiten später heißt es, dass »nicht hinreichend zwischen moralischen und evaluativen Fragen, zwischen Gerechtigkeitsfragen und Fragen des guten Lebens«[55] unterschieden würde. Die Fähigkeiten, durch die sich nach Gilligan und Murphy der kontextualistische Pfad der postkonventionellen Entwicklung definieren soll, sind in Habermas keine moralische Fähigkeiten, sondern außermoralische Fähigkeiten der hermeneutischen Klugheit. Wie ich im nächsten Abschnitt zeige, kann ich

---

54   Habermas: *Moralbewusstsein und kommunikatives Handeln.* A. a. O. 191.
55   Habermas: *Moralbewusstsein und kommunikatives Handeln.* A. a. O. 193.

mich Habermas' Auffassung nicht anschließen, dass die Fähigkeit der konkreten Anwendung von moralischen Prinzipien in individuellen Situationen eine außermoralische Fähigkeit ist. In meinen Augen ist die Fähigkeit der situationsspezifischen Anwendung und Anpassung von moralischen Prinzipien und Überzeugung im Gegenteil eine genuin moralische Fähigkeit, die sich zudem nur in einem relativ hohen Stadium der moralischen Entwicklung entfalten kann, weil sie eine wirkliche Verinnerlichung von universalen moralischen Prinzipien voraussetzt. Dazu werde ich mich im nächsten Abschnitt II.2. näher äußern.

(6) Wie schon sagte, war Habermas' Einwand einer Verwechselung von moralischen und außermoralischen Fähigkeiten in Gilligans und Murphys Konzeption des kontextualistischen Entwicklungspfades des postkonventionellen Niveaus der Moralentwicklung für den Fortgang der Debatte vor allem wichtig, weil Habermas ausgehend von diesem Einwand in dem Kapitel *Moralbewusstsein und kommunikatives Handeln* seines gleichnamigen Buchs von 1983 einen Vorschlag zu einer Neufassung der sechsten Stufe entfaltet. Habermas Überlegungen nehmen ihren Ausgangspunkt bei dem Zugeständnis, dass die Probleme des moralischen Rigorismus und des weltfremden Intellektualismus zumindest im klassischen Formalismus von Immanuel Kant[56] nicht zu leugnen seien, weshalb es ihn nicht weiter verwundere, dass manche Probanden den Untersuchungen von Murphy und Gilligan zufolge vom postkonventionellen Formalismus auf einen postkonventionellen Kontextualismus ausgewichen sein sollen. Laut Habermas sind solche Probleme in einer formalistischen Moralphilosophie allerdings nur zwangsläufig, wenn »die hermeneutische Sensibilität für das Anwendungsproblem fehlt«, so dass »abstrakte moralische Einsichten unvermittelt konkreten Situationen übergestülpt werden«[57]. Zu seiner Neubeschreibung der sechsten Stufe kommt Habermas, wenn er seine Diskursethik als alternative formalistische Moralphilosophie anbietet, in welcher die angemahnten Probleme gelöst seien. Zwar stünde die Diskursethik immer noch grundsätzlich auf dem Standpunkt von Immanuel Kant, dass sich »die moralischen Fragen gegenüber den Problemen des guten Lebens« in dem Sinne »verselbständigen« müssen, dass sie im Sinne der sogenannten Verantwortungsethik zunächst einmal »autonom, d. h. *als* Gerechtigkeitsfragen beantwortet werden« müssen. Über Kant hinausgehend hätte sie allerdings eingesehen, dass die »demotivierten Antworten auf dekontextualisierte Fragen« schließlich wieder »in die Praxis zurückgeführt«

---

56   So war schon für Hegel »die kalte Pflicht« bekanntlich der »letzte unverdaute Klotz im Magen«, wenn man sich mit Kant Moralphilosophie befasst. *Hegel, G. W. F.: Vorlesungen über die Geschichte der Philosophie*. 3. Bde. Bd.3. Posthum. Hrsg. v. G. Irrlitz, K. Gurst. Leipzig 1982, 390.
57   *Habermas: Moralbewusstsein und kommunikatives Handeln*. A. a. O. 192.

und »die Abstraktion von den Handlungskontexte rückgängig gemacht werden« müssten. Deshalb sei die Diskursethik zu der Überzeugung gelangt, dass »ein Handeln aus moralischer Einsicht« nicht nur die kognitive Einsicht in die Gültigkeit einer Norm, sondern »zusätzlich das Vermögen hermeneutischer Klugheit, oder, in den Worten Kants, reflektierende Urteilskraft«[58] bedürfe. Wenn diese außermoralische Fähigkeit vorhanden ist, seien die Gefahren des moralischen Rigorismus und des weltfremden Intellektualismus gebannt. Insofern schlägt Habermas in einem ersten Schritt vor, Kohlbergs Beschreibung der sechsten Stufe um die Fähigkeit einer hermeneutischen Klugheit zu ergänzen. Ein weiteres Desiderat sieht Habermas darin, dass »die *psychodynamischen Aspekte der Urteilsbildung*« bei Kohlberg nicht »zu ihrem Recht kommen«[59] würde. Angesprochen ist die in dem Essay *The Relationship of Moral Judgement to Moral Action* behandelte Frage, wie aus einem deontologisch moralischen richtigen Urteil die entsprechende Handlung hervorgeht. Zum Problem der erfahrungsgemäß manchmal auftretenden Trennung zwischen Urteil und Handlung heißt es bei Habermas, dass die Psychoanalyse »unbewusst motivierte Handlungen« als eine »latente, d. h. sich selbst und anderen uneingestandene Entdifferenzierung zwischen strategischen und kommunikativem Handeln« erklären würde, »wobei der Selbsttäuschungseffekt der Abwehrleistung im Sinne einer intrapsychischen Kommunikationsstörung gedeutet werden«[60] könne. Damit es zum moralisch richtigen Handeln kommt, müssen nach Habermas auf der sechsten Stufe also auch Fähigkeiten zur Selbststeuerung und Selbstkontrolle angenommen werden. Abschließend kommt Habermas in seinen Ausführungen von 1983 zu dem Resultat, dass es der falsche Weg sei, wenn man Kohlbergs Stufen des moralischen Urteils »ergänzen« oder »revidieren«[61] würde. Statt dessen sollte man die Probleme, die Gilligan und Murphy seiner Rekonstruktion zufolge lösen wollten, »auf einer anderen Ebene als der moralischen Urteilsfähigkeit« angehen, indem man die Beschreibung der sechsten Stufe durch »Kontextsensibilität und Klugheit auf der einen« und »autonomer Selbststeuerung auf der anderen Seite« eine »andere Kategorie von Leistungen«[62] aus dem nichtmoralischen Bereich ergänzt. Beides sei in der Konzeption der ›idealen Rollenübernahme‹ der Diskursethik schon berücksichtigt: Diese Konzeption basiere auf der Überzeugung, dass neben dem richtigen moralischen Urteil auch eine außermoralische »Erkenntnisleistung« der Erfassung der konkreten Situation sowie die Fähigkeit zur Verhaltens- und Ichkontrolle kennzeichnend für »jedes

58 *Habermas: Moralbewusstsein und kommunikatives Handeln. A. a. O. 191*
59 *Habermas: Moralbewusstsein und kommunikatives Handeln. A. a. O. 183.*
60 *Habermas: Moralbewusstsein und kommunikatives Handeln. A. a. O. 198 ff.*
61 *Habermas: Moralbewusstsein und kommunikatives Handeln. A. a. O. 193.*
62 *Habermas: Moralbewusstsein und kommunikatives Handeln. A. a. O. 192 f.*

ausgereifte moralische Urteilsvermögen«[63] seien. Das Phänomen der ›rückfällig‹ gewordenen Probanden erklärt sich nach Habermas vor diesem Hintergrund ganz einfach dadurch, dass die betreffenden Probanden den »Übergang zur postkonventionellen Ebene nur partiell«[64] vollzogen hätten. Die Frage, »wie die Gruppe der *Relativisten* oder der Werteskeptiker im Stufenmodell untergebracht werden«[65], beantwortet sich nach Habermas so, dass die Probanden als »Heranwachsende zwar theoretische Argumentationen erlernt«, aber dann »sozusagen vor dem Eintrifft in die moralische Argumentation Halt gemacht«[66] hätten.

(6.1) Habermas Interpretation der Datenlage scheint plausibel zu sein. Auf den ersten Blick scheint es möglich zu sein, dass Heranwachsende einerseits moralisch so gut ausgebildet sind, dass sie Verfahren des prinzipiengeleiteten moralischen Urteilens kennen und in theoretischen Situationen auch richtig anwenden können, dass sie aber andererseits diese Verfahren nicht anwenden wollen, wenn sie selbst oder (wie im Falle des ›Nietzscheaners‹ der Untersuchungen von 1969) ein nahestehender Mensch direkt betroffen sind, weil ihre außermoralische Fähigkeit zur Verhaltens- und Ichkontrolle noch nicht hinreichend entfaltet ist, oder dass sie die Verfahren in konkreten Entscheidungssituationen nicht richtig anwenden können, weil ihre Fähigkeit hermeneutischer Klugheit noch nicht hinreichend entwickelt wurde.

(6.2) Um diese Interpretation wirklich zu akzeptieren, muß man mit Habermas allerdings auch davon überzeugt sein, dass es sich bei den Fähigkeiten der Ichkontrolle sowie der situationsspezifisch-angemessenen Verwendung von moralphilosophischen Entscheidungsprinzipien um außermoralische Fähigkeiten handelt, die sich als solche unabhängig von der Fähigkeit zur Auffindung des richtigen moralischen Urteils entwickeln können sollen. Wie ich schon angedeutet habe, halte ich insbesondere das, was Habermas unter dem Etikett ›Kontextsensitivität‹ für eine außermoralische Fähigkeit aus dem Bereich hermeneutischer Klugheit erklärt, für eine dezidiert moralische Fähigkeit. Es geht schließlich wesentlich darum, die Interessen der von einer moralischen Entscheidung betroffenen Menschen sowohl zu kennen als auch angemessen

---

63   *Habermas: Moralbewusstsein und kommunikatives Handeln.* A. a. O. 193 f. Habermas betont, dass es eines von der »faktisch anerkannten legitimen Ordnung« unabhängigen »Systems von inneren Verhaltenskontrollen« bedürfe, welches »auf prinzipiengeleitete moralische Urteile, also auf motivbildende Überzeugungen anspricht und *Selbststeuerung* ermöglicht«, um der durch »die postkonventionelle Entflechtung von Moral und Sittlichkeit« und den damit verbundenen »Verlust der Deckung moralischer Grundauffassungen durch kulturelle Selbstverständlichkeiten« zu begegnen und einen Hiat zwischen »moralischen Urteilen und moralischen Handlungen« zu vermeiden. A. a. O. 194.

64   *Habermas: Moralbewusstsein und kommunikatives Handeln.* A. a. O. 197.

65   *Habermas: Moralbewusstsein und kommunikatives Handeln.* A. a. O. 183.

66   *Habermas: Moralbewusstsein und kommunikatives Handeln.* A. a. O. 197.

zu berücksichtigen. Mag man das Erkennen der beteiligten Interessen noch als epistemische Fähigkeit betrachten, so handelt es sich bei der angemessenen Berücksichtigung definitiv um eine adäquate Bewertung dieser Interessen und damit um eine moralische Fähigkeit. Und zwar handelt es sich zudem um eine moralische Fähigkeit, die sich erst entfalten kann, wenn ein Akteur die Fähigkeit der Anwendung von abstrakten moralischen Entscheidungsprinzipien in einem moralischen Akteur soweit etabliert und entfaltet hat, dass der Akteur das Niveau des prinzipiengeleiteten Argumentierens hinter sich lassen kann, nachdem er realisiert hat, dass diese Fähigkeit durchaus in konkreten Entscheidungssituationen an ihre Grenzen stoßen kann. Aus diesem Grund möchte ich mich Habermas' Interpretation aller zugestandenen Plausibilität zum Trotz nicht anschließen.

(7) Bei Kohlberg sind Habermas' Ausführungen jedoch auf äußerst fruchtbaren Boden gefallen. Das manifestiert sich schon sehr bald in dem im Jahr 1984 veröffentlichten Essays *The Relationship of Moral Judgement to Moral Action*, dessen vorläufige Fassung Habermas der schon erwähnten Anmerkung zufolge schon 1980 bekannt gewesen war.[67] Der Essay soll die Frage beantworten, was letztlich eine »angemessene, ›tugendhafte‹, moralische Handlung«[68] ausmacht. Nach einer Auseinandersetzung mit einer einschlägigen Untersuchung[69] aus den zwanziger Jahren kommt der Essay auf den von Max Weber behaupteten Hiat zwischen einer konsequentialistischen Verantwortungs- und einer prinzipiengeleiteten Gesinnungsmoral zu sprechen.[70] Deutlich klingt Habermas' Rede von der Selbststeuerung an, wenn sich Kohlberg (und Candee) von der reinen »kantischen Position« mit dem Argument distanzieren, dass die »angemessene Urteilsweise« letztlich nicht »hinreichend« sei, »um die Person, die derartige Urteile fällt, als moralisch wertvoll oder sittlich hochstehend auszuweisen«[71]. Es müsse vielmehr ein sogenanntes »Verantwortungsurteil« hinzutreten. Gemeint ist ein Urteil, das besagt, dass ich selbst in einer bestimmten Situation aus meiner persönlichen Rolle und Selbsteinschätzung heraus verpflichtet bin, etwas

---

67 *Habermas: Moralbewusstsein und kommunikatives Handeln.* A. a. O. 205, Anm. 57.
68 *Kohlberg/Candee: Relationship.* A. a. O. 373.
69 *Kohlberg/Candee: Relationship.* A. a. O. 373–388. Diskutiert wird *Hartshorne, H./May, M. A.: Studies in the Nature of Charactere.* In: *Studies in Service and Self-Control.* Bd. 2. New York 1928.
70 Der Anlass soll ein Essay von A. F. Kleinberger aus dem Jahr 1982 sein, der Kohlberg »die kantische (und christliche) Auffassung« zuschreibt, dass »das einzig Wichtige für die Bewertung der Moralität einer Handlung« die »zugrundeliegenden Intentionen oder Prinzipien« im Gegensatz zu den »Konsequenzen« seien. *Kohlberg: Relationship.* A. a. O. 393. Verweis auf *Kleinberger, A. F.: The Proper Object of Moral Judgement and of Moral Education.* In: *Journal of Moral Education* 11. O. O. 1982, 147–158.
71 *Kohlberg: Relationship.* A. a. O. 396 f.

Bestimmtes zu tun oder zu unterlassen.[72] Allein das moralisch richtige Urteil konstituiert dem Essay von 1980 zufolge die moralisch ausgereifte Persönlichkeit also nicht. Hier heißt es vielmehr in deutlicher Abgrenzung von früheren Ausführungen Kohlbergs, dass »auf postkonventionellem Niveau denkende Personen« darüber hinaus auch »ein Gespür für Toleranz und für die Verhältnismäßigkeit bei Handelnde für die Entscheidung verantwortlich ist oder sein sollte«[73].

(8) Noch deutlicher manifestiert sich der Einfluß von Jürgen Habermas auf den späten Kohlberg dann in dem deutschsprachiger Originalbeitrag *Die Wiederkehr der sechsten Stufe* in dem von Edelstein und Nunner-Winkler herausgegebenen Band *Zur Bestimmung der Moral* von 1986, mit welchem die ›Debatte über die Wiederkehr der sechsten Stufe‹ ihren vorläufigen Endpunkt findet. Ausdrücklich verweist eine ›Einleitung‹ auf die »seit 1958« in Kohlbergs Untersuchungen verwende Charakterisierung der sechsten Stufe von Kohlbergs Stufenfolge: Die Rede ist von »Gewissensentscheidungen, die ein kategorisches Sollen im Sinne Kants zum Ausdruck bringen«; von der »Vorstellung von einer Universalität zugrundeliegender Pflichten«; von der »Annahme, dass bestimmte Normen, z. B. die Erhaltung des menschlichen Lebens und die Einhaltung eines Versprechens, einen intrinsischen Wert besitzen«; und schließlich von der »Vorstellung, dass im Falle eines Konfliktes das ›moralische Gesetz‹ dem ›legalen Gesetz‹ übergeordnet ist«. Schon sehr früh hätte sich in entsprechenden Längstschnittstudien jedoch gezeigt, dass manche »Adoleszenten der Stufe 6 ein Bewusstsein davon entwickelten, dass Gewissensentscheidungen – selbst dann, wenn sie in kategorischen moralischen Pflichten gründen – als subjektiv und relativ aufgefasst werden können«. Zunächst habe Kohlberg »diese Fälle von Skeptizismus als problematische Zwischenphasen im Übergang von einer konventionellen zu einer postkonventionellen Form der moralischen Urteilsbildung« im Sinne einer Stufe 4 ½ zu deuten versucht. Mittlerweile aber betrachte er die Tatsache, dass einige Probanden der Stufe 6 »aus dem Gleichgewicht gerieten und für eine extrem relativistische Infragestellung anfällig wurden«, als »Anzeichen« dafür, dass die »ursprüngliche Rekonstruktion einer ›Stufe 6‹ einer weiteren Ausarbeitung und psychologischer Klärung bedurfte«[74]. Tatsächlich liefern die Autoren

---

72 *Kohlberg/Candee: Relationship.* A. a. O. 403. Verweis auf *Frankena: Ethics* A. a. O. insg.; sowie auf *Blasi, A.: Moral Cognition and Moral Action.* In: *Developmental Review* 3. O. O. 1983, (178–210) 204.

73 *Kohlberg/Candee: Relationship.* A. a. O. 425.

74 *Kohlberg/Boyd/Levine: Die Wiederkehr der sechsten Stufe.* A. a. O. 206. Kohlberg selbst verweist auf *Kohlberg: Essays on Moral Development.* Bd. 2. *The Psycholgoy of Moral Development.* A. a. O. Kapitel 6 insg.

dann jedoch keine ›Ausarbeitung‹ der ursprünglichen Konzeption der 6. Stufe, sondern eine umfassende Neubeschreibung. Diese Neubeschreibung basiert im Kern auf der Idee, dass »die beiden Haltungen von Gerechtigkeit und Wohlwollen« auf der sechsten Stufe so miteinander »koordiniert« werden müssen, dass »die Achtung vor anderen Personen gewahrt bleibt«, wobei die Autoren nicht müde werden, zu betonen, dass »die Haltung der Achtung gegenüber anderen Personen« immer schon die »Kernidee« von »Kohlbergs Konzeption einer ›Stufe 6‹«gewesen sei. Während sich »in der Vergangenheit« die »Diskussion über die Idee der Achtung vor anderen Personen« jedoch »vorwiegend auf den Begriff der Gerechtigkeit als einer wesentlichen Komponente dieser Idee« konzentriert hätte, habe Kohlberg durch Boyd etwa im Jahr 1980 eingesehen, dass »ein ebenso wichtiger Aspekt der Idee der Achtung vor anderen Personen sich auf das Wohlwollen[75]« bezieht. Dem ›Wohlwollen‹ soll es näherhin darum gehen, »das Wohlergehen anderer Personen zu fördern und von ihnen Leid abzuwehren«. Insofern soll es sich beim ›Wohlergehen‹ um »eine Haltung« handeln, die »Identifikation und empathische Beziehung mit anderen voraussetzt und ausdrückt«[76]. Der Essay erreicht eine erste Gelenkstelle mit dem Zugeständnis, dass es zwischen »beiden Haltungen von Wohlwollen und Gerechtigkeit« zu Konflikten kommen könne. Weil beide Haltungen in einem »Spannungsverhältnis zueinander stehen« können, muss das wesentliche Charakteristikum der sechsten Stufe den Autoren zufolge nämlich darin gesehen werden, dass beide Haltungen auf den gemeinsamen »Nenner« der Achtung der Person gebracht werden, indem »Wohlwollen« das »Interesse an Gerechtigkeit« so »kontrolliert« hat, »dass es mit der Förderung des Wohlergehens aller vereinbar bleibt«, während »Gerechtigkeitserwägungen« das »Wohlwollen« soweit einschränken, »dass es sich mit einer Respektierung der Rechte anderer als autonomer Subjekte verbinden lässt«[77]. Umfassend neu beschrieben ist die sechste Stufe jedoch erst, wenn die Autoren dann betonen, dass der Ausgleich der Haltungen der Gerechtigkeit und des Wohlwollens unter dem Leitfaden der Achtung vor der Person auf der sechsten Stufe charakteristischerweise eine »prinzipielle«[78] Form

---

75 *Kohlberg/Boyd/Levine: Die Wiederkehr der sechsten Stufe*. A. a. O. 208 f.; Verweis auf *Boyd, D. R.: The Rawls Connection*. In: *Moral Development, Moral Education and Kohlberg*. Basic Issues in Philosophy, Psychology, Religion, and Education. Hrsg. v. B. Munsey. Birmingham 1980, 113–131.

76 *Kohlberg/Boyd/Levine: Die Wiederkehr der sechsten Stufe*. A. a. O. 212. Hier berufen sich die Autoren auf Frankena mit folgenden Definitionen: »›Wohlwollen‹ (engl. benevolence) bezieht sich normalerweise auf die Haltung«, während »›Wohltätigkeit‹ (engl. beneficience) hingegen auf das Prinzip, Gutes für andere zu tun« bezogen sei. A. a. O. 209. Verweis auf *Frankena: Ethics*. A. a. O. 64.

77 *Kohlberg/Boyd/Levine: Die Wiederkehr der sechsten Stufe*. A. a. O. 213.

78 *Kohlberg/Boyd/Levine: Die Wiederkehr der sechsten Stufe*. A. a. O. 216, 207.

annehmen würde, indem der Ausgleich zwischen Wohlwollen und Gerechtigkeit unter der Leitidee der Achtung vor der Person streng formalisiert durch die drei komplementären Operationen der Sympathie, der idealen Rollenübernahme und der Universalisierung vollzogen wird. Unter ›Sympathie‹ verstehen die Autoren näherhin »die kognitive Operation der Identifikation mit und Empathie für Andere«, im Zuge derer Personen unabhängig von individuellen Beziehungen prinzipiell als »›sich selbst bestimmende Akteure« aufgefasst werden, »die bestimmte Handlungsziele verfolgen‹«. Die »Intention, einen Interessenausgleich« im Sinne der Haltung der Gerechtigkeit »herbeizuführen«, wird den Autoren zufolge dann »durch die mentale Operation einer idealen wechselseitigen Rollenübernahme erleichtert«[79]. Unter »Universalisierung« wird schließlich drittens die »kognitive Operation« verstanden, »die dann ins Spiel kommt, wenn eine reversible Wahl mit Hilfe von Sympathie und idealer wechselseitiger Rollenübernahme« getroffen werden muss. Vonstattengehen soll die Operation der Universalisierung, indem die jeweilige »Konfliktbeschreibung« in einem ersten Schritt »auf ein vorgestelltes Universum ähnlicher Situationen einschließlich der darin möglichen moralischen Akteure abgebildet« wird, damit in einem zweiten Schritt die Überlegung angestellt werden kann, ob ein moralisches Urteil, dass »unter diesen Umständen richtig« zu sein scheint, genauso in »allen jenen Fälle ebenfalls« gefällt werden würde, »die ihrer Natur nach hinreichend ähnlich sind«. Insgesamt soll das »Ziel« der Universalisierungsoperation im »Auffinden einer Lösung« bestehen, die »idealiter vom Standpunkt eines jeden aus akzeptiert werden kann«, womit die »Operation der Universalisierung« den Autoren zufolge« auf Konsistenz auch insofern« abzielt, »als der Urteilende fordern muss, dass auch andere nach demselben Prinzip urteilen und handeln, das der eigenen Lösung des jeweils spezifischen moralischen Problems zugrundeliegt«[80]. Der Essay schließt mit Fallanalysen, die belegen sollen, dass die drei Operationen auf der sechsten Stufe der Moralentwicklung tatsächlich Anwendung finden.[81]

(9) Dem Essay *Gerechtigkeit und Solidarität* von Jürgen Habermas aus dem Jahr 1986 zufolge reagierten Kohlberg und seine Mitautoren mit ihrer Neufassung der sechsten Stufe insgesamt auf das Faktum, dass »die autonome Moral der Neuzeit« sowohl »in den modernen Naturrechtslehren« als auch »in (einer bestimmten Lesart) der Kantischen Ethik einseitig individualistisch begriffen worden« sei. Kohlberg sei zu der Einsicht gelangt, dass sich Normen aus indi-

79   *Kohlberg/Boyd/Levine: Die Wiederkehr der sechsten Stufe. A. a. O.* 222 f.
80   *Kohlberg/Boyd/Levine: Die Wiederkehr der sechsten Stufe. A. a. O.* 225 f.
81   *Kohlberg/Boyd/Levine: Die Wiederkehr der sechsten Stufe. A. a. O.* 226–240.

viduellen Perspektive nicht rechtfertigen lassen, sondern ihren »verpflichtenden Charakter« nur auf dem »Umstand« begründen können, »dass sie ein verallgemeinerbares Interesse verkörpern, und dass mit der Wahrnehmung dieses Interesses gleichzeitig Autonomie und Wohlergehen der einzelnen wie auch Integration und Wohl des gesellschaftlichen Kollektivs auf dem Spiel stehen«. Diesen »Gedanken« vermutet Habermas letztlich »hinter Kohlbergs Versuch, das Prinzip der Sorge für das Wohl des anderen neben dem Gerechtigkeitsprinzip zur Geltung zu bringen«[82]. Nach einer ausführlichen Würdigung[83] dieser Absicht erhebt Habermas gegen die konkrete Durchführung einige gewichtige Einwände.

(9.1) Sein erstes Problem besteht darin, dass Kohlberg und seine Mitautoren das Wohlwollen auf dasselbe »Oberprinzip« der Achtung vor der Person wie die Gerechtigkeit zurückführen, obwohl Wohlwollen und Gerechtigkeit doch (wie Kohlberg ja selbst einräumt) in ein »Spannungsverhältnis« zueinander geraten könnten. Tatsächlich ließe sich Wohlwollen aus Kants Achtung vor der Person nicht herleiten. Habermas' Rekonstruktion zufolge konnte Kohlberg einen »Zusammenhang« des Grundsatzes der gleichen Achtung vor jeder Person »mit dem Grundsatz der Benevolenz« nur herstellen, indem er sich »eine Äquivokation im Begriff der Person zunutze« machte: »Gleiche Achtung für jede Person als autonom handlungsfähiges Subjekt überhaupt« bedeutet nach Habermas Schutz der »als eines sich selbst bestimmenden« Wesens, während »gleiche Achtung für jede Person als lebensgeschichtlich individuiertes einzelnes Subjekt« in seinen Augen »die Förderung der Person als eines sich selbst verwirklichenden Wesens« besagt. Insofern kommt Habermas zu dem Schluss, dass Kohlberg »den Grundsatz der Benevolenz« ohne eine »implizite Bedeutungsverschiebung«

---

82 *Habermas, Jürgen: Gerechtigkeit und Solidarität.* Im Text zit. nach: *Zur Bestimmung der Moral.* A. a. O. (291–318) 307. Vgl. auch die gekürzte Fassung in: *Weibliche Moral.* A. a. O. (225–231) 30.

83 Habermas würdigt grundsätzlich das Anliegen Kohlbergs, die deontologische Moral von dem Verdacht befreien zu wollen, dass sie die konkreten Interessen der Menschen durch eine Reduzierung von Moral auf eine formalistische Gerechtigkeit aus dem Blick verlieren würde. *Habermas: Gerechtigkeit und Solidarität.* A. a. O. 303. (1) Dasselbe Anliegen habe schon Hegel verfolgt. Anders als Hegel sei es Kohlberg allerdings gelungen, »strikt nachmetaphysisch« zu betonen, »dass die evaluativen Fragen des guten Lebens von den normativen Fragen des gerechten Zusammenlebens getrennt bleiben müssen, weil sie nicht wie diese theoriefähig, d. h. einer (allgemeinen, Verbindlichkeit beanspruchenden) rationalen Erörterung zugänglich« seien. A. a. O. 304. (2) Würdigend hebt Habermas auch hervor, dass sich Kohlberg dem Utilitarismus keineswegs so sehr angenähert habe, dass er einer kontraintuitiven Einschränkung des Gerechtigkeitsprinzips zugunsten des Nutzenprinzips zustimmen würde. A. a. O. 305. (3) Anders als Pulkas Kritik besagt, habe Kohlberg schließlich auch keine sachlich nicht zu rechtfertigende Vermischung von (prinzipiellen) moralphilosophischen und anwendungsorientierten juristischen Fragen vorgenommen. A. a. O. 306 f.

beim »Grundsatz des gleichen Respekt für jeden nicht unterbringen« könne. Zudem würde sich der »Grundsatz des gleichen Respekts« ebenso wie das »Prinzip der Gleichbehandlung überhaupt« lediglich »auf Individuen« beziehen, so dass ein »daraus ›abgeleiteter‹ Benevolenzgrundsatz« ebenfalls nur »die Sorge für das individuelle Wohl des Nächsten (oder auch das eigene Wohl) begründen« könne, aber nicht die Sorge »fürs Allgemeinwohl«[84], was Kohlberg nach Habermas jedoch zweifellos eigentlich beabsichtigt.

(9.2) Im Sinne einer Verteidigung von Kohlberg und seinen Mitautoren könnte man nun darauf hinweisen, dass Habermas in seinem Essay von 1983 doch selbst den Zusammenhang zwischen Gerechtigkeit und Wohlwollen hergestellt habe, als er es im Zuge seiner Auseinandersetzung mit Gilligan und Murphy für überflüssig erklärt hatte, der »Gerechtigkeit« andere moralische Prinzipien wie beispielsweise Frankenas »Prinzip der allgemeinen Wohlfahrt« (engl. principle of beneficence) oder »das der nicht-privilegierten Fürsorge bzw. Verantwortung für andere« (engl. care and responsibility) »gleichrangig« gegenüberstellen, weil beide Prinzipien in der Forderung »schon berücksichtigt« seien, dass »gültige Normen verallgemeinerungsfähige Interessen verkörpern müssen«[85]. Dass Habermas hier wohl tatsächlich behauptet, dass sich aus der Universalisierbarkeitsbedingung von gültigen Normen die Ausrichtung von moralischen Entscheidungen auf »allgemeine Wohlfahrt« oder konkrete »Fürsorge« je schon herleitet, bedeutet jedoch nicht, dass er mit seinem Einwand im Unrecht wäre, demzufolge sich Gerechtigkeit und Wohlwollen im Sinne der Neubeschreibung der sechsten Stufe nicht aus der ›gleichen Achtung vor der Person‹ herleiten lassen sollen. In dieser Frage ist Habermas' Hinweis nämlich tatsächlich einschlägig, dass sich zumindest das Wohlwollen aus Kants Konzept der gleichen Achtung vor der Person nicht ableiten lässt, was sich am Beispiel der Schrift *Über ein vermeintliches Recht, aus Menschenliebe zu lügen* belegen lässt. Aus der Achtung vor der Person wird hier nämlich gerade nicht abgeleitet, dass man seinen Freund vor einem Mörder schützen müsste, wie es die Haltung des Wohlwollens wohl nahelegen würde. Man kann das Resultat der Abhandlung vielmehr so reformulieren, dass der bedrohte Freund aus Achtung vor dessen Person von seinem Freund nicht verlangen darf, dass dieser zur Wahrung seiner individuellen Interessen lügen sollte.

(9.3) Ein weiterer Einwand von Habermas lautet, dass Kohlberg einen »Zusammenhang« des Grundsatzes der gleichen Achtung vor jeder Person »mit dem Grundsatz der Benevolenz« nur habe herstellen können, indem er

---

84 *Habermas: Gerechtigkeit und Solidarität.* A. a. O. 308 f.
85 *Habermas: Moralbewusstsein und kommunikatives Handeln.* A. a. O. 193. Verweis auf *Frankena: Ethics.* A. a. O. 45 f.

sich »eine Äquivokation im Begriff der Person zunutze« machte. Auch dieser
Einwand trifft ins Schwarze: Es macht einen deutlichen Unterschied aus, ob
man in einem ethischen Sinne gewillt ist, die konkreten Interessen einer indi-
viduellen Person zu berücksichtigen, oder ob man sich in einem moralischen
Sinne entscheidet, alle Personen in einem formalen Sinne gleich zu behandeln.
Wie Habermas treffend ausführt, müsste man seine Achtung aus der Wohlwol-
lensperspektive beweisen, indem man die konkreten ethischen Interessen seines
Gegenübers berücksichtigt, während gleiche Achtung aus einer moralischen
Gerechtigkeitsperspektive bedeuten muss, dass man jemanden unabhängig von
seinen individuellen Eigenschaften und Bedürfnissen genauso behandelt wie
alle anderen Personen. Deshalb taugt der Grundsatz der gleichen Achtung vor
der Person im Sinne von Habermas tatsächlich nicht, um daraus die beiden
Haltungen Wohlwollen und Gerechtigkeit abzuleiten, oder um beide Haltungen im Konfliktfall wieder auf einen Nenner zu bringen.

(9.4) Triftig ist schließlich auch der Einwand von Habermas, dass nicht
wirklich klar wird, ob Kohlberg mit ›Wohlwollen‹ die Haltung meint, die dem
utilitaristischen Prinzip des größten Glücks der größten Zahl zugrundeliegt,
oder die Haltung, die Gilligan ›Fürsorge‹ nennt, und von der sie betont, dass
sie von persönlichen Beziehungen und individuellen Bedürfnissen bestimmt
wird. Während sich die ›Fürsorge‹ nämlich vor allem in Verantwortungs- und
Abhängigkeitsbeziehungen organisiert, ist ›Benevolenz‹ eine Haltung die man
auch (oder vielleicht sogar gerade) gegenüber Fremden wie beispielsweise dem
Bettler auf der Straße gegenüber einnehmen kann. Dass beides im Sinne von
Habermas deutlich unterschieden werden sollte, lässt sich an einem Beispiel
aufweisen, dass Bernard Williams gegen den Utilitarismus von Richard M. Hare
ins Feld geführt hat. Es geht um eine Situation, deren Protagonist nach einem
Flugzeugabsturz entweder seinen Sohn oder einen hervorragenden Chirurgen
retten kann.[86] Es würde nicht der Benevolenz-Haltung, wohl aber der Fürsor-
geperspektive widersprechen, wenn ein Arzt nach einem Unfall nicht seinem
Sohn, sondern einem bekannten Wissenschaftler das Leben retten würde mit
Hinweis auf darauf, dass das Leben des Wissenschaftlers für das Wohl der
Menschheit insgesamt von ungleich größerem Interesse sei als das Leben seines
Sohnes.

(9.5) Mit Blick auf den zweiten Teil der Neubeschreibung der sechsten Stufe
kritisiert Habermas dann aber vor allem die Art und Weise, in der Kohlberg
Meads »Begriff der idealen Rollenübernahme« in »drei Momente zerlegt«, um

---

86 *Hare, Richard Mervyn: Moral Thinking.* Its Levels, Methods and Point. Oxford/New York
1981. Im Text zit. nach *ders.: Moralisches Denken.* Seine Ebenen, seine Methode, sein Wizt. Übers.
v. Ch. Fehige und G. Meggle. Frankfurt a. M. 1992, 200 f.

»Platz für den Sinn von Benevolenz« zu schaffen: Seiner Rekonstruktion zufolge »verbindet« Kohlberg Meads »Perspektivübernahme« mit der »Einfühlung in bzw. Identifikation mit dem jeweils anderen einerseits« und »mit Universalisierung andererseits«, wobei gleichzeitig »die Sympathie mit der Sorge für das Wohl des anderen« und die »Universalisierung mit Gerechtigkeit« in einen »assoziativen Zusammenhang« gebracht würden. Dieses »eher angedeutete Argument« verliert nach Habermas jedoch »viel von seiner Überzeugungskraft, wenn man bedenkt, dass von der zunächst auf konkrete Bezugspersonen gerichteten Sympathie beim Übergang zur universalisierten, vollständig reversibel gewordenen Perspektivenübernahme nicht viel mehr als eine rein kognitive Verstehensleistung übrigbleibt[87]«.

(10) Mit diesem ›eher angedeuteten‹ Einwand kann man Habermas nur beipflichten; tatsächlich würde ich ihn noch sehr viel grundsätzlicher so formulieren, dass die Neubeschreibung der sechsten Stufe ein unglückliches Gemenge aus moralphilosophisch miteinander inkompatiblen Versatzstücken ist, in das die Autoren relativ wahllos Theorieelemente aufgenommen haben, die im Laufe der jahrelangen Debatte um die Stufe 4 ½ von ganz verschiedenen Seiten zur Lösung des Ausgangsproblems irgendwann einmal ins Spiel gebracht worden sind. Ursprünglich war Kohlbergs Stufenfolge konsequent und geradlinig auf das Ziel hin konzipiert, dass eine ausgereifte moralische Person die Prinzipien der Philosophie, sprich: den Kategorischen Imperativ und Mills Prinzip des größten Glücks der größten Zahl anwenden können sollte. Nachdem diese Überzeugung durch das Phänomen des Abweichens einiger Probanden ins Wanken kommen musste, weigert sich Kohlberg erst lange, den Fehler in seinem eigenen Theoriegebäude zu sehen, bis er sich unter dem Druck der Fakten und Einwände schließlich dazu entschließt, eine neue sechste Stufe zu konzipieren, die allen Einwänden gerecht werden sollte. Das Resultat ist abenteuerlich: Moralische Akteure der sechsten Stufe sollen gleichzeitig die Haltungen der Gerechtigkeit und des Wohlwollen einnehmen und das daraus entstehende Spannungsverhältnis dann in der Haltung der gleichen Achtung vor der Person auflösen, wobei diese schizophrene Situation noch einmal unübersichtlicher

---

87 *Habermas: Gerechtigkeit und Solidarität.* A. a. O. 309. Dieser Einwand entspricht dem Einwand, den Seyla Benhabib in ihrem Essay *The Generalized and the Concrete Other* von 1986 gegen Kohlberg und Rawls richtet. Benhabib formuliert hier das »Problem«, dass Kohlberg und Rawls proklamieren würden, dass der moralische Akteur »den Standpunkt des Anderen« einnehmen und »sich selbst fiktiv an die Stelle des Anderen« setzen soll, obwohl »der andere als verschieden vom eigenen Ich« nach Benhabib zwangsläufig verschwinden muss, sobald die »Bedingungen des ›Schleiers des Nichtwissens‹« ins Spiel kommen. *Benhabib: The Generalized and the Concrete Other.* A. a. O. 471.

dadurch wird, dass die disparaten Haltungen auf der sechsten Stufe aus irgend-welchen nicht weiter erklärten Gründen auch noch prinzipiellen Charakter durch eine Verwandlung in die formalen Operationen der Sympathie, der idealen Rollenübernahme und der Universalisierung annehmen sollen. Dass mit diesem Durcheinander von Haltungen und Operationen das natürliche Telos der menschlichen Moralentwicklung beschrieben sein soll, kann ich beim besten Willen nicht glauben. Im Detail habe ich folgende Probleme.

(10.1) Ich habe zwar nie geglaubt, dass der Höhepunkt jeder natürlichen Moralentwicklung in der Anwendung der moralphilosophischen Prinzipien von Kant und Mill bestehen soll, weil es schließlich Kulturen gab und gibt, in denen diese Prinzipien schlicht nicht bekannt waren bzw. sind. Jenseits dessen war es mir aber immer unmittelbar einsichtig, warum die sechste Stufe in ihrer ursprünglichen Konzeption die Fortentwicklung der fünften Stufe und aller vorangegangenen Stufen betrachtet werden sollte. Schon das kann ich von der neubeschriebenen sechsten Stufe nicht mehr sagen. Kohlberg und seinen Mitarbeitern zufolge soll die Neubeschreibung im Rahmen der Debatte um die Stufe 4 ½ »deutlich machen«, inwiefern auf der sechsten Stufe »das Problem einer Konsensfindung in moralischen Auseinandersetzungen angemessener gelöst werden kann als auf der Stufe 5, der die Idee eines Gesellschaftsvertrags zugrundeliegt«[88]. Wie soll aus der Idee des Gesellschaftsvertrages eine Moralität hervorgehen, in der gleichzeitig die Haltungen Gerechtigkeit, Wohlwollen und gleiche Achtung vor der Person eingenommen werden, wobei die Haltungen auch formalisiert sein sollen in den Operationen Sympathie, ideale Rollenüber-nahme und Universalisierung? Zwischen der ehemaligen fünften und der neu-beschriebenen sechsten Stufe liegen Welten. Während im ehemaligen Stufen-modell eine kontinuierliche Fortentwicklung und genau definierte Übergänge angenommen werden, klafft zwischen Stufe fünf und sechs im Modell von 1986 eine riesiger Hiat. Das lässt Zweifel aufkommen, dass die neu beschriebene Stufe sechs tatsächlich das Telos der von Kohlberg angenommenen Moralentwicklung sein kann – von Zweifel bezüglich einer natürlichen Moralentwicklung möchte ich gar nicht mehr reden.

(10.2) Ein zweites Problem habe ich damit, dass aus Haltungen auf der sechsten Stufe plötzlich mentale Operationen werden sollen. Dass Haltun-gen prozedural etabliert werden können, scheint mir noch nachvollziehbar zu sein. Unklar ist mir jedoch geblieben, ob die Autoren ein direktes genetisches Verhältnis zwischen den Haltungen des Wohlwollen, der Gerechtigkeit und der gleichen Achtung vor der Person einerseits und den Operationen der Sym-pathie, der idealen Rollenübernahme und der Universalisierung behaupten

88 *Kohlberg/Boyd/Levine: Die Wiederkehr der sechsten Stufe.* A. a. O. 206.

wollen. Dass die Operation der Sympathie aus der Haltung des Wohlwollens hervorgehen soll, scheint mir noch plausibel zu sein. Schon der idealen Rollenübernahme wird dann aber nicht nur »die Intention eines Interessenausgleichs« im Sinne der Haltung der Gerechtigkeit zugrundegelegt. Den Autoren zufolge ist ein solcher Interessenausgleich vielmehr nur möglich, wenn im Zuge der ›idealen Rollenübernahme‹ »die Perspektive des anderen eingenommen« wird, damit »die Interessen des anderen verstanden werden«[89]. Mein Problem besteht darin, dass ich ein solches Einnehmen von anderen Perspektiven zum besseren Verständnis seiner Interessen eigentlich in einer Haltung des Wohlwollens und gerade nicht in einer Gerechtigkeitshaltung fundieren würde, weil aus der Perspektive der Gerechtigkeit von konkreten Interessen ja gerade zugunsten einer allgemeinen Gleichbehandlung jeder Person abstrahiert werden muss. Definitiv nicht mehr nachzuvollziehen scheint mir ein genetisches Verhältnis zwischen der Haltung der gleichen Achtung vor der Person und der Operation der Universalisierung zu sein. Wie oben skizziert, soll diese Operation ins Spiel kommen, sobald »eine reversible Wahl mit Hilfe von Sympathie und idealer wechselseitiger Rollenübernahme« getroffen werden muss«. Vonstattengehen soll die Operation, indem die »Konfliktbeschreibung« in einem ersten Schritt »auf ein vorgestelltes Universum ähnlicher Situationen einschließlich der darin möglichen moralischen Akteure abgebildet« wird, damit in einem zweiten Schritt die Überlegung angestellt werden kann, ob ein moralisches Urteil, dass »unter diesen Umständen richtig« zu sein scheint, genauso in »allen jenen Fälle ebenfalls« gefällt werden würde, »die ihrer Natur nach hinreichend ähnlich sind«[90]. Was diese Operationen mit der Haltung der gleichen Achtung vor jeder Person zu tun haben soll, hat sich mir nicht erschlossen.

(10.3) Zumindest unterbestimmt bleibt in meinen Augen drittens die These, dass die sechste Stufe ›prinzipiellen‹ Charakter annehmen soll. In Anknüpfung an frühere Schriften Kohlbergs ist ein ›Prinzip‹ eine »verallgemeinerte präskriptive Aussage«, die »moralischen Urteilen zwischen miteinander konkurrierenden Regeln oder Normen als Leitfaden zugrundeliegt«[91]. Wo sich diese hilfreiche

---

89   *Kohlberg/Boyd/Levine: Die Wiederkehr der sechsten Stufe.* A. a. O. 223.
90   *Kohlberg/Boyd/Levine: Die Wiederkehr der sechsten Stufe.* A. a. O. 225f.
91   *Kohlberg/Boyd/Levine: Die Wiederkehr der sechsten Stufe.* A. a. O. 214. Die Autoren verweisen auf *Kohlberg: Essays in Moral Development.* Bd. 1. *The Philosophy of Moral Development.* A. a. O. insg; sowie auf *Boyd, D. R.: An Interpretation of Principled Morality.* In: *Journal of Moral Education 8. O. O. 1978,* 110–123. In der gemeinsam mit Candee verfasste Abhandlung *The Relationship of Moral Judgment to Action* von 1980 wird unter einem ›Prinzip‹ eine Regel verstanden, mit denen man zwischen konfligierenden Werten oder Normen entscheiden kann. Auf der Suche nach solchen Prinzipien fündig würde man in der Philosophie, wobei insbesondere der Kategorische Imperativ Kants in der Variante »Behandle jeden Menschen als Ziel in sich selbst und nicht als

›Aussage‹ auf der neu definierten sechsten Stufe findet, wird nicht gesagt. Vermutlich ist jedoch gemeint, dass Konflikte auf der sechsten Stufe generell durch die Frage entschieden werden sollen, ob das moralische Urteil, das »unter diesen Umständen richtig« zu sein scheint, genauso in »allen jenen Fälle ebenfalls« gefällt werden würde, »die ihrer Natur nach hinreichend ähnlich sind«[92]. Falls das ›Prinzip der situationsspezifischen Universalisierung‹ nun tatsächlich die Pointe der neubeschriebenen sechsten Stufe sein sollte, stellt sich erstens die Frage, warum die Autoren wenige Seiten zuvor Frankenas Terminologie ins Feld geführt haben, denen zufolge die Haltung des Wohlwollens (Benevolenz) in der Wohltätigkeit (Benefiziens) als »Prinzip, Gutes für andere zu tun« prinzipiellen Charakter erhalten soll.[93] Vor allem aber würde sich die wichtige weiterführende Frage aufdrängen, was die Kriterien für die ›hinreichende Ähnlichkeit‹ von zwei Situationen sind.

Nach 1986 hat es meines Wissens keine signifikanten Veränderungen am Theoriegebäude Kohlbergs mehr gegeben. Es ist überflüssig, zu seiner endgültigen Gestalt von 1986 weiter ins Detail zu gehen: Die Neubeschreibung der sechsten Stufe ist ein sich widersprüchliches Gemenge von Konzeptionen unterschiedlichster moralphilosophischer Herkunft, das zudem in keiner ersichtlichen Kontinuität zu den übrigen Stufen der Moralentwicklung steht. Das wiederum bedeutet, dass sich aus der neu konzipierte sechste Stufe keine überzeugende Erklärung für das Problem der ›abtrünnigen Probanden‹ ableiten läßt, so dass die Frage immer noch unbeantwortet ist, was mit den ›abtrünnigen Probanden‹ denn nun tatsächlich geschehen ist und wie ihre Urteilsweise morallogisch am plausibelsten zu klassifizieren und zu bewerten ist. Was ist mit den auffällig gewordenen Probanden geschehen? Diese Frage steht letztlich immer noch unbeantwortet im Raum. Ich möchte mich meiner Antwort auf einem Umweg nähern.

(2) Das Desiderat einer 7. Stufe des situativ begründeten Prinzipienverstoßes als Telos der Moralerziehung. Auffälligerweise hat ausgerechnet der Vorschlag, den Gilligan und Murphy in ihrem Essay *Development from Adolesence to Adulthood. The Philosopher and the Dilemma of the Fact* von 1979 in Anlehnung an Perry[94] gemacht haben, keine weitere Aufmerksamkeit bekommen. Der Vorschlag lautete, dass die Abweichungen der Probanden nicht

Mittel« und »Mills utilitaristisches Prinzip« exponiert werden. *Kohlberg/Candee: Relationship.* A. a. O. 414. Vgl. zu weiteren Details das Kapitel III. dieser Abhandlung.

92 *Kohlberg/Boyd/Levine: Die Wiederkehr der sechsten Stufe.* A. a. O. 225 f.

93 *Kohlberg/Boyd/Levine: Die Wiederkehr der sechsten Stufe.* A. a. O. 209, 212 Verweis auf *Frankena: Ethics.* A. a. O. 64.

94 Vgl. *Gilligan/Murphy: Development from Adolesence to Adulthood.* A. a. O. insg. Wie oben

etwa als Rückschritt im Sinne einer Stufe 2 ½ oder als nicht vollständig vollzogener Übergang im Sinne einer Stufe 4 ½ zu werten seien, sondern vielmehr als Fortschritt gegenüber einer rein prinzipienorientierten Moralität. Die Nichtberücksichtigung dieses Interpretationsvorschlags läßt sich vermutlich so erklären, dass es für die Kohlberg-Gemeinde gar nicht im Bereich des Denkbaren lag, dass es entgegen Kohlbergs moralphilosophischen Vorannahmen tatsächlich ein Stadium der moralischen Entwicklung geben könnte, in welchem das Stadium einer prinzipienorientierten Moralität im Sinne von Rawls und Kant überwunden wäre. Tatsächlich gibt es jedoch gute Gründe, eine prinzipienorientierte Moralentwicklung noch nicht als abgeschlossen zu betrachten, wenn jemand moralphilosophische Prinzipien wie den Kategorische Imperativ beherrscht und sich ihnen handlungsleitend verpflichtet hat. Von wirklicher moralischer Reife kann in den Paradigmen einer prinzipienfixierten Moralität nämlich erst die Rede sein, wenn jemand, der sich grundsätzlich einer prinzipiengeleiteten Moralität verpflichtet fühlt, von diesen Prinzipien auch abweichen kann, wenn es die Situation dringend erfordert. Zu einer ausgereiften Prinzipienmoralität gehört in meinen Augen auch die Einsicht in die Grenzen dieser Moralität. Aufzeigen läßt sich das am prominenten Beispiel von Kants Spätschrift *Über ein vermeintliches Recht, aus Menschenliebe zu lügen* aus dem Jahr 1797.

Der äußere Anlass der Schrift ist bezeichnenderweise eine Nachfrage des französischen Philosophen Benjamin Constant, ob die bedingungslose kantische Pflicht zur Aufrichtigkeit nicht doch eine Ausnahme zulassen müsse, falls man beispielsweise von einem Mörder nach dem Aufenthaltsort eines Freundes gefragt wird. In einem ersten Schritt diskutiert Kant, ob es im vorliegenden Fall ein Recht zur Lüge geben kann. Er plädiert dagegen mit dem Argument, dass bei einer Generalisierung der Lügenrechtes »Aussagen (Deklarationen) überhaupt keinen Glauben finden, mithin auch alle Rechte, die auf Verträgen gegründet werden, wegfallen und ihre Kraft einbüßen« würden, welches wiederum »ein Unrecht« sei, »das der Menschheit überhaupt zugefügt wird«[95]. Für Kant stellt es »ein heiliges, unbedingt gebietendes, durch keine Konvenienzen einzuschränkendes Vernunftgebot« dar, »in allen Erklärungen *wahrhaftig (ehrlich)* zu sein.« Von diesem Gebot könne es noch nicht einmal unter den geschilderten Umständen eine Ausnahme geben. Den Einwand, dass sich der Protagonist durch Aufrichtigkeit am Tod des Freundes mitschuldig machen könnte, läßt Kant nicht gelten, weil dieser sich Kants moralphilosophischen

---

schon bemerkt, wird verwiesen auf *Perry: Forms of Intellectual and Ethical Development in the College Years.* A. a. O. 205.

95 *Kant, Immanuel: Über ein vermeintliches Recht aus Menschenliebe zu lügen.* In: *Berlinische Blätter.* Hrsg. v. Biester. 1. Jahrgang 1797, 301–314. Im Text zit. nach *Werke in zehn Bänden.* Bd. 7. Hrsg. v. W. Weischedel. Darmstadt 1956, (635–643) 638.

Vorgaben zufolge nur mit einer Verletzung der Aufrichtigkeitspflicht schuldig machen würde, während für den Mord einzig der Mörder zur Rechenschaft zu ziehen sei. Wenn es nun kein Recht zur Lüge gibt, kann es nach Kant auch keine Pflicht zur Lüge geben, so dass der Freund im vorliegenden Falle nicht einfordern könnte, dass zum Schutz seines Lebens gelogen werden muß. Das Resultat der Schrift ist unmissverständlich: Von der Pflicht zur Aufrichtigkeit kann es als vollkommene Pflicht gegenüber anderen keine situativ begründete Ausnahme geben. Sie gilt immer und unbedingt.

(1) Eingeräumt werden muß damit zunächst einmal, dass man sich definitiv nicht auf Kant berufen kann, wenn man Kohlbergs sechs Stufen der Moralentwicklung um eine 7. Stufe des situativ begründeten Prinzipienverstoßes erweitern will. Kants *Lügenschrift* bestätigt vielmehr noch einmal den analytischen Argumentationsgang in der ebenfalls im Jahr 1797 gerade erschienenen Schrift *Metaphysik der Sitten*, dem zufolge moralische Pflichten keine situativ begründeten Ausnahmen zulassen, weil das dem unbedingten Charakter des Begriffs der ›Pflicht‹ widersprechen würde. Im Hintergrund steht das Argument, dass es weder situativ bedingte Ausnahmen von einer Pflicht noch einen »Widerstreit der Pflichten« geben können, weil »Pflicht und Verbindlichkeit überhaupt Begriffe« seien, »welche die objektive praktische *Notwendigkeit* gewisser Handlungen ausdrücken«[96].

(2) Das zentrale Problem von Kants Argumentationsgang besteht jedoch darin, dass er aller logischen Stringenz und aller moralischen Prinzipientreue zum Trotz die gesunde moralische Intuition nicht davon überzeugen kann, dass im vorliegenden Fall tatsächlich keine Ausnahme vom Aufrichtigkeitsgebot gemacht werden sollte. Damit zeigt die Lügenschrift letztlich genau das Gegenteil von dem, was sie nach Kant eigentlich zeigen sollte: Sie überzeugt keinesfalls davon, dass Pflichten wie das Aufrichtigkeitsgebot aus analytischen Gründen keine Ausnahmen zulassen können, sondern sie zeigt vielmehr, dass man Ausnahmen von moralischen Prinzipien manchmal sogar unbedingt zulassen muß, weil es moralisch inakzeptable Konsequenzen haben kann, in ausnahmslos allen Fällen an bestimmten Moralprinzipien festzuhalten. Es widerspricht allen moralischen Intuitionen, am Aufrichtigkeitsgebot festhalten zu sollen, wenn man damit ein Menschenleben aufs Spiel setzt. Dass Kants moralisches Urteil zum vorliegenden Fall stringent aus einem so fest etablierten moralischen Prinzip wie dem Kategorischen Imperativ hergeleitet wurde, ändert nichts an der Tatsache, dass

---

96 *Kant, Immanuel: Metaphysik der Sitten in zwey Theilen.* Königsberg 1797. Im Text zit. nach *Kant: Werke in zehn Bänden.* Bd. 7. Hrsg. v. W. Weischedel. Darmstadt 1983, 330 f.

das moralische Urteil im Ergebnis schlicht falsch ist. Jede gesunde moralische Intuition sagt unzweideutig, dass man selbstverständlich lügen muß, wenn man nur so ein Menschenleben retten kann. In diesem Sinne heißt es schon bei John Stuart Mill wie folgt: Sobald Kant es »unternimmt, aus seinem Kategorischen Imperativ einige konkrete moralische Pflichten herzuleiten, mißlingt ihm in geradezu grotesker Weise der Nachweis, dass darin, dass alle vernünftigen Wesen nach den denkbar unmoralischen Verhaltensnormen handeln, irgendein Widerspruch, irgendeine logische (oder auch nur physische) Unmöglichkeit liegt. Was er zeigt, ist lediglich, dass die *Folgen* einer allgemeinen Befolgung dieser Normen derart wären, dass jedermann von ihnen verschont bleiben wollte«.[97] Entgegen der Intention ihres Autors läßt sich Kants Lügenschrift also als Beleg für die hier vertretene These ins Feld führen, dass eine ausgereifte Prinzipienmoralität die Möglichkeit von Ausnahmen vom prinzipiengelenktem moralischem Urteilen nicht nur zulassen, sondern regelrecht etablieren und vorsehen muß.

(3) Ja, tatsächlich zeigt die *Lügenschrift* letztlich sogar, dass eine rein prinzipiengeleitete Moralität eine mangelhafte Moralität ist, weil sie zu moralischen Rigorismen führen und also in eine Form des Amoralismus umschlagen kann. Auf die Gefahr eines solchen dialektischen Umschlags ist schon früh hingewiesen worden. In Schopenhauers *Preisschrift über das Fundament der Moral* wird Kants Moralphilosophie mit dieser Stoßrichtung als »Apotheose der Lieblosigkeit« bezeichnet und mit einem »taktlosen moralischen Pedantismus« gleichgesetzt, der in »zwei Epigrammen persifliert« und mit der Überschrift »Gewissensskrupel und Entscheidung«[98] versehen werden könnte. Man könnte den Chor der kritischen Stimmen ohne Mühen volltönend erweitern; das Resultat wäre dasselbe: Kants Lügenschrift läßt Zweifel daran aufkommen, dass man eine streng prinzipiengeleitete Moralität im Sinne der 6. Stufe von Kohlbergs ursprünglicher Stufenfolge tatsächlich als das Endziel der moralischen Erziehung im Ethik-Unterricht anvisieren sollte!

(4) Thomas Nagel sieht nun weniger die Gefahr eines dialektischen Umschlags von einer allzu strengen moralischen Prinzipientreue in einen abstoßenden und schädlichen moralischen Rigorismus als das Problem, dass ein allzu starres Fest-

---

97   *Mill, John Stuart: Utilitarianism.* London 1861/1871. In *ders.: Essays on Ethics, Religion and Society.* Hrsg. v. J. M. Robson. Toronto/London 1969. Im Text zit. nach *der.: Der Utilitarismus.* Übers. und hrsg. v. D. Birnbacher. Stuttgart 1976/2006, 15. Vgl. mit demselben Einwand auch *Ross, Sir David: The Right and the Good.* Oxford 1930/²2002, 28.

98   *Schopenhauer, Arthur: Preisschrift über die Grundlage der Moral.* Nicht gekrönt von der Königlich Dänischen Societät der Wissenschaften, zu Kopenhagen, am 30. Januar 1840. Im Text zit. nach *ders.: Preisschrift über das Fundament der Moral.* Hrsg. v. H. Ebeling, Hamburg 1979, 31.

halten an moralischen Prinzipien seinen eigentlichen Grund in einer Haltung des »moralischen Eigennutzens« haben könnte, aus der heraus man »die eigene Unschuld zu wahren« sucht, indem man alles tut, um »sich nur nicht die Hände schmutzig zu machen, was immer mit dem Rest der Welt auch geschehe«[99]. (4.1) Nagel verteidigt den strengen Prinzipienmoralisten gegen diesen Verdacht des verkappten Eigennutzes nun erstens mit dem Argument, dass es »eine Konfusion« sei, »anzunehmen, dass das Bedürfnis, die eigene moralische Unschuld zu wahren, der *Ursprung*« einer moralischen »Schuldigkeit«[100] sein könne. Tatsächlich scheint man sich jedoch durchaus schuldig zu machen, wenn man ein Unrecht geschehen läßt, das man vermeiden könnte, weil man sich mit einem Verstoß gegen ein situativ unterzuordnendes Moralprinzip nicht ›die Hände schmutzig‹ machen will. Kants Lügenschrift ist das beste Beispiel: Selbstverständlich macht man sich schuldig, wenn man den Mord am Freund geschehen läßt, nur weil man nicht lügen will! Die Situation, die in der Lügenschrift geschildert wird, wird in der Literatur oft als ›Kants Lügendilemma‹ bezeichnet. Van Fraassen führt die beschriebene Situation jedoch als ein klares Beispiel für ein Nicht-Dilemma an, weil es (wie er treffend bemerkt) ohne Zweifel auf der Hand läge, dass man lügen muß, wenn man damit einen Mord verhindern kann.[101]

(4.2) Zustimmen möchte ich Nagel jedoch darin, dass »die Beschreibung, man könne bisweilen darin gerechtfertigt sein, die eigene moralische Integrität im Dienste eines hinlänglichen wertvollen Zwecks zu opfern, schlicht eine inkohärente Beschreibung« sei. Wenn jemand »ein bestimmtes Opfer wirklich gerechtfertigtermaßen« erbringt, oder wenn er »gar die moralische Pflicht« verspüren sollte, »es zu erbringen«, würde er »seine moralische Integrität« nämlich »auf dem entsprechenden Weg« tatsächlich »schwerlich opfern«, wie Nagel zurecht hervorhebt: »Er würde sie vielmehr erhalten«[102]. Wenn jemand sich anders entscheidet, als es bei der strikten Befolgung eines etablierten moralischen Prinzips eigentlich geboten wäre, weil er es in einer Situation mit guten Gründen für moralisch geboten hält, dann opfert er seine moralische Integrität nicht, sondern entwickelt sie im Gegenteil weiter auf ein höheres Niveau moralischer Reife.

---

99 *Nagel, Thomas: War and Massacre.* 1971. In: *Philosophy and Publics Affairs.* 1972. Auch in *ders: Mortal Questions.* Cambridge 1979. Im Text zit. nach *ders.: Massenmord und Krieg.* In *ders.: Letzte Fragen.* Hrsg. v. M. Gebauer. Übers. v. K. Eming. Bodenheim ¹1984/²1996, (83–109) 95 f.

100 *Nagel: War and Massacre.* A. a. O. 96.

101 *Fraassen, Bas. C. van: Values and the Heart's Command.* In: *The Journal of Philosophy* 70. 1973, 5–19. Im Text zit. nach *Moral Dilemmas.* Hrsg. V. Ch. Gowans. New York/Oxford 1987, (138–153) 145.

102 *Nagel: War and Massacre.* A. a. O. 96.

(5) Paton hat Kants offensichtliches moralisches Fehlurteil in einem Briefwechsel mit Ebbinhaus als Anzeichen für Altersstarrsinn des mittlerweile 73-jährigen Kants mit dem Argument entschuldigen, dass Kant in seinen Ethik-Vorlesungen aus den Jahren 1775 bis 1780 ausdrücklich die Ausnahme vom Lügenverbot zulässt, dass man einem Räuber nicht aufrichtige Auskunft über sein mitgeführtes Geld geben müsse, um nicht bestohlen zu werden.[103] Dem hält Ebbinhaus jedoch überzeugend entgegen, dass die Lügenschrift autorisiert sei und die Vorlesungsmitschriften nicht. Zudem sei das rigorose Lügenverbot im Gesamtkontext von Kants reifer Moralphilosophie stimmig, während die Vorlesungen zur Ethik aus der vorkritischen Zeit stammten.[104] Nun ist es offensichtlich wenig überzeugend, ein derart gut begründetes moralphilosophisches Fehlurteil, wie es der späte Kant ja entwickelt, auf eine Charakterschwäche oder auf mentale Ausfallerscheinungen des Moralphilosophen zurückzuführen. In meinen Augen liegt vielmehr der grundsätzliche systematische Fehler vor, dass Kant der Überzeugung war, dass vollkommene Pflichten keine situativ begründeten Ausnahmen zulassen können. Für mich steht es ebenso fest, dass in der vorliegenden Situation gelogen werden muss, wie es ansonsten für mich feststeht, dass das Lügenverbot moralisch sinnvoll und wichtig ist. Das Problem liegt im Moralsystem selbst, und nicht in einem dement gewordenen Kant.

Es ist überflüssig, zu Kants *Lügenschrift* weiter ins Detail zu gehen. Es dürfte deutlich geworden sein, dass das, was für das Lügenverbot gilt, für alle Moralprinzipien generell gilt: Wenn es kein Verfahren der situativ begründeten Ausnahme gibt, führen sie zu einem moralischen Rigorismus, der allen moralischen Intuitionen widerspricht. Damit sollte eine prinzipienorientierte Moralentwicklung auf dem Stadium der Verinnerlichung und Automatisierung der etablierten Techniken und Strategien des prinzipiengelenkten moralischen Urteilens nicht als abgeschlossen gelten. Man sollte vielmehr eine 7. Stufe des situativ begründeten Prinzipienverstoßes definieren, um sie im Ethik-Unterricht als einem genuinen Ort der Beförderung von moralischer Entwicklung dann auch anvisieren zu können.

(3) Die Charakteristika der 7. Stufe. Meine Grundidee zur Konzeption

---

103   *Paton, Herbert J.: An Alleged Right to Lie.* A Problem in Kantian Ethics. In: *Kant und das Recht der Lüge.* Hrsg. v. G. Geismann, H. Oberer. Würzburg 1986, (46–60) 58, Verweis auf *Kant, Immanuel: Eine Vorlesung über Ethik.* Hrsg. v. G. Gerhardt. Frankfurt 1990, 244.
104   *Ebbinhaus, Julius: Brief an Herbert J. Paton vom 81.1954.* In: *Kant und das Recht der Lüge.* A. a. O. 66–71.

einer siebten Stufe des begründeten Prinzipienverstoßes ist denkbar einfach.[105] Sie basiert auf der Erfahrung, dass eine rigoristische Anwendung von moralphilosophischen Prinzipien wie insbesondere des Kategorischen Imperativs in einer seiner drei Formulierungen von Immanuel Kant in Ausnahmefällen zu kontraintuitiven moralischen Entscheidungen führen kann, die man nicht verantworten wollen würde. Grundsätzlich charakterisiert wäre die siebente Stufe des begründeten Prinzipienverstoßes damit durch die Einsicht, dass es Situationen geben kann, die es zwingend erfordern, gegen etablierte moralische Regeln und Prinzipien zu verstoßen. Damit der Prinzipienverstoß der siebten Stufe aber nicht in den Geruch von Skeptizismus, Relativismus, Willkür oder moralischem Fatalismus gerät, muß der Prinzipienverstoß selbst wieder durch ein Prinzip geregelt werden, welches ich das ›Prinzip des situativ begründeten Prinzipienverstoßes‹ nennen möchte. Es besagt, dass ein Prinzipienverstoß nur unter ganz bestimmten situativen Umständen erlaubt ist, nämlich nur dann, wenn die Bedingung der situationsspezifischen Universalisierbarkeit einer situativ zur Disposition stehenden moralischen Entscheidung erfüllt ist. Die Bedingung der situationsspezifischen Universalisierbarkeit wiederum ist erfüllt, wenn der moralische Akteur unter Berücksichtigung der berechtigten Interessen aller, die von der Entscheidung betroffen sind, aufrichtig wollen kann, dass jeder in einer genau ähnlichen Situation in genau der Weise gegen das moralische Prinzip verstößt, wie es ihm selbst in der vorliegenden Situation geboten zu sein scheint. Das alles zusammengenommen, läßt sich die 7. Stufe also durch die Einstellung charakterisieren, dass es zur Vermeidung von kontraintuitiven moralischen Entscheidungen geboten sein kann, sich anders zu entscheiden, als es durch ein etabliertes moralisches Prinzip wie den Kategorischen Imperativ beispielsweise eigentlich geboten wäre, wenn der moralische Akteur unter Berücksichtigung der berechtigten Interessen aller, die von der Entscheidung betroffen sind, aufrichtig wollen kann, dass jeder in einer genau ähnlichen Situation in der genau ähnlicher Weise gegen das moralische Prinzip verstößt, wie es ihm selbst in der vorliegenden Situation geboten zu sein scheint. Nun weist das Kriterium der situationsspezifischen Universalisierung offensichtlich eine Nähe zu der Operation auf, die Kohlberg und seine Mitautoren im Zuge ihrer Neubestimmung der sechsten Stufe als »Universalisierung« bezeichnet haben: Kohlberg spricht hier ja schließlich unter anderem auch von der Überlegung, ob ein moralisches Urteil, dass »unter diesen Umständen richtig« zu sein scheint, genauso in »allen jenen Fälle ebenfalls« gefällt werden würde, »die ihrer

---

105 Das Prinzip basiert auf Grundideen von Henry Sidgwick und Richard M. Hare. Vgl. dazu im Detail den Abschnitt II.7.

Natur nach hinreichend ähnlich sind«[106]. Ich möchte aber ausdrücklich den Eindruck vermeiden, dass meine siebente Stufe eine Neuauflage von Kohlbergs revidierter sechster Stufe sein könnte.

(1) Einen ersten wichtigen Unterschied sehe ich darin, dass die siebente Stufe nicht durch diffuses Gemenge aus Haltungen, Fähigkeiten und Prozeduren charakterisiert sein soll, sondern einzig durch die Fähigkeit zur situationsspezifischen Universalisierung, die aus der prinzipiellen Einsicht heraus angewendet wird, dass sich moralischer Rigorismus und kontraintuitive moralische Entscheidungen nur vermeiden lassen, wenn man den Gedanken zulässt, dass es gute Gründe geben kann, in bestimmten Situationen Ausnahmen von Prinzipien und Regeln zu machen, an denen man ansonsten mit fester moralischer Überzeugung festhält. Das heißt jetzt ausdrücklich nicht, dass ich damit behaupten würde, dass die Haltungen überflüssig wären, die der späte Kohlberg als Charakteristika der sechsten Stufe exponiert. Im Gegenteil denke ich, dass es eine wesentliche Voraussetzung dafür ist, überhaupt die Erfahrung der Notwendigkeit des begründeten Prinzipienverstoßes machen zu können, dass ein moralischer Akteur seinen Charakter soweit gebildet hat, dass er sowohl wohlwollend als auch gerecht ist als auch Achtung vor der Person empfindet. Für ebenso unverzichtbar halte ich die von Habermas exponierte außermoralische Fähigkeit der hermeneutischen Klugheit, welche einen moralischen Akteur in die Lage versetzt, eine Situation so weit zu durchschauen, dass seine moralischen Intuitionen ihn davor warnen können, dass eine rigoristische Prinzipienentscheidung Folgen haben könnte, die er moralisch nicht wollen und also letztlich nicht verantworten kann. Anders als Kohlberg betrachte ich die siebente Stufe allerdings nicht als durch ein Gemenge dieser Fähigkeiten charakterisiert. Stattdessen würde ich eher von einem Verhältnis der Dienstleistung und Zuarbeit sprechen. Kennzeichnend ist allein die Fähigkeit zur situationsspezifischen Universalisierung, die sich wiederum aus der Einsicht entwickelt hat, dass es Situationen gibt, in denen die Prinzipien der Moralphilosophie nicht weiter helfen. Die genannten Fähigkeiten und Haltungen helfen jedoch, damit die Operation der situationsspezifischen Universalisierung in der moralischen Praxis ausgeführt werden kann.

(2) Einen zweiten Unterschied sehe ich darin, dass das Prinzip des begründeten Prinzipienverstoßes nicht darauf reduziert werden kann, einen Ausgleich zwischen den Haltungen des Wohlwollens und der Gerechtigkeit oder zwischen »Sympathie und idealer wechselseitiger Rollenübernahme« im Sinne des späten

---

106　*Kohlberg/Boyd/Levine: Die Wiederkehr der sechsten Stufe.* A.a.O. 225 f.

Kohlbergs und seiner Mitautoren zu schaffen. Der Anwendungsbereich ist vielmehr sehr viel weiter. Wie schon betont wurde, soll es nämlich immer dann ins Spiel kommen, wenn sich die moralische Intuition aufdrängt, dass eine Anwendung und Befolgung von etablierten moralphilosophischen Prinzipien zu kontraintuitiven moralischen Entscheidungen führen würde. Und mit solchen Situationen konfrontiert die moralische Praxis sehr viel öfter, als die Konstruiertheit der Situation in Kants *Lügenschrift* vielleicht vermuten läßt.[107]

(3) Einen dritten Unterschied sehe ich darin, dass das Prinzip des begründeten Prinzipienverstoßes nicht ›prinzipiellen Charakter‹ in dem von Kohlberg exponierten Sinne haben kann, dem zufolge man mit Hilfe dieses Prinzips in jedem Fall zwischen konfligierenden Werten oder Normen entscheiden können soll.[108] Wie ich in Kapitel III. noch ausführen werde, kann es ein solches Prinzip nämlich gar nicht geben. Insofern kann das Prinzip des situativ begründeten Prinzipienverstoßes nur in dem schwächeren Sinne prinzipiellen Charakter haben, dass es ausnahmslos immer dann zum Zuge kommen soll, wenn die moralische Intuition davor warnt, dass ein rigoristisches Anwenden etablierter moralphilosophischer Prinzipien im konkreten Fall zu einer kontraintuitiven Entscheidung führen würde. ›Prinzipiell‹ würde dann soviel bedeuten wie ›ausnahmslos immer‹. Damit ist zwar immer noch der Anspruch verbunden, den auch der späte Kohlberg für seine Universalisierungsoperation erhebt, dass ihr »Ziel« nämlich im »Auffinden einer Lösung« bestehen soll, die »idealiter vom Standpunkt eines jeden aus akzeptiert werden kann«[109]. Anders als Kohlberg würde ich Möglichkeit der Erreichbarkeit dieses Ziels allerdings nicht damit begründen, dass die Anwendung des Prinzips quasi automatisch zu der einen richtigen Lösung jedes moralischen Konfliktes führt, der alle Akteure zustimmen müssen. Ich glaube an diese Möglichkeit vielmehr, weil ich der Überzeugung bin, dass ein moralischer Akteur andere moralische Akteure im Idealfall von der Vernünftigkeit seiner Gründe rational überzeugen kann.[110]

107   Die Situation ist konstruiert, weil ein Mörder ziemlich dämlich wäre, der sich bei der Suche nach seinem Mordopfer von jemandem helfen lassen will, von dem er erstens weiß, dass er der Freund des Opfers ist, und von dem er zweitens auch wissen kann, dass er weiß, dass er Mordabsichten hat. Die naheliegende Reaktion wäre schließlich, die Polizei zu rufen!
108   Vgl. zu dieser Auffassung von einem ›Prinzip‹ *Kohlberg/Candee: Relationship*. A. a. O. 414.
109   *Kohlberg/Boyd/Levine: Die Wiederkehr der sechsten Stufe*. A. a. O. 225 f.
110   Im Hintergrund steht ein realistischer moralischer Intuitionismus im Sinne von Sir David Ross oder Thomas Nagel beispielsweise, auf den näher einzugehen hier allerdings nicht der Raum ist. *Ross: The Right and the Good.* A. a. O. insg.; sowie *Nagel: War and Massacre.* A. a. O. ings; sowie *ders.: The Fragmentation of Value.* In: *Knowledge, Value and Belief.* Hrsg. v. D. Callahan. New York 1977, 279–294. Auch in *ders.: Mortal Questions.* Cambridge 1979. Im Text zit. nach *ders.: Die Fragmentierung des Guten.* In *ders.: Letzte Fragen.* A. a. O. 181–199.

(4) Ein vierter Unterschied, den ich besonders hervorheben möchte, ist darin zu sehen, dass meine siebente Stufe eine organische und folgerichtige Fortentwicklung von Kohlbergs ursprünglichem Stufenmodell darstellt, während die von Kohlberg und seinen Mitautoren revidierte sechste Stufe ja künstlich aufgesetzt zu sein schien. Es ist zum Verständnis der Pointe meines Alternativvorschlags ganz wichtig, dass das Prinzip des begründeten Prinzipienverstoßes die fünfte und vor allem die sechste Stufe von Kohlbergs ursprünglichem Stufenmodells unbedingt voraussetzt. Das beste Beispiel ist wieder das Lügenverbot aus der Sicht von Kants Schrift *Über ein moralisches Recht, aus Menschenliebe zu lügen.* Es macht überhaupt erst Sinn, das Prinzip des begründeten Prinzipienbruchs zur Anwendung zu bringen, wenn man zuvor zu demselben Resultat wie Kant gekommen ist, dass ein Verstoß gegen das Lügenverbot auch in einer Situation wie der vorliegenden keine einmalige, banale Angelegenheit wäre, sondern eine moralische Verfehlung, die weitreichende Konsequenzen für das System der Moral insgesamt haben kann. Erst aufgrund dieser Einsicht kann das Prinzip überhaupt erst zur Anwendung kommen, weil es ja schließlich kein Prinzip der situativ bedingten Ausnahme von etablierten moralischen Regeln ist, sondern in einem sehr viel stärkeren Sinne ein Prinzip des begründeten Verstoßes gegen Prinzipien. Insofern würde es im Sinne des Prinzips nicht genügen, wenn ein moralischer Akteur, der sich in der Situation von Kants Lügendilemma für einen Verstoß gegen das Lügenverbot entscheidet, darauf verweisen würde, dass er seinen Freund retten wolle. Nein, er müsste vielmehr Gründe liefern, warum er es für richtig hält, in der vorliegenden Situation gegen das Lügenverbot zu verstoßen, obwohl er das Lügenverbot grundsätzlich für richtig hält, weil er im Sinne der Argumentation auf der ehemaligen sechsten Stufe Kohlbergs weiß, dass ein Verstoß gegen das Gebot in welcher Situation auch immer Auswirkungen auf das System der Moral insgesamt haben kann und deshalb alles andere als eine einmalige moralische Banalität wäre.

(5) Ausdrücklich hervorheben möchte ich auch, daß die 7. Stufe kein Verstoß gegen das ist, was auf einer bestimmten Stufe der moralischen Entwicklung eigentlich gekonnt bzw. befolgt wird.[111] Es handelt sich bei der siebten Stufe vielmehr um eine Stufe, auf der das situationsspezifische Abweichen von den Prinzipien der Philosophie selbst wieder prinzipiell geworden ist durch die Überlegung, ob der Akteur wollen kann, daß jeder unter genau ähnlichen Umständen in genau ähnlicher Weise von dem jeweiligen philosophischen Prin-

---

111   Den Hinweis auf dieses mögliche Mißverständnis verdanke ich Fritz Oser mit Verweis auf *Reichenbach, Roland: Leben als Geschäft.* Über Tausch, Täuschung und Selbsttäuschung. In *Homo oeconomicus – die Wirtschaft braucht den ganzen Menschen.* Hrsg. v. M. Rapold. Schaffhausen 2006, 67–94.

zip abweichen soll. Um einen bloßen Verstoß aus zufälligen Gründen handelt es sich also nicht, sondern um ein prinzipiell gewordenes Abweichen aus der Einsicht in die situative Unzulänglichkeit der etablierten moralphilosophischen Prinzipien.

(4) Philosopher Two und das Zwischenstadium 6 ½. Die 7. Stufe des situativ begründeten Prinzipienverstoßes wäre also eine organische Fortsetzung der Moralentwicklung, wie sie von Kohlberg und seinem Team in den siebziger Jahren des letzten Jahrhunderts einmal als Ideal einer Moralerziehung konzipiert worden ist. Nachdem ich glaube, gezeigt zu haben, dass eine solche Fortsetzung moralphilosophisch gut zu begründen und wünschenswert wäre, liegt auch meine Antwort auf die ja noch offene Frage auf der Hand, was mit den ›abtrünnigen Probanden‹ der Debatte um die ›Wiederkehr der 6. Stufe‹ denn nun tatsächlich geschehen ist. Die Antwort lautet, dass die Probanden keineswegs ›rückfällig‹ geworden sind, sondern im Gegenteil einen Fortschritt auf eine 7. Stufe des situativ begründeten Prinzipienverstoßes durch ein Zwischenstadium 6 ½ des Zweifelns an der Omnipotenz von moralphilosophischen Prinzipien wie dem Kategorischen Imperativ gemacht haben. Mit dieser These sind (mindestens) vier erläuterungsbedürftige Implikationen verbunden.

(1) Eine erste Implikation lautet, dass man sowohl eine 7. Stufe des situativ begründeten Prinzipienverstoßes als auch ein Zwischenstadium 6 ½ des Zweifelns an der Omnipotenz von moralphilosophischen Prinzipien morallogisch sinnvoll definieren und beschreiben kann.

(1.1) Zur 7. Stufe kann ich mich kurz fassen, weil ich sie in den letzten beiden Abschnitten schon charakterisiert habe. Es handelt sich um ein moralisches Entwicklungsstadium, das von der Erfahrung geprägt ist, dass es Situationen geben kann, in denen ein Verstoß gegen etablierte moralphilosophische Prinzipien moralisch geboten ist, obwohl der Akteur weiß, dass es generell nicht erstrebenswert ist, die jeweiligen Moralprinzipien im Sinne eines moralischen Nihilismus ganz aufzugeben oder im Sinne eines moralischen Relativismus infrage zu stellen. Insofern ist die Fähigkeit der situationsspezifischen Universalisierung kennzeichnend für die 7. Stufe, die im Kern auf der Überlegung beruht, ob man unter Berücksichtigung der berechtigten Interessen aller, die von der Entscheidung betroffen sind, aufrichtig wollen kann, dass jeder in einer genau ähnlichen Situation in der genau Weise gegen das moralische Prinzip verstößt, wie es in der vorliegenden Situation geboten zu sein scheint.

(1.2) Von der Zwischenstufe 6 ½ war bislang nur indirekt die Rede. Es handelt sich um die Phase, in welcher der Akteur durch entsprechende Erfahrungen zu der Einsicht gelangt, dass die etablierten Prinzipien der Moralphilosophie einschließlich des Kategorischen Imperativs ihre Grenzen haben, denen zufolge es Situationen geben kann, in denen sie zu moralisch kontraintuitiven Entscheidungen führen können. Ob diese Einsicht nun durch persönliche Erfahrungen oder durch moralphilosophische Reflexion zu einer Abhandlung wie Kants *Lügenschrift* begründet wurde, ist im vorliegenden Zusammenhang unerheblich. Beides ist möglich. Anders als bei Stufe 7 kann es sich bei der Stufe 6 ½ allerdings nur um eine Zwischenstufe handeln, weil es sich um einen Zustand handelt, der wesentlich von einer Krisenerfahrung geprägt ist, die als solche in aller Regel nicht von Dauer ist bzw. nicht von Dauer sein sollte, weil der moralische Akteur auf der Stufe 6 ½ seine moralische Orientierung zunächst einmal verloren hat, was ihn handlungs- und entscheidungsunfähig macht. Die Stufe 6 ½ ist eine Zwischenstufe, weil sie einerseits auf der 6. Stufe der Verinnerlichung von etablierten Prinzipien der Moralphilosophie aufbaut, weil sie andererseits aber kein Dauerzustand sein kann bzw. sein sollte, sondern in die Stufe 7 übergehen sollte, auf welcher der moralische Akteur mit dem Prinzip des situativ begründeten Prinzipienverstoßes wieder eine Möglichkeit gefunden hat, moralische Urteile zu fällen, die er vor seinem Gewissen verantworten kann. Ein eigenes moralisches Entwicklungsstadium stellt die Stufe 6 ½ im Gegensatz zur Stufe 7 also nicht dar.

(2) Eine zweite Implikation lautet, dass meine moralphilosophisch-theoretischen Beschreibungen der Stufen 6 ½ und 7 sich mit den empirischen Berichten von Kohlberg und seinen Mitarbeitern über die ›abtrünnigen Probanden‹ zur Deckung bringen lassen. Pars pro toto möchte ich mich auf das konzentrieren, was Gilligan und Murphy in ihrer Abhandlung von 1979 über Philosopher Two im Gegensatz zu Philosopher One berichten. Wie in Abschnitt II.1.4. ja schon skizziert, tritt der Essay unter Berufung Perry[112] für die Überzeugung ein, dass die Moralentwicklung im Erwachsenenalter noch nicht per se abgeschlossen ist. Zur Begründung führen die Autoren Untersuchungen zum Unterschied zwischen realen und hypothetischen Dilemmata ein, wobei aufgefallen sei, dass einige Probanden, die im Falle von hypothetischen Dilemmata prinzipiengeleitet argumentiert hatten, gegenüber realen Dilemmata plötzlich auf dieselben ›relativistischen‹ Argumentationsmuster zurückgegriffen hätten wie die auffällig gewordenen Probanden Kohlbergs. Ins Detail gegen die Autoren unter der provokanten Abschnittsüberschrift *The Philosopher and the Dilemma of Fact* im zweiten Teil ihrer Abhandlung, indem sie die moralischen Argumentationsweisen von zwei Probanden gegenüberstellen, die sie als ›Philosopher

---

112   Verwiesen wird auf *Perry: Forms of Intellectual and Ethical Development in the College Years.* A. a. O. 205.

One‹ und ›Philosopher Two‹ bezeichnen, weil es sich bei beiden um fortgeschrittene Philosophiestudenten (engl. philosophy majors) gehandelt haben
soll. Zur Ausgangssituationen betonen die Autoren zunächst einmal, dass beide
Studenten »in ihrem letzten Schuljahr das höchste Stadium von Kohlbergs Stufenfolge erreicht«[113] haben sollen, bevor die Interviews durchgeführt wurden.
Beide wurden dann nach einem realen Dilemma aus ihrem Leben befragt, und
beide berichteten von einem Dilemma aus dem Bereich der sexuellen Treue:
Philosoph One hatte einem Mädchen die Treue versprochen und sich dann in
ein anderes Mädchen verliebt, und Philosoph Two war ein Verhältnis mit einer
verheirateten Frau eingegangen, deren Ehemann bis dahin völlig ahnungslos
war. Wie die Autoren betonen, unterscheiden sich die beiden zum einen in
der Frage, ob ein moralisches Dilemma wie das, in dem sie gerade stecken,
grundsätzlich lösbar ist oder nicht: Darauf werde ich im Abschnitt III. 3. noch
einmal zu sprechen kommen. Sie unterscheiden sich aber auch in ihren Auffassungen darüber, wie mit dem Dilemma adäquat umgangen werden sollte.
Philosopher One stellte sich die adäquate Reaktion genauso vor, wie es von der
Stufenfolge vorgesehen ist, die Kohlbergs Team zur Zeit der Interviews zugrun-
delegt: Seine Überlegungen sollen sich »ausschließlich« mit der »internen Konsistenz seiner Gerechtigkeitsprinzipien« ohne jede Rücksicht auf »empirische
Verifizierung«[114] befasst habe. Im Gegensatz dazu läßt sich Philosopher Two
durch die reale Dilemma-Erfahrung in seinem bis dahin sehr festen Vertrauen
in die Orientierungsmacht von Moralprinzipien erschüttern, weil es ihm weder
gelingen will, ein »Prinzip« herauszuarbeiten, auf das er sich noch einmal berufen würde, »wenn er denselben Konflikt morgen noch einmal lösen« müßte,
noch im Sinne der Rawls'schen Konzeption des Schleiers der Unwissenheit
»vollkommen von der Situation zu abstrahieren«[115]. Philosopher Two hat ein
Verhältnis mit einer verheirateten Frau und überlegt, ob er dem Ehemann von

---

113   Es heißt im englischen Wortlaut: »Both students were philosophy majors whose judgments
had, in their senior years, reached the highest level of Kohlberg's stage sequence«. *Gilligan/Murphy:
Development from Adolescence to Adulthood.* A. a. O. 92.

114   Es heißt im englischen Wortlaut: »Throughout his discussion his concern remains with
the internal consistency of his principles of justice, allowing him to reconstruct both his action
and her expectations in his search for justification.« *Philosopher One.* Zitiert in *Gilligan/Murphy:
Development from Adolescence to Adulthood.* A. a. O. 94.

115   Es heißt im englischen Wortlaut: »Instead he begins to reexamine the premises underlying
these principles.« *Gilligan/Murphy: Development from Adolescence to Adulthood.* A. a. O. 94. »As
you can tell, right now, I have not worked out a principle that is satisfactory to me that would
resolve that issue if it happened again tomorrow.« *Philosopher Two.* Zit. A. a. O. 94.»I suppose
the dilemma I have is in the fact that – Rawls calls it the Blanket of Ignorance – the Veil of
Ignorance – is not down. It is very difficult for me to completely withdraw from the situation.«
Philosopher Two. Zit. A. a. O. 95.

der Untreue seiner Frau berichten soll, wie es seinen Moralprinzipien eigentlich entsprechen würde. In der vorliegenden Situation müßte aber die Frau, die er liebt, den Preis für seine Aufrichtigkeit zahlen. Deshalb zweifelt er, ob Aufrichtigkeit in der vorliegenden Situation wirklich das oberste Gebot und der einzig richtige Ausweg aus dem moralischen Dilemma ist. Und tatsächlich kommt er schließlich zu dem Ergebnis, dass er mit der Lüge weiterleben sollte, weil Aufrichtigkeit zu viel Schaden anrichten würde. Meiner Lesart zufolge hat Philosopher Two die Phasen 6 ½ durchlaufen, solange er noch zweifelte, ob es richtig sein kann, um des Aufrichtigkeitsgebotes willen der Frau einen Schaden zuzufügen. Die Entscheidung, mit der Lüge weiterzuleben, um den Schaden nicht anzurichten, ist dann jedoch eine Entscheidung, die offensichtlich dem Prinzip des situativ begründeten Prinzipienverstoßes verpflichtet ist, so dass Philosopher Two meinen Paradigmen zufolge mit dieser Entscheidung zur Stufe 7 übergetreten ist. Natürlich vertrete ich nicht den Anspruch, mit diesen kurzen Interpretationsskizzen von Untersuchungen, die ich selbst nicht durchgeführt habe, die Existenz der Stufen 6 ½ und 7 empirisch nachgewiesen zu haben. Ich denke aber, dass die Skizzen immerhin ausreichen, um den Verdacht zu nähren, dass Kohlberg und sein Team durch Kohlbergs strikte moralphilosophischen Vorgaben so ›betriebsblind‹ gewesen sein könnten, dass die von Gilligan und Murphy in ihrem Essay *Development from Adolescence to Adulthood* von 1979 formulierte Hypothese nicht weiter verfolgt werden konnte, der zufolge die auffälligen Probanden einen Fortschritt auf eine 7. Stufe ihrer Moralentwicklung gemacht haben.

(3) Mit der zweiten Implikation geht die dritte Implikation einher, dass die ›abtrünnigen Probanden‹ (für die Philosopher Two ja pars pro toto steht) sich schließlich tatsächlich dem ›Prinzip des situativ begründeten Prinzipienverstoßes‹ verpflichtet haben, und damit keineswegs zu ›Relativisten‹ geworden sind, wie in Kohlbergs Team ja angenommen wurde. Obwohl Philosopher Two selbst[116] seine moralische Entwicklung mit diesem Etikett charakterisiert, scheint mit diese moralphilosophische Kategorisierung falsch zu sein. Wie schon bemerkt wurde, bezeichnet das Etikett ›Relativismus‹ in der Moralphilosophie die Überzeugung, dass jede Kultur und jede soziale Gruppe abhängig von ihrer Lebensweise eine eigene Moralität entwickelt, so dass es letztlich keinen gemeinsamen Bezugspunkt für das Lösung von moralischen Konflikten geben kann. Zumindest in dem, was Gilligan und Murphy von der Argumentationsweise

---

116   Es heißt im englischen Wortlaut: »Then after the situation, I became more relativistic about it.« *Philosopher Two.* Zit. in *Gilligan/Murphy: Development from Adolescence to Adulthood.* 94. Vgl auch A. a. O. 85.

von Philosopher Two berichten, finden sich keine Hinweis auf eine solche moralische Position: An keiner Stelle bekennt sich Philosopher Two zu der Überzeugung, dass es viele kontextspezifische Moralen geben könnte. Er artikuliert vielmehr sein Ungenügen am prinzipiengeleiteten moralischen Urteilsverfahren und insbesondere an der Forderung, die moralischen Prinzipien anzuwenden, indem alles ausgeblendet werden soll, was die spezielle moralische Situation ausmacht und kennzeichnet. Philosopher Two bekennt immer wieder, dass er lange an die umfassende Macht von moralischen Prinzipien geglaubt habe, bis er in einem konkreten realen Dilemma die Erfahrung machen musste, dass es Kontexte gibt, in denen die Prinzipien ohne Modifizierung und Anpassung nicht zu passen scheinen. Damit ist Philosopher Two kein Relativist, sondern vielmehr ein desillusionierter Prinzipienmoralist, der lernen musste, dass die etablierten moralphilosophischen Prinzipien ihre Grenzen haben, und dass es Situationen geben kann, in denen es geboten ist, in ganz bestimmter Weise von ihnen abzuweichen. Kohlberg und sein Team hatten Probanden, die sich wie Philosopher Two durch entsprechende Erfahrungen in ihrem Glauben an moralphilosophische Prinzipien haben erschüttern lassen, fälschlicherweise als ›Relativisten‹ eingestuft, obwohl ihre Urteilsweisen keineswegs relativistische Merkmale angenommen hatten.

(4) Die vierte (und mit Blick auf die Dilemma-Methode wichtigste) Implikation lautet schließlich, dass es sich bei den Stufen 6 ½ und 7 um Fortschrittsstufen gegenüber Kohlbergs postkonventionellem Niveau handelt, und nicht um etwa um ein Abweichen in eine grundsätzlich andere Art des moralischen Argumentierens.

(4.1) Im Zusammenhang dieser Frage scheint mir erstens die Tatsache wichtig zu sein, dass es sich bei den angeblich ›rückfällig‹ gewordenen Probanden ausnahmslos um solche handelt, die zuvor schon auf einem auffällig hohen moralischen Niveau argumentieren konnten. Wie Kohlberg und Kramer in ihrer frühen Abhandlung ausdrücklich hervorheben, sollen die fraglichen Probanden »während der High School Zeit« zu den »Probanden mit dem am weitesten entwickelten moralischen Urteil«[117] gezählt und schon »eine Mischung aus konventionellem Stufe 4) und prinzipienorientiertem Denken (Stufe 5)« gezeigt haben sollen. Es ist auffällig, wie häufig die Autoren wiederholen, dass ausnahmslos alle der später auffällig gewordenen Probanden »während ihrer High-School-Zeit« von Lehrern und Mitschülern, was ihr Verhalten und ihren

---

117 *Kohlberg/Kramer: Continuities and Discontinuities.* A. a. O. 64 f. Verweis auf *Kramer: Changes and Moral Judgment Response Pattern during Late Adolescence and Young Adulthood.* A. a. O. insg.; sowie auf *ders.: Progression an Regression in Adolescent Moral Development.* A. a. O. ings.

Charakter anbetraf, sehr positiv beurteilt worden« seien. So sei beispielsweise der sogenannte ›Nietzscheaner‹ »auf der High School der am meisten geachtete Präsident der Schülerversammlung seit Jahren gewesen«. Moralisch hochentwikkelt sind Jugendliche nur, wenn sie sich für moralische Fragen interessieren und einen ausgeprägten Gerechtigkeitsinn sowie ausgeprägte moralische Intuitionen haben. Allein aus Büchern (und sei es die *Kritik der Praktischen Vernunft)* kann man über Moral nichts lernen. Wer aber ausgeprägte moralische Intuitionen hat, merkt schneller als andere, dass man selbst mit den angeblich universalen Prinzipien der etablierten Moralphilosophie nicht immer zu Entscheidungen gelangt, die man auch verantworten will. Und vielleicht merkt man auch, dass eine ausschließliche Orientierung an solchen Prinzipien in Extremfällen sogar provozierend dumm sein kann, so dass man wie der ›Nietzscheaner‹ in Kohlbergs Probandengruppe durchaus auf die (natürlich ebenfalls dumme) Idee kommen kann, eine Uhr zu stehlen, um zu demonstrieren, dass zur Moralität auch ein gewisser Realitätssinn gehört. In diesem Zusammenhang scheint mir wichtig zu sein, dass der ›Nietzscheaner‹ einen Freund (und nicht einen Fremden) bestohlen hat, der ihm »zu gut, christusähnlich und vertrauensvoll«erschienen ist. Damit kann es in meinen Augen nämlich keinen Zweifel geben, dass es dem Probanden nicht um die Uhr gegangen ist, sondern um eine Auseinandersetzung mit seinem Freund über Moral: Wenn der Freund die Uhr betrauert hätte, hätte er sie postwendend zurückgeben können. Das wiederum bedeutet für mich, dass man die Handlung des Probanden auf jeden Fall nicht der Stufe 2 von Kohlbergs ursprünglicher Stufenfolge zuordnen kann, auf der sich das Handeln ja an egoistischen Interessen orientieren soll. Egoistisch war das Handlungsmotiv des ›Nietzscheaners‹ definitiv nicht. In dieselbe Richtung deutet es, dass er sich zunächst nicht schuldig gefühlt haben, sondern lediglich etwas »frustriert« gewesen sein will, »weil sein Plan« insofern gescheitert ist, dass der »vertrauensselige Freund« von »der Möglichkeit eines Diebstahls einfach nicht zu überzeugen«[118] gewesen sei. Wichtig scheint mir zweitens auch die Tatsache zu sein, dass da jemand eine Freundschaft aufs Spiel setzt, um seiner Auffassung über Moral einen drastisch deutlichen Ausdruck zu geben. Das tut niemand, der im Sinne von Kohlbergs ursprünglicher Stufenfolge am Anfang seiner Moralentwicklung steht oder aus welchen Gründen auch immer regrediert ist. Es kann für mich vielmehr keinen Zweifel geben, dass der Proband eine skeptische Zwischenphase durchmacht, die in meinen Augen als Stufe 6 ½ etikettiert werden sollte, weil sie durch die Erfahrung charakterisiert ist, dass die universalen Prinzipien der Philosophie allem Anspruch auf Universalität zum Trotz auch nicht der Weisheit letzter Schluss sind, weil sie in Einzelfällen zu moralisch kontraintuitiven

118 *Kohlberg/Kramer: Continuities and Discontinuities.* A. a. O. 68.

Entscheidungen und Handlungen führen würden, und weil ein erwachsener Mensch tatsächlich naiv und realitätsfremd wirkt, wenn er kompromisslos und ohne jeden Vorbehalt an eine wohlgeordnete Wirklichkeit und das Gute im Menschen glaubt.

(4.2) Ebenso wichtig scheint mir die Tatsache zu sein, dass sich die Regression bei ausnahmslos keinem der Probanden dauerhaft etabliert und verfestigt haben soll. Ausdrücklich verweisen Kohlberg und Kramer ja darauf, dass »dieselben geheimnisvollen Entwicklungskräften die diese 20 % unserer Probanden von der stabilen konventionellen Moral zu einer Trotzmoral Raskolikowscher Prägung« geführt hätten, schließlich auch »alles wieder in Lot gebracht« hätten., weil nämlich schließlich »jeder einzelne« im »Alter von 25 Jahren zu einer Moral, die durch eine Mischung aus Stufe 4-und Stufe 5-Urteilen gekennzeichnet ist, zurückgekehrt sei, wobei Stufe 5 (Orientierung am, Prinzip des Sozialvertrags) etwas häufiger und Stufe 4 (Orientierung an Konventionen) etwas seltener zu finden« gewesen sei »als während der High-School-Zeit«[119]. Ich persönlich kann es mir nun schlicht nicht vorstellen, dass irgendjemand (und erst recht nicht jemand mit einer ausgeprägten moralischen Sensibilität) ohne Modifikationen zu einer moralischen Urteilsstrategie zurückkehrt, die er einmal verlassen hat. Auch deshalb glaube ich an einen Fortschritt über eine Stufe 6 ½ zu einer Stufe 7.

(4.3) Wichtig scheint mir drittens auch zu sein, dass »die betreffenden Personen« ihre »frühere Fähigkeit zu Urteilen auf Stufe 4 und 5« nicht verloren haben sollen, als sie sich plötzlich dem nur auf der 2. Stufe einzuordnenden »ichbezogenen Relativismus« zuwandten. Das wiederum lässt sich den Autoren zufolge erstens dadurch belegen, dass sie »auch während der Phase der Regression weiterhin ab und zu auf Stufe 4 oder 5« geurteilt hätte; zweitens daran, dass sie »auf die Bitte, unsere Dilemmata so zu beantworten, wie es allgemein als hochmoralisch angesehen würde, meistens geradlinige auf Stufe-4-Antworten« zugesteuert sein, und drittens daran, dass sie ja schließlich zur »Stufe 4 und 5« zurückkehrt seien, was für die Autoren besonders deutlich darauf hinweist, dass »diese Stufen überhaupt nie richtig verlassen wurden«[120]. Insbesondere letzteres ist nun in meinen Augen ein deutlicher Hinweis darauf, dass keine Regression stattgefunden hat, sondern eine bewusste Opposition im Sinne einer Stufe 6 ½.

(4.4) Aus den drei genannten Gründen kann es in meinen Augen keinen Zweifel geben, dass Gilligan und Murphy die Entwicklung von Philosopher Two (stellvertretend für alle ›abtrünnigen Probanden‹) zurecht als Fortschritt betrach-

---

119 *Kohlberg/Kramer: Continuities and Discontinuities. A. a. O.* 69.
120 *Kohlberg/Kramer: Continuities and Discontinuities. A. a. O.* 69.

ten, während sie das beharrliche Festhalten an seinen moralischen Prinzipien von Philosopher One als Hinweis auf einen »Mangel an Reife«[121] deuten. Dafür spricht zum einen, dass Philosopher Two im Nachhinein selbst vom Überwinden eines Zustandes der »Blendung«[122] spricht. Wichtig scheint mir zum anderen auch zu sein, dass Philosopher Two schließlich auch seine Einstellung gegenüber hypothetischen Dilemmata geändert haben soll: Während Philosopher One »fünf Jahre später« im Falle von hypothetischen Dilemmata immer noch nach Prinzipien zur Lösung der Dilemmata suchte, hat der »kontextualistische Relativismus« das moralische Denken von Philosopher Two mittlerweile so »geprägt«[123], dass er es auch im Falle von hypothetischen Dilemmata zur Anwendung bringt.

(5) Ein kurzes Zwischenfazit. Ich möchte nun also dafür plädieren, Kohlbergs Stufenfolge zumindest mit Blick auf die Praxis des Ethik-Unterrichts in der Schule um eine 7. Stufe des situativ begründeten Prinzipienverstoßes und eine vorgelagerter Übergangsstufe 6 ½ der Verunsicherung an der universalen Reichweite von moralphilosophischen Prinzipien erweitern. Wie ich gezeigt habe, kann ich für dieses Plädoyer zwei Gründe ins Feld führen.

(1) Zum einen kann selbst der strengste Prinzipienmoralist nicht leugnen, dass es Situationen geben kann, in denen die etablierten moralphilosophischen Prinzipien in puristischer Anwendung zu einer Entscheidung führen kann, von der ein verantwortlicher moralischer Akteur wissen kann, dass er sie nicht verantworten kann und deshalb nicht wollen sollte. Selbst wenn man also Kohlbergs moralphilosophische Fundamentalüberzeugung teilt, dass die SchülerInnen unserer Schulen möglichst umfassend in die Lage zum prinzipiengelenkten moralischen Urteilen versetzt werden sollen (wie ich eingangs schon deutlich bemerkt habe, ist die Prinzipienmoral sicherlich eine besonders wichtige Moral, aber nicht die einzige, die unsere SchülerInnen im Ethik-Unterricht kennenlernen sollten), muß zumindest im fortgeschrittenen Ethik-Unterricht unbedingt ein Kontrapunkt zu der von Kohlberg und seinem Team

---

121   Es heißt im englischen Wortlaut: »The almost exclusive concern with logical consistency at the expense of empirical verification suggest a lack of maturity of the type described by Piaget and Labouvie-Vief.« *Philosopher One.* Zitiert in *Gilligan/Murphy: Development from Adolescence to Adulthood.* A. a. O. 94.

122   Es heißt im englischen Wortlaut: »The justice approach was really blinding me to a lot of issues.« *Philosopher Two. Gilligan/Murphy: Development from Adolescence to Adulthood.* A. a. O. 96.

123   Es heißt im englischen Wortlaut: »Five years later a tage twenty seven, this contextual relativism has invaded his hypothetical moral reasoning as well.« *Gilligan/Murphy: Development from Adolescence to Adulthood.* A. a. O. 95.

ja explizit vertretenen Überzeugung gesetzt werden, dass man ausnahmslos immer zu der einen moralisch richtigen Entscheidung gelangt, wenn man die Prinzipien der Moralphilosophie nur richtig anzuwenden weiß und konsequent zu befolgen bereit ist. Um es ganz deutlich auszudrücken: Für mein Plädoyer für eine Erweiterung von Kohlbergs Stufenfolge um eine 7. Stufe des situativ begründeten Prinzipienverstoßes führe ich vor allem das normative Argument ins Feld, dass es in meinen Augen nicht zu verantworten wäre, wenn in unseren Schulen puristische Prinzipienmoralisten ›herangezüchtet‹ würden.

(2) Mein zweites Argument ist ungleich schwächer: Es besteht nämlich lediglich in der Vermutung, dass man das Phänomen der ›abtrünnig‹ gewordenen Probanden, welches die Kohlberg-Gemeinde (wie zu Beginn dieses Kapitels gezeigt) ja bis in die späten achtziger Jahre des letzten Jahrhunderts beschäftigt hat, besonders elegant und einfach erklären kann, wenn man annimmt, dass die betreffenden Probanden den Fortschritt auf die 7. Stufe des situativ begründeten Prinzipienverstoßes vollzogen haben, was aber von Kohlberg und seinem Team nicht erfaßt werden konnte, weil ihre Untersuchungsraster einen solchen Fortschritt ja gar nicht vorgesehen haben. Aber natürlich steht dieses empirische Argument auf tönernen Füßen, solange es keine entsprechenden empirischen Untersuchungen gibt. Deshalb führe ich es als Moralphilosophin lediglich zur zusätzlichen Plausibilisierung ins Feld.

Will man meinem Erweiterungsvorschlag Folge leisten, hätte Kohlbergs Stufenfolge folgende Struktur:

Stufe	Begründungsmuster
1.	Orientierung an angedrohter Strafe, Gehorsam, Autorität
2.	Orientierung an möglichen Belohnungen
3.	Orientierung an Lob, Aufmerksamkeit, Anerkennung der sozialen Gruppe
4.	Orientierung an den Pflichten der sozialen Gruppe
5.	Entscheidung aus grundsätzlicher Anerkennung und Achtung vor dem Gesetz
6.	Orientierung an universalen moralphilosophischen Prinzipien wie dem Kategorischen Imperativ z. B.
6 ½	Zwischenphase der Verunsicherung durch die Erfahrung der moralischen Kontra-Intuitivität mancher prinzipiengelenkten Entscheidungen
7.	Orientierung am Prinzip des situativ begründeten Prinzipienverstoßes

(6) Die Stufen 6 ½ und 7 im Ethik-Unterricht. Eine Unterrichts-einheit, deren Ziel die Ausbildung der Fähigkeit zum situativ begründeten Prinzipienverstoß wäre, könnte etwa in folgenden Phasen ablaufen.

(1) Wie schon mehrfach betont, baut die 7. Stufe auf der 6. Stufe auf. Eine Unterrichtsreihe, in der die siebente Stufe anvisiert werden soll, ist also nur unter der Voraussetzung sinnvoll, dass die Dilemma-Methode in ihrer konventionellen Form schon zu Einsatz gekommen ist und entsprechende Resultate gezeitigt hat. Zum Einstieg in die Unterrichtsreihe zur 7. Stufe bietet es sich insofern an, im Sinne einer Wiederholung an alte Unterrichtsreihen zur sechstufigen Dilemma-Methode anzuknüpfen. Falls das gute alte Heinz-Dilemma das Beispiel gewesen sein sollte, könnte die Lehrperson beispielsweise ein Arbeitsblatt herumgeben, in das die Schüler in Kleingruppen noch einmal die Urteilsbegründungen eintragen, die Kohlbergs sechstufigem Modell zufolge für die sechs Stufen der Moralentwicklung kennzeichnend wären.

(2) Das Beispiel für die Unterrichtsreihe zur Stufe 7 sollte dann aber von der Lehrperson sorgfältig ausgesucht sein, und es sollte am besten nicht aus dem Katalog von Kohlbergs Dilemmata stammen, weil diese ja zumindest Kohlbergs Vorgaben zufolge auf der 6. Stufe eine eindeutige Lösung haben sollen. In meinen Augen könnte sich eine Situation eignen, wie sie in Kants Schrift *Über ein vermeintliches Recht zu lügen* geschildert wird. Wem diese Situation zu konstruiert zu sein scheint, kann eine analoge Situation konstruieren. So könnte man die SchülerInnengruppe beispielsweise bitten, sich vorzustellen, sie lebten während der Nazi-Zeit in den Niederlanden und wüssten, dass die Nachbarn in ihrer Wohnung eine jüdische Familie aufgenommen haben. Ausgehend von dieser Situation soll dann die Frage in den Raum gestellt werden, ob man sein Wissen preisgeben muss, falls eines guten Tages ein Trupp SS-Leute vor der Tür stehen und fragen sollte, ob im Nachbarhaus Juden versteckt werden oder nicht. Weil die siebente Stufe ja eine sehr fortgeschrittene Moralentwicklung voraussetzt, kann angenommen werden, dass die SchülerInnen sich im Geschichtsunterricht mit den Nazi-Verbrechen schon befasst und vielleicht sogar das *Tagebuch der Anne Frank* gelesen haben. Ansonsten sollte die Lehrperson entsprechende Informationen in einer ersten klärenden Phase nachliefern. Insgesamt dient diese zweite Phase (genau wie die erste Phase der konventionellen Dilemma-Methode) der Einführung des Beispiel-Dilemmas und der Vergewisserung durch die Lehrperson, dass das Dilemma in seinen wesentlichen Konstellationen auch verstanden wurde.

(3) Anschließend könnte ebenfalls genauso verfahren werden, wie es schon die

konventionelle sechsstufige Dilemma-Methode vorgibt. Es könnte so verfahren werden, dass die SchülerInnen ihre unmittelbaren moralischen Intuitionen zum Ausgangspunkt dafür nehmen, ein erstes moralisches Urteil zu fällen. Die Lehrperson sollte die Positionen einschließlich ihrer Begründungen an der Tafel o. ä. festhalten und eventuell mit Blick auf den nächsten Schritt schon einmal vorsortieren.

(4) Nach einer kurzen Diskussion der ersten Urteile sollten die Urteile im Klassenverband auf ihre Begründungsmuster hin analysiert und in Kohlbergs Stufenfolge eingeordnet werden.

(5) Mit der fünften Phase werden dann die Weichen neu gestellt. Die Phase dient der Vorbereitung der sechsten Phase, in welcher in den SchülerInnen im Sinne der Zwischenstufe 6 ½ die Erfahrung machen sollen, dass es Situationen geben kann, in denen die Moralprinzipien der Philosophie zu einer Entscheidung führen würden, die sie als moralische Akteure nicht wirklich wollen würden. Damit die Schülergruppe nun tatsächlich selbst eine Erfahrung der Verunsicherung machen können (und nicht etwa durch die Lehrperson auf die Möglichkeit einer solchen Erfahrung im Rahmen eines Vortrags beispielsweise hingewiesen werden müssen), sollte die Lehrperson allen sicherlich berechtigten Zweifeln an ›Scheinaufgaben‹ zum Trotz in der 5. Phase zu genau diesem didaktischen Mittel einer ›Scheinaufgabe‹ greifen (vgl. Einwand II.6.1). Sie sollte den Schülern nämlich die Aufgabe stellen, die sechsstufige Kohlbergsche Tabelle, die in der vierten Phase zum vorliegenden Dilemma schon angelegt wurde, zu vervollständigen. Dabei sollte die Lehrperson die Erwartungshaltung schaffen, dass die Aufgabe (wie von der konventionellen Dilemma-Methode her ja bekannt) letzlich auf das Auffinden der einen richtigen Lösung durch die Anwendung von moralphilosophischen Prinzipien abzielt. Insgesamt sollte die Lehrperson in der fünften Phase also die Aufgabe stellen, nach dem Vorbild der Liste möglicher moralischer Urteilsbegründungen zum Heinz-Dilemma moralische Urteile zur vorliegenden Situation zu entwickeln, die in Kohlbergs Modell auf den Stufen 1–6 einzuordnen wären. Das Resultat könnte etwa so aussehen:

Stufe	Begründungsmuster	Pro Aufrichtigkeit	Contra Aufrichtigkeit
I.	Strafe, Gehorsam, Autorität	Die SS würde mich bestrafen, wenn ich lügen würde.	Mein Vater hat gesagt, dass ich lügen soll, wenn die SS kommt.

2.	Belohnungen, individuellen Interesse im Austausch	Die SS würde mich belohnen. Vielleicht dürfte ich einmal auf dem Motorrad mitfahren.	Ich kann die Nachbarn um Schokolade erpressen, wenn ich sage, dass die Gestapo da war.
3.	Lob, Aufmerksamkeit, Anerkennung der sozialen Gruppe	Die Partei und der Führer wären stolz auf mich.	Wenn die Nachbarn erfahren, dass ich der Denunziant war, spricht niemand mehr mit mir
4.	Pflichten der sozialen Gruppe	Es ist meine Pflicht als Deutscher, das Verstecken von Juden anzuzeigen.	Als Niederländer mache ich mit den Deutschen keine gemeinsame Sache.
5.	Anerkennung und Achtung vor dem Gesetz	Die SS-Leute sind Vertreter der Staatsmacht. Also muss ich kooperieren.	Die SS-Schergen sind als Vertreter der Besatzungsmacht nicht demokratisch legitimiert. Deshalb darf man sie nicht unterstützen.
6.	Orientierung an universalen moralphilosophischen Prinzipien	Man darf unter keinen Umständen lügen, und für den Tod der jüdischen Menschen wäre die SS verantwortlich.	Ein Menschenleben ist höher als das Aufrichtigkeitsgebot zu bewerten.

(6) Die zentrale Gelenkstelle der Unterrichtseinheit ist dann mit der sechsten Phase erreicht, in der Zweifel an den dem Anspruch nach universalen moralphilosophischen Prinzipien als der Weisheit letzter Schluss im Sinne des Zwischenstadiums 6 ½ zunächst geweckt und dann auch verbalisiert werden sollen. Damit diese Phasen so ablaufen, dass sich ein Übergang in die siebente Phase organisch ergibt, in der mit der Etablierung des Prinzips des situativ begründeten Prinzipienverstoßes begonnen werden soll, muss die Beispielssituation entsprechend ausgewählt worden sein. Sie muss so konstruiert sein, dass sich bei der Frage nach einer universalisierbaren moralischen Entscheidung entweder die Situation ergibt, dass sich mit vergleichbar guten Gründen zwei entgegengesetzte Entscheidungsoptionen aufdrängen, oder dass sich eine Entscheidung aufdrängt, zu der es eine prominente moralphilosophische Gegenposition gibt, die ebenfalls den Anspruch auf Universalisierbarkeit erhebt. Im ersten Fall hat man es mit einem unauflösbaren moralischen Dilemma zu tun. Damit werde ich mich im nächsten Kapitel III. befassen. Meine Beispielsituation in diesem Abschnitt ist so gewählt, dass die SchülerInnengruppe sich vermutlich relativ

einhellig und eindeutig dafür entscheiden wird, dass nur eine Entscheidung für einen Verstoß gegen das Aufrichtigkeitsgebot den Anspruch auf Universalisierbarkeit erheben kann, weil Menschenleben immer mehr wiegen müssten als solche Gebote. Sobald die SchülerInnengruppe zu diesem Resultat gelangt ist, sollte die Lehrperson versuchen, die Sicherheit der SchülerInnengruppe zu irritieren, indem sie eine Argumentation ins Spiel bringt, die ebenfalls mit Anspruch auf Universalisierbarkeit die entgegengesetzte Position vertritt. Im vorliegenden Fall bietet es sich an, dass sich die SchülerInnengruppe in Kleingruppen mit Kants Abhandlung *Über ein vermeintliches Recht, aus Menschenliebe zu lügen* befasst. Das Ziel der sechsten Phase wäre erreicht, wenn die SchülerInnengruppe Kants Argumentationsgang soweit nachvollziehen kann, dass sie verstehen, dass Kant sein striktes Lügenverbot hier ausdrücklich unter Orientierung an einem universalen moralphilosophischen Prinzip verteidigt. Schließlich soll es in der 5. Phase ja um die Erschütterung des unbedingten Glaubens an die universelle Reichweite und Leistungsfähigkeit solcher Prinzipien im Sinne der Stufe 6 ½ gehen.

(7) Nachdem sich die Lehrperson versichert hat, dass die SchülerInnen den philosophisch ja durchaus anspruchsvollen Text wirklich verstanden haben, sollte die Unterrichtseinheit in eine siebte Phase übergehen, in der die Zweifel an der universalen Leistungsfähigkeit moralphilosophischer Prinzipien bekräftigt werden. Das könnte beispielsweise im Rahmen einer Diskussionsrunde bestehen, in welcher die Lehrperson beispielsweise Nagels Einwand des »moralischen Eigennutzes«[124] ins Spiel bringen könnte, von dem oben ja schon die Rede war (vgl. Argument II.2.4). Man könnte aber auch sehr viel schlichter an die Situation herangehen, indem man die Frage zur Diskussion stellt, ob man jemanden tatsächlich für ein moralisches Vorbild halten würde, der seinen Freund einem Mörder ausliefert, weil er vermeiden will, sich der Lüge schuldig zu machen.

(8) Wenn alles so gelaufen ist, wie ich es am grünen Tisch der Didaktik-Theorie geplant habe, stehen zu Beginn der achten Unterrichtsphase jetzt also zwei mögliche Entscheidungen im Raum. Die Entscheidung für die Lüge und für das Menschenleben wäre von den moralischen Intuitionen der SchülerInnen getragen. Die entgegengesetzte Entscheidung für unbedingte Aufrichtigkeit in jeder Situation könnte sich hingegen auf den Kategorischen Imperativ von Kant berufen. Und wahrscheinlich besteht jetzt bei den SchülerInnen die Tendenz, Kant einen guten Mann sein zu lassen und ihren moralischen Intuition folgen zu wollen. Das universalistische Niveau der 6. Stufe soll nun durch die

124 *Nagel: War and Massacre.* A. a. O. 95.

Unterrichtseinheit allerdings nicht schlicht negiert (oder gar wieder unterschritten), sondern tatsächlich im Sinne einer 7. Stufe transzendiert werden. Wie in Abschnitt II.3. ja schon hervorgehoben, wäre es für eine Argumentation auf der 7. Stufe charakteristisch, dass der hohe Wert von universalen moralphilosophischen Prinzipien grundsätzlich anerkannt und betont wird, dass aber dennoch auf der Basis einer ausdrücklichen Anerkennung und Wertschätzung dieser Prinzipien begründet werden kann, warum mit Blick auf die konkret vorliegende Situation eine Ausnahme gemacht werden muss, wobei die Begründung beanspruchen können sollte, dass alle vernünftigen moralischen Akteure ihr unter genau ähnlichen Bedingungen zustimmen müssten. Deshalb ist nun eine achte Phase vonnöten, in welcher die SchülerInnen die Einsicht gewinnen, welchen Preis es hätte, wenn man die prinzipienmoralische Entscheidung in einer Situation wie der vorliegenden ignorieren würde, um statt dessen schlicht aus dem Bauch heraus die Entscheidung zu treffen, die situativ angemessen zu sein scheint.

(8.1) Diese Einsicht könnte zum einen durch einen entsprechenden moralphilosophischen Text vermittelt werden. Sollte die Lehrperson tatsächlich ein Beispieldilemma konstruiert haben, dass Kants Lügenschrift nachempfunden ist, würden sich die beispielsweise Überlegungen anbieten, die Henry Sidgwick zu dieser Schrift in seinem Buch *The Methods of Ethics* von 1874 anstellt. Im 3. Kapitel des IV. Buches betont Sidgwick zunächst, dass »die allgemeine Nützlichkeit, die Wahrheit zu sagen«, so offensichtlich sei, dass sie gegenüber dem gemeinen Menschenverstand nicht weiter »bewiesen zu werden braucht«. Sobald »diese Nützlichkeit« aber »einmal nicht vorhanden zu sein scheint oder durch schlechte Folgen aufgewogen wird«, zögere »der gemeine Menschenverstand« jedoch erfahrungsgemäß, »die Regel durchzusetzen«. Sobald jemand beispielsweise »verbrecherische Zwecke« verfolge, scheine es für den gemeinen Menschenverstand festzustehen, dass es »für die Gesellschaft nachteilig« wäre, »wenn ihm dadurch geholfen« würde, »dass er sich auf die Aussagen anderer verlassen kann«. Insofern schiene dem gesunden Menschenverstand hier »die Täuschung als Schutz gegen das Verbrechen berechtigt« zu sein. Aber bevor man zu diesem Urteil kommt, sollte man nach Sidgwick im Sinne von Kohlbergs ursprünglich definiertem postkonventionellem Urteilsniveau das Problem der »schlechten Wirkungen des Beispiels selbst einer einzigen Unwahrhaftigkeit auf die Gewohnheit« erwogen haben, was den Fall aller intuitiven Eindeutigkeit zum Trotz »nach utilitaristischen Prinzipien« eben doch zumindest »zweifelhaft« erscheinen lässt. Der gemeine Menschenverstand sei viel zu schnell geneigt, eine etalierte moralische Regel wie das Lügenverbot beispielsweise in »Ausnahmefällen« aufzuheben, obwohl der gemeine Menschenverstand letztlich zustimmen würde, wenn ihm der Standpunkt des wissenschaftlichem Utilitarismus klar gemacht würde, dem zufolge »die Nützlichkeit, eine allgemeine Gewohnheit, die Wahrheit zu sagen, so groß ist, dass es nicht leicht ist, zu beweisen, dass sie auch durch triftige Gründe zur Verletzung der Regel aufgewogen wird«[125]. Bezeichnenderweise bekräftigt Sidgwick im 5. Kapitel dieses postkonventionelle Argument gegen die Aufhebung des Lügenverbots noch einmal. Hier heißt es, dass man es auch dann nicht »für berechtigt« halten kann, »dass alle Menschen lügen, wenn sie wollen«, wenn »das vorhandene Empfinden gegen das Lügen« besonders »stark« ist, weil dieses Empfinden »voraussichtlich verloren gehen würde, sobald die Berechtigung zum Lügen allgemein anerkannt wäre.« Das bedeutet aber wieder nicht, dass sich Sidgwick sich letztendlich Kant anschließen würde. Mit dem Argument, dass faktisch die wenigstens Menschen »aufgeklärte Utilitarier« seien, ist es nach Sidgwick in der »augenblicklich bestehenden Gesellschaft« letztlich nämlich »denkbar«, dass die »praktisch tätige Moral« von einer »einzelnen Handlung oder der geäußerten Meinung eines Einzelnen« gar nicht »berührt wird«[126]. Nur wenn das als gesichert gelten kann, sollte man sich nach Sidgwick in Fällen wie dem von Kant skizzierten für einen einmaligen Verstoß gegen das Lügenverbot entscheiden. Dass Sidgwick damit keinesfalls im Sinne des frühen Kohlbergs auf eine relativistische Stufe 4 ½ zurückgefallen ist, sondern das Niveau der sechsten Stufe tatsächlich im Sinne meiner siebenten Stufe des situativ begründeten Prinzipienverstoßes transzendiert hat, beweist die Tatsache, dass Sidgwick zu guter Letzt noch einmal ausdrücklich betont, wie »selten« solche Umstände seien, in denen »eine wirklich gewissenhafte Person« begründet annehmen kann, dass sie »wahrscheinlich kein Unheil« anrichten wird, wenn sie eine einzelne »Verletzung einer Regel« billigt, »deren allgemeine (wenn auch nicht universelle) Befolgung« ihr »durchaus zweckmäßig«[127] zu sein scheint.

(8.2) Die Unterrichtseinheit kann jedoch auch ohne erneutes Zu-Rate-Ziehen von anspruchsvoller philosophischer Literatur zu dem Resultat kommen, dass Regeln ihren wertvollen Charakter als Handlungsanleitung verlieren können, wenn man sie beliebig brechen kann. Anbieten würde sich beispielsweise das einfache Mittel einer Spielrunde, bei der den Spielern zugestanden wird, die Grundregeln des Spiels ihren situativen Interessen entsprechend ständig zu modifizieren. Die SchülerInnen werden sehr schnell zu der Einsicht gelangen,

---

125 *Sidgwick, Henry: The Methods of Ethics.* London 1874. Im Text zit. nach *ders.: Methoden der Ethik.* Übers. V. C. Bauer. Leipzig 1909, 226 f. Sidwick erwähnt den Namen Kants hier nicht explizit, aber es kann kein Zweifel sein, dass von der umstrittenen *Lügenschrift* von 1797 die Rede ist.
126 *Sidgwick: Methods.* A. a. O. 265. Im §3 des 5. Kapitels geht es um Überlegungen zu der Frage, ob die allgemeinen utilitaristischen Regeln Ausnahmen zulassen können oder nicht
127 *Sidgwick: Methods.* A. a. O. 265.

dass jedes Spielen durch das Einführen einer solchen Meta-Regel unmöglich wird.

(9) In der achten Phase sind die SchülerInnen im Bestfall zu der Einsicht gelangt, dass jeder situativ begründete Prinzipienverstoß selbst wieder prinzipiellen Charakter haben muß, damit er nicht in bloße Willkür ausartet und das moralische Regelwerk insgesamt beliebig zur Disposition stellt. Damit ist nun der Grundstein gelegt, das Prinzip des situativ begründeten Prinzipienverstoßes zu etablieren, indem in einer neunten Phase das Kriterium der situationsspezifischen Universalisierung eingeführt wird. Das könnte methodisch durch eine kurze Rekapitulation dessen geschehen, was in der Unterrichtseinheit bis zu diesem Zeitpunkt schon geschehen ist. Nach den entsprechenden Vorbereitungen (Phasen 1–5) haben die SchülerInnen zunächst einmal die Erfahrung gemacht, dass es Situationen geben kann, in denen moralische Prinzipien zu Entscheidungen führen würden, die der moralisch sensible Akteur nicht verantworten will. Ausgehend von dieser Erfahrung sind sie zu dem Schluß gekommen, dass man wohl in einigen wenigen Ausnahmefällen doch von dem abweichen muß, was die Moralprinzipien bei strikter Anwendung vorschreiben würden, wenn man mit seinen eigenen moralischen Intuitionen im Einklang und mit seinem Gewissen im Reinen bleiben will (Phasen 6–7). Dann aber haben die SchülerInnen die Erfahrung gemacht, dass sie die Prinzipien der Moral und das daraus resultierende moralische Regelwerk nicht per se über den Haufen werfen und in jeder moralisch brisanten Situation neu zur Disposition stellen wollen (Phase 8). Wie bringt man diese beiden scheinbar so widersprüchlichen Erfahrungen auf einen Nenner? Diese Frage könnte die Lehrperson den SchülerInnen stellen. Und wenn alles so läuft, wie ich es mir vorstelle, würde spätestens jetzt von Seiten der SchülerInnen die fast ungeduldige Reaktion kommen, wo denn das Problem läge, weil man die Regeln der Moral ja schließlich nicht per se verletzen und über den Haufen werfen wolle, sondern nur in der vorliegenden Situation. Und das sei jawohl auch vom Standpunkt einer Prinzipienmoral aus zu rechtfertigen, insofern man aufrichtig der Überzeugung sein kann, dass jeder in der vorliegenden Situation so handeln solle – womit das Kriterium der situationsspezifischen Universalisierung in seinen wesentlichen Details benannt wäre. Wie in Abschnitt II.3. ausgeführt wurde, ist das Kriterium erfüllt, wenn der moralische Akteur unter Berücksichtigung der berechtigten Interessen aller, die von der Entscheidung betroffen sind, aufrichtig wollen kann, dass jeder in einer genau ähnlichen Situation in der genau Weise gegen das moralische Prinzip verstößt, wie es ihm selbst in der vorliegenden Situation geboten zu sein scheint. Mit der ungeduldigen Schüleräußerung wäre das Kriterium charakterisiert, wenn das entsprechende moralphilosophische Etikett auch noch fehlen mag.

(10) Der Etikettierung und Formalisierung dient dann die zehnte Phase. Situationsspezifische Universalisierung soll geben sein, wenn der moralische Akteur unter Berücksichtigung der berechtigten Interessen aller, die von der Entscheidung betroffen sind, aufrichtig wollen kann, dass jeder in einer genau ähnlichen Situation in der genau Weise gegen das moralische Prinzip verstößt, wie es ihm selbst in der vorliegenden Situation geboten zu sein scheint. Was dieses Kriterium bedeutet, kann die Lehrperson den SchülerInnen am besten durch ein Gedankenexperiment nahebringen, in dem die Situation in ihren wesentlichen moralischen Komponenten gleich bleibt, während sich die beteiligten Personen ändern. In Kants *Lügendilemma* ist ein namenloser Freund eines namenlosen moralischen Akteurs von einem ebenso namenlosen Mörder bedroht. In unserem Beispieldilemma ist hingegen die Familie des jüdischen Mädchens Anne Frank von den SS-Verbrechern bedroht, und ein namenloser Nachbar niederländischer Staatsbürgerschaft steht vor der Frage, ob er das Versteck der Franks preisgeben soll oder nicht. Ändert das etwas an der grundsätzlichen Entscheidung für einen Verstoß gegen das Aufrichtigkeitsgebot im vorliegenden Fall, oder können die SchülerInnen tatsächlich wollen, dass ausnahmslos jeder unter vergleichbaren Umständen gegen das Aufrichtigkeitsverbot verstößt? Wenn die SchülerInnen diese Frage bejahen (und ich gehe einmal davon aus, dass das der Fall sein wird), könnte man die situationsspezifische Regel etablieren, dass jeder gegen das Aufrichtigkeitsverbot verstoßen sollte, wenn nur damit das Leben eines Unschuldigen gerettet werden kann. Sollten die SchülerInnen im Zuge eines solchen ›Experiments des ausgetauschten Protagonisten‹ bis zu diesem Punkt gelangen (und ich gebe zu, dass sie dann sehr weit gekommen wären; vgl. dazu Einwand II.6.2), dann hätten sie verstanden, was das Prinzip des situativ begründeten Prinzipienverstoßes vom moralischen Akteur fordert, und warum das Kriterium der situationsspezifischen Universalisierung zu einer Etablierung neuer, situationsspezifischer Prinzipien führt, aber weder zu einer beliebigen Aushöhlung der Prinzipienmoral noch zu einem Relativismus.

(11) Die abschließende Phase der Unterrichtseinheit sollte in einer Analyse der bislang entwickelten post-universalen Position und Argumentationsstrategie bestehen. Den Abschluss sollte eine Rekapitulation des Prozesses bilden, wobei natürlich auch die Grenzen und Schwierigkeiten der Prozedur der situationsspezifischen Universalisierung zur Sprache kommen sollten (vgl. dazu Abschnitt II.7. insgesamt).

Graphisch dargestellt, könnte eine Unterrichtseinheit zur Etablierung des Prinzips des situativ begründeten Prinzipienverstoßes folgende Form haben:

Phase	Aktivität der SchülerInnen	Ziel	Aktivität der Lehrerperson
1.	Wiederholung Heinz-Dilemma	Anschluß an das Lernergebnis der sechsstufigen Dilemma-Methode	Moderation und Erstellen eines Tafelbildes
2.	Erste intuitive Reaktion	Bekanntschaft mit einem neuen Dilemmas	Präsentation eines Dilemmas, dessen Lösung bei reiner Prinzipienorientierung kontraintuitiv wäre. Rückversicherung, ob das Dilemma und alle Begriffe etc. verstanden worden sind. Eventuell Klärung.
3.	Formulierung der Position mit Begründung (eventuell in Gruppen)	Festlegung einer ersten Position	Moderation und Auflistung an der Tafel o. ä.
4.	Diskussion der Begründungen im Klassenverband	Wiederholung der sechs Stufen des moralischen Begründens nach Kohlberg	Moderation mit Blick auf die Einordnung der Positionen in Kohlbergs 6-stufigem Schema
5.	Entwicklung von moralischen Urteilen zur Lügen-Situation nach dem Vorbild von Kohlbergs Kategorisierung der möglichen Urteile zum Heinz-Dilemma (eventuell in Kleingruppen oder als Hausaufgabe)	Ausloten der Leistungen und Grenzen des prinzipiengelenkten moralischen Urteilens	Formulierung der (Schein-) Aufgabe, nach dem Vorbild der Lösung des Heinz-Dilemmas mithilfe universaler moralischer Prinzipien die Lösung des vorliegenenden Dilemmas ebenfalls zu finden.
6.	Textrekonstruktion in Kleingruppen	Wecken von Zweifeln an den den situationsunspezifischen Prinzipien der Moralphilosophie (Übergang zu Stufe 6 ½)	Präsentation einer moralphilosophischen Position, die mit dem Anspruch auf Universalität eine dem Urteil der SchülerInnengruppe entgegengesetzte Position vertritt.

7.	Diskussion im Klassenverband	Festigung der Zweifel an den situationsunspezifischen (allgemeinen) Prinzipien der Moralphilosophie als ›der Weisheit letzter Schluss‹ (Verfestigung der Zwischenstufe 6 ½	Moderation
8.	Philosophische Textlektüre oder Spiel mit neuer Meta-Regel	Einsicht in die moralphilosophischen ›Kosten‹ von willkürlichem Prinzipienverstoß	Hilfestellung bei der Textlektüre oder Anregung eines Spiels mit der Meta-Regel, dass die Spielregeln nach situativen Interessen geändert werden dürfen
9.	Entwickeln der Einsicht, dass man gegen eine moralische Regel verstoßen dürfen sollte, wenn man wollen kann, dass jeder in einer genau ähnlichen Situation gegen die Regel in genau ähnlicher Weise verstoßen würde	Erste Charakterisierung des Kriterium der situationsspezifischen Universalisierbarkeit (Stufe 7)	Produktion einer kreativen Ungeduld durch Aufzeigen der scheinbar widersprüchlichen Situation, dass moralische Regelsysteme stabil sein sollen, und dass man dennoch in bestimmten Situationen gegen bestimmte Regeln verstoßen will.
10.	Verteidigung der situationsspezifischen Universalisierbarkeit der gefällten Entscheidung durch das Experiment der ausgetauschten Protagonisten	Etablierung und Formalisierung des Kriteriums der situationsspezifischen Universalisierbarkeit (Etablierung von Stufe 7)	Formalisierung des Kriteriums der situationsspezifischen Universalisierbarkeit
11.	Intuitives Nachspüren der Stimmigkeit des gesamten Prozesses ›Fühle ich mich wohl mit der Entscheidung?‹	Rekapitulation	Moderation

(7) Einige mögliche Einwände. Es kann nun allerdings sein, dass sich in der zehnten Phase plötzlich die Situation ergibt, dass keine der zur Debatte stehenden Lösungen allen Ansprüchen auf Universalisierbarkeit zum Trotz den gesamten Klassenverband wirklich überzeugen kann, so dass die Situation eines

unauflösbaren Dilemmas entsteht. Bevor ich im III. Kapitel auf dieses Problem zu sprechen komme, möchte ich zuvor einige andere Einwände antizipieren, die man gegen meinen Vorschlag ins Feld führen könnte, im Ethik-Unterricht über Kohlberg hinausgehend eine siebente Stufe des situativ begründeten Prinzipienverstoßes anzuvisieren.

(1) Ein erster didaktischer Einwand könnte lauten, dass den SchülerInnen meinem Modell zufolge in der fünften Phase eine Schein-Aufgabe gestellt wird, obwohl gleichzeitig das Aufrichtigkeitsgebot zur Debatte steht. Diesen Einwand muß ich zwar zugeben, aber ich möchte ihn nicht weiter berücksichtigen, weil ich denke, dass die SchülerInnen einen didaktischen Kniff verzeihen werden, wenn sich der entsprechende Erfolg einstellt. Es ist allemal besser, SchülerInnen selbst eine Erfahrung machen zu lassen, als ihnen die Resultate der Erfahrungen von anderen im Sinne eines Vortrags vermitteln zu wollen. Genau das aber wäre die Alternative für die Gestaltung von Phase 5. Deshalb nehme ich den Einwand der Scheinaufgabe in Kauf.

(2) Von der Kohlberg-Gemeinde könnte zudem der Einwand vorgebracht werden, dass eine Erweiterung von Kohlbergs Stufenfolge schon deshalb nicht vorgenommen werden sollte, weil es die 7. Stufe für einen orthodoxen Kohlbergianer schlicht nicht geben kann. Schließlich hätten Kohlberg und Kramer im Jahr 1969 ausdrücklich »das Fehlen einer siebenten Stufe« behauptet mit dem Hinweis darauf, dass »im Erwachsenenalter« keine »Art der Beurteilung der vorgelegten Moralsituation« auftreten würde, »die nicht schon in der Adoleszenz zu finden« sei. Sobald die sechste Stufe der Moralentwicklung erreicht sei, seien zwar Regressionen zu beobachten gewesen (vgl. die Debatte zur Wiederkehr der sechsten Stufe). Im Zuge dessen würde aber »kein neuer Denktypus«[128] entstehen. Diesem Einwand kann ich nun relativ schnell mit dem Hinweis darauf begegnen, dass Kohlberg diese Auffassung schon wenige Jahre später revidiert hat, um in dem Essay *Continuities in Childhood and Adult Moral Development Revisited* von 1973 statt dessen (wie in Abschnitt II1.2. ja schon ausführlich skizziert) selbst Überlegungen anzustellen, ob man nicht im Sinne von Erikson und Fowler eine 7. Stufe der Moralentwicklung annehmen sollte, bei der es sich in einem weiteren Sinne um eine religiöse Stufe handeln würde, weil sie durch die »kontemplative Erfahrungen« des Eingebettetseins in das wohlgeordnete Ganze des Universums geprägt wäre.[129] Damit spricht sich also letztlich noch

---

128 *Kohlberg/Kramer: Continuities and Discontinuities.* A. a. O. 57.
129 *Kohlberg: Continuities.* A. a. O. 117–122.

nicht einmal Kohlberg selbst mit letzter Konsequenz gegen die Annehme einer 7. Stufe der Moralentwicklung aus.

(3) Mit dem Hinweis auf Kohlbergs Reflexionen über die Möglichkeit einer religiös geprägten Stufe steht nun allerdings die Frage im Raum, ob eine so definierte 7. Stufe nicht vielleicht die bessere Alternative zu der von mir konzipierten 7. Stufe des situativ begründeten Prinzipienverstoßes darstellen würde. Auf diese Frage hätte ich zwei Antworten.

(3.1) Zunächst einmal möchte ich ausdrücklich betonen, dass ich keinen Absolutheitsanspruch für meine 7. Stufe beanspruche, wie ich auch nur immer wieder erneut davon abraten möchte, Kohlbergs normative Vorstellungen von der einen richtigen (prinzipienorientierten) Moralentwicklung und mit ihnen die Dilemma-Methode für den Ethik-Unterricht zu verabsolutieren. Es gibt neben dem prinzipienorientierten Weg noch andere gute Wege zu einer ausgereiften moralischen Persönlichkeit, und ebenso gibt es verschiedene gute Möglichkeiten, die Entwicklung von einer 6. Stufe einer prinzipienorientierten Moralentwicklung im Sinne Kohlbergs mit Blick auf eine 7. Stufe weiterzudenken. Daran möchte ich schon deshalb keinen Zweifel lassen, weil mir die Grenzen und Schwierigkeiten der situationsspezifischen Universalisierung als die für die 7. Stufe kennzeichnende Fähigkeit durchaus bewußt sind (vgl. dazu im Detail Einwand II.6.11).

(3.2) Diesem pluralistischen Zugeständnis zum Trotz möchte ich aber keinen Zweifel daran lassen, dass die von mir konzipierte Stufe für eine echte Alternative zu einer 7. Stufe im Sinne von Erikson und Fowler halte. Zumindest erfüllt auch meine 7. Stufe alle sechs Kriterien, die Kohlberg und Kramer in ihrem Essay von 1969 an eine ›Entwicklungsstufe‹ gestellt haben. Von einer ›Entwicklung‹ kann den Autoren zufolge nur die Rede sein, wenn sich (so lautet das erste Kriterium) »die allgemeine Form, das Muster und die Struktur« der moralischen »Reaktion« geändert hat, und nicht nur »die Auftretenshäufigkeit oder – intensität eines bereits vorliegenden Reaktionsmusters«. Das beanspruche ich für meine 7. Stufe: Das Prinzip des situativ begründeten Prinzipienverstoßes definiert eine grundsätzlich andere Haltung gegenüber moralischen Problemen als das, was Kohlbergs ursprüngliche Stufenfolge auf den Stufen 1–6 erfasst. Einem zweiten Kriterium zufolge muss eine »entwicklungsbedingte Veränderungen etwas Neues, einen qualitativen Unterschied in der Reaktion darstellen«[130]. Auch das ist gegeben. Es macht einen erheblichen qualitativen Unterschied, ob man einem Prinzip der etablierten Moralphilosophie wie den Kategorischen Imperativ beispielsweise rigoristisch Folge leistet, oder ob man

---

130 *Kohlberg/Kramer: Continuities and Discontinuities.* A. a. O. 48 f.

sich entschließt, seine moralischen Intuitionen entscheiden zu lassen, in welchen Situationen man gegen dieses Prinzip verstoßen sollte. Der qualitative Unterschied besteht darin, dass die Gefahr von moralisch kontraintuitiven Entscheidungen im zweiten Fall weitgehend gebannt ist, die im ersten Falle ja (wie ich oben ausführlich gezeigt habe) immer besteht. Das dritte Kriterium der »Nichtumkehrbarkeit« ist zweifellos erfüllt, weil man moralphilosophische Prinzipien nicht mehr rigoristisch anwenden wird, wenn man sich einmal mit dem Prinzip des situativ begründeten Prinzipienverstoßes vertraut gemacht hat. Zu dem vierten Kriterium, denen zufolge die Veränderungen »universell nach einem Muster schrittweiser, invarianter Abfolge« aufgetreten sein müssen, kann ich allerdings nur so viel sagen, dass ich während meiner Tätigkeit als Ethik-Dozentin an der Universität immer wieder die Erfahrung gemacht habe, dass die von Kohlberg behauptete Abfolge tatsächlich einen gewissen Sinn macht – wenn ich auch bezweifele, dass es die einzig mögliche Abfolge einer moralischen Entwicklung ist. Das fünfte und sechste Kriterium, denen zufolge »die Stufen im Individuum eine operative Hierarchie bilden« und »jede neue Stufe den funktionalen Inhalt der vorhergegangenen Stufe differenziert und integriert«[131] enthalten und bewahren muss, sind offensichtlich ebenfalls erfüllt, weil das Erreichen der 7. Stufe die 6. Stufe in Kohlbergs ursprünglicher Stufenfolge sowohl moralphilosophisch-formal als auch biographisch voraussetzt und ohne sie gar nicht denkbar ist.

(4) Damit bin ich bei einem vierten möglichen Einwand, den ich im Gegensatz zu den drei bislang thematisierten Einwänden für ausgesprochen wichtig halte: Ich spreche von dem Einwand, dass das Konzept einer 7. Stufe des situativ begründeten Prinzipienverstoßes moralphilosophisch sehr voraussetzungsreich und intellektuell ausgesprochen anspruchsvoll und insgesamt von elitärem Charakter ist. Tatsächlich stellt sich die Frage einer Erweiterung von Kohlbergs ursprünglicher Stufenfolge um eine 7. Stufe des situativ begründeten Prinzipienverstoßes ja erst, wenn eine Gruppe von SchülerInnen die 6. Stufe von Kohlbergs ursprünglichem Stufenmodell erreicht haben sollte. Eine Lehrperson kann die 7. Stufe überhaupt erst ins Spiel bringen, wenn die moralische Entwicklung einer SchülerInnengruppen so weit fortgeschritten ist, dass sie souverän mit etablierten universalen moralphilosophischen Prinzipien umgehen können. Damit drängt sich jetzt natürlich die empirisch ungemein wichtige Frage auf, ob das siebente Stadium im Schulalter überhaupt erreicht werden kann, oder ob es sich charakteristischerweise um ein postadulentes Stadium der

---

131   *Kohlberg/Kramer: Continuities and Discontinuities.* A. a. O. 48 f.

moralischen Entwicklung handelt, das erst lange nach der Pubertät im frühen Erwachsenenalter erreicht wird.

(4.1) Kohlbergs empirische Untersuchungen zu dieser Frage scheinen diesen fatalen Verdacht auf den ersten Blick zu bestätigen. Bei näherer Hinsicht erweisen sich Kohlbergs Thesen zur Frage, in welchem Alter das postkonventionelle Stadium der Moralentwicklung erreicht werden kann, allerdings als so ungenau, dass man daraus keine pragmatischen Konsequenzen für den Ethik-Unterricht ziehen sollte. In dem zusammen mit Kramer verfassten Essay von 1969 heißt es, dass »ein Anstieg in den Antworten auf Stufe 6« insgesamt relativ selten sei. Wenn er stattfinde, dann frühestens »im Alter zwischen 16 und 25 Jahren«, wobei das »Stufe-6-Denken bei den 25jährigen« zudem »etwa doppelt so häufig« sein soll wie bei den 16jährigen. Das deuten Kohlberg und Kramer als »Hinweise darauf«, dass »Stufe-6-Denken erst nach der Schulzeit auftauchen kann oder sich wenigstens erst dann stabilisiert«, während das prinzipienorientierte Urteilsvermögen des Typs, den Stufe 5 repräsentiert, gegen Ende der High School recht vollständig entwickelt« sei. »Zusammenfassend« sagen Kohlberg und Kramer hier, dass »ein Denken auf Stufe 6 nicht eher als zu Beginn des dritten Lebensjahrzehnts festere Formen annimmt«[132]. In Kohlbergs Essay *Continuities in Childhood and Adult Moral Development Revisited* von 1973 findet sich dann aber die Bemerkung, dass sich mittlerweile aufgrund der gegenüber früheren Untersuchungen nun klareren Unterscheidung zwischen Struktur und Inhalt der auszuwertenden moralischen Urteile gezeigt haben soll, dass »kein Proband in unserer Längsschnittuntersuchung unter 23 Jahren echtes Stufe-5-Denken« aufgewiesen habe. Ausnahmslos »keiner der Probanden in unserer Längstschnitt-Untersuchung« soll mit »seinen moralischen Urteilen während der Schulzeit überwiegend auf Stufe 6« gelegen habe. Ja, an einer Stelle heißt es hier dann sogar, dass »auch im Alter von 30 Jahren« noch keiner die 6. Stufe erreicht habe, womit jedoch »nicht gesagt sein« soll«, dass »niemand die Stufe 6 je erreichen«[133] kann. 1986 ist dann jedoch ganz selbstverständlich wieder von »Adoleszenten der Stufe 6« die Rede, bei denen »longitudinale Analysen« gezeigt hätten, dass sie »aus dem Gleichgewicht« geraten und »für eine extrem relativistische Infragestellung anfällig«[134] geworden seien. Weiter ins Detail zu gehen, erübrigt sich: Kohlbergs empirische Untersuchungen sind nicht wirklich aussagekräftig für die Frage, ob die 6. Stufe im Schulalter erreicht werden kann oder nicht. Das bedeutet, dass sich die Lehrperson auf ihre eigene Expertise verlassen sollte, zumal SchülerInnen die 6. Stufe sicherlich eher erreichen werden,

---

132   *Kohlberg/Kramer: Continuities and Discontinuities.* A. a. O. 57 f.
133   *Kohlberg: Continuities.* A. a. O. 101 ff.
134   *Kohlberg/Boyd/Levine: Die Wiederkehr der sechsten Stufe.* A. a. O. 206.

wenn es einen entsprechenden Ethik-Unterricht gibt, in dem sie anvisiert wird. Aus meiner eigenen Erfahrung kann ich nur so viel sagen, dass ich während meiner Schulzeit beileibe nicht die einzige war, die verstanden hat, was es mit dem Kategorischen Imperativ auf sich hat und ihn im Falle von moralischen Entscheidungssituationen auch einigermaßen souverän anwenden konnte. Insofern eine entsprechende Vorbereitung im Ethik-Unterricht stattfindet, bin ich deshalb durchaus zuversichtlich, dass die Basis für die Anwendung der um die 7. Stufe erweiterten Dilemma-Methode noch während der Schulzeit gelegt sein kann.

(4.2) Jenseits dessen kann ich aber natürlich letztlich nicht in Abrede stellen, dass die 7. Stufe des begründeten Prinzipienverstoßes in der alltäglichen Schulpraxis nur mit einer kleinen Gruppe von SchülerInnen angedacht werden kann, die moralphilosophisch schon sehr weit fortgebildet sind. Vermutlich ist der adäquate Ort der Hinführung zur 7. Stufe deshalb ein dezidiert moralphilosophisch ausgerichteter Ethik- bzw. Werteunterricht in der Oberstufe und vielleicht sogar erst das Universitätsstudium der angehenden Ethik-Lehrer. Zumindest im letzteren Fall wäre damit allerdings der didaktische Vorteil zu verzeichnen, dass ein gewisses philosophisches Rüstzeug sowie philosophiehistorische Vorkenntnisse vorausgesetzt werden können, auf das sich konstruktiv aufbauen lässt. Weil es hier einen besonders großen Anteil von SchülerInnen mit Migrationshintergrund gibt, ist der Einwand des elitären Charakters der erweiterten Dilemma-Methode allerdings in Städten wie Berlin beispielsweise noch einmal besonders ernst zu nehmen, nachdem ich in Argument I.4.4.2. den Einwand der Kulturabhängigkeit von Kohlbergs Stufenfolge ja ausdrücklich zugeben musste. Tatsächlich kann es in meinen Augen keinen Zweifel geben, dass die Stufenfolge einer »spezifischen, vor allem in angelsächsischen Ländern verbreiteten Traditionen«[135] von Moral verpflichtet ist, wie Habermas treffend bemerkt hat. Weil die Grundlage von Moralität wohl nicht in der Schule, sondern im Elternhaus gelegt wird, ist es in SchülerInnengruppen mit hohem Migrantenanteil wohl also noch weniger als in kulturell homogenen Klassen mit europäischem Kulturhintergrund zu erwarten, dass das postkonventionelle Stadium als Voraussetzung für den Einsatz der erweiterten Dilemma-Methode überhaupt erreicht wird.

(5) Darauf könnte ein philosophiehistorisch versierter Kritiker natürlich bemerken, dass ich mir das Elite-Problem ›selbst eingebrockt‹ hätte, weil ich mit dem Prinzip des situativ begründeten Prinzipienverstoßes ein theoriefremdes Versatzstück in Kohlbergs Theoriegebäude importiert hätte, das im Kontext

---

135 *Habermas: Moralbewusstsein und kommunikatives Handeln. A. a. O. 185.*

seines ursprünglichen theoretischen Ortes ebenfalls schon als elitär kritisiert worden ist.

(5.1) Ich müßte diesem Kritiker zunächst einmal zugeben, dass das Prinzip des situativ begründeten Prinzipienverstoßes seinen genuinen Ort tatsächlich nicht bei Kohlberg und letztlich noch nicht einmal im Lager der deontologischen Moralphilosophie hat, sondern im Utilitarismus. Der Sache nach entspricht das Prinzip nämlich dem Grundprinzip des Universalen Präskriptivismus, den Richard M. Hare in Anlehnung an den Universalen Hedonismus von Henry Sidgwick entfaltet hat. Sidgwick hatte in seinem Buch *The Methods of Ethics* folgende Auffassung vertreten: Falls die Befolgung einer Regel der herrschenden Moral zu einer kontraintuitiven Entscheidung führen würde, sollte sie so umgeformt werden, dass eine neue Regel entsteht, von welcher der moralische Akteur überzeugt ist, dass ihre Befolgung das ›grösste Glück insgesamt‹ in der vorliegenden Situation besser als die alte Regel befördern kann, so dass er wollen kann, dass sie »von allen Personen in gleichen Verhältnissen«[136] angewendet wird. In Anlehnung an Sidgwick nimmt Richard M. Hare in seinem Buch *Moral Thinking* von 1981 dann zwei Ebenen des moralischen Denkens und Urteilens an, nämlich zum einen die intuitive Ebene der etablierten moralischen Regeln, und zum anderen die kritische Ebene, die zum Einsatz kommen soll, sobald Regeln der intuitiven Ebene miteinander in Konflikt geraten oder ihre Befolgung zu moralisch kontraintuitiven Entscheidungen führen würde. In solchen Fällen soll das kritische Denken die intuitiven Regeln der vorliegenden Situation anpassen, was aber nicht willkürlich und spontan geschehen darf, sondern nur unter der Maßgabe, dass der moralische Akteur wollen kann, dass alle anderen moralischen Akteure »in allen anderen Situationen« genauso handeln würden, »die bezüglich all ihrer universellen Eigenschaften mit der vorliegenden identisch«[137] sind, wobei sich die Ähnlichkeiten zwischen Situationen nach Hare wesentlich durch die berechtigten Präferenzen der an der Situation Beteiligten bestimmen.

(5.2) Zugeben müßte ich dem Kritiker zudem auch, dass das Prinzip des situativ bedingten Prinzipienverstoßes je schon als elitär kritisiert wurde. So heißt es beispielsweise in der Abhandlung *An Introduction to Ethics* von Bernard Williams aus dem Jahr 1972, dass Sidgwicks Utilitarismus »die Einsicht in die tiefere Wahrheit des Utilitarismus« im Sinne seines Zweistufenutilitarismus »einer verantwortungsbewussten Elite vorbehalten« würde, und »nicht unter die Massen verbreitet werden dürfe«[138]. Tatsächlich kann Sidgwicks Utilita-

---

136 *Sidgwick: Methods.* A. a. O. 262.
137 *Hare: Moral Thinking.* A. a. O. 47–50.
138 *Williams, Bernard: Morality.* An Introduction to Ethics. New York 1972/London 1976. Im Text zit. nach *ders.: Der Begriff der Moral.* Eine Einführung in die Ethik. Übers. v. E. Bubser. Stuttgart 1986, 109.

rismus diese Tendenz nicht leugnen: Er schreibt schließlich einigen wenigen Utilitaristen die »Pflicht« zu, der der »Verbesserung« der als »unvollkommen« bezeichneten herrschenden Moral »mitzuarbeiten«[139]. Und Hare gibt dem Einwand dann sogar Namen, indem er ›Erzengel‹ und ›Proleten‹ unterscheidet, wobei der Begriff ›Erzengel‹ für ein fiktives Wesen steht, das ausschließlich »kritisches moralisches Denken« verwenden kann, weil es mit, »übermenschlichen Geisteskräften« und »übermenschlichen Kenntnissen« ausgestattet ist und das im Gegenzug »keinerlei menschliche Schwächen« hat, so dass es wie ein »Hellseher« auf »einen Schlag« alle »Eigenschaften« einer Situation »überblicken« und zudem völlig »unparteiisch«[140] urteilen und handeln kann.

(5.3) Dennoch denke ich, dass ich dem Einwand des systemfremden Imports insgesamt gelassen gegenüberstehen kann, weil der Import bei näherer Hinsicht nämlich gar nicht so systemfremd ist. Zum einen berufen sich sowohl Sidgwick als auch Hare[141] ebenso auf Kant wie Kohlberg, obwohl sie Utilitaristen sind: Beide verpflichten sich schon mit der Benennung ihrer Positionen einem kantischen Universalismus. Zum anderen zeigt Kohlberg selbst eine gewisse Nähe zum Utilitarismus, dessen Grundprinzip er ja immerhin auf der 5. Stufe des moralischen Denkens auf dem postkonventionellen Niveau ansiedelt. Einräumen muß ich allerdings, dass ich mir durch den Import eines utilitaristischen Theoriestücks natürlich auch die moralphilosophischen Einwände mit einkaufe, die im deontologischen Lager gegen das utilitaristische Prinzip des situativ begründeten Prinzipienverstoßes in seinen verschiedenen Varianten im Laufe der Zeit erhoben worden sind.

(6) Der wohl wichtigste moralphilosophische Einwand gegen das Prinzip des situativ begründeten Prinzipienverstoßes dürfte aus Sicht des deontologischen Lagers der Einwand der Gefahr der Außerkraftsetzung von Grundrechten sein, der von John Rawls prominent gegen Sidgwick erhoben worden ist. Für Rawls charakterisiert sich der »strenge klassische Utilitarismus generell (dessen »klarste

---

139   *Sidgwick: Methods.* A. a. O. 252.
140   *Hare: Moral Thinking.* A. a. O. 91. Wie Hare weiterhin betont, hätte ein solches Wesen »intuitives Denken nicht nötig«, weil jede moralische Entscheidung »im Nu von der Vernunft« gefällt würde. »*Wenn* wir Erzengel wären«, könnten wir nach Hare »durch kritisches Denken allein entscheiden, was wir in einer jeden Situation tun sollten«. Im Gegensatz dazu würde sich der Prolet ausschließlich in parteiischer Weise »auf Intuitionen und korrekte prima-facie-Prinzipien« verlassen, weil er Hares Modell zufolge völlig »außerstande« wäre, »kritisch zu denken«. Wie Hare wiederholt betont, handelt es sich bei dieser Unterscheidung lediglich um ein Modell, weil kein wirklicher Mensch »nur vom kritischen Denken Gebrauch machen« oder ausschließlich »intuitiv denken« könnte bzw. sollte. A. a. O. 91 ff.
141   Haan behauptet sogar einen direkten Einfluss von Hare auf Kohlberg. *Haan: Two Moralities.* A. a. O. 287.

und am leichtesten zugängliche Form« er bei Sidgwick zu finden glaubt) durch die Grundeinsicht, dass eine Gesellschaft eine gute Gesellschaft ist, »wenn ihre Hauptinstitutionen so beschaffen sind, dass sie die größte Summe der Befriedigung für die Gesamtheit ihrer Mitglieder hervorbringen«. Nachdem er die grundsätzliche Plausibilität dieser Auffassung hervorgehoben hat, formuliert Rawls den Einwand, dass es für den klassischen Utilitarismus anscheinend »keinen Grund« geben kann, »warum größere Vorteile einiger nicht geringere Nachteile anderer aufwiegen sollen«. Das bedeutet nach Rawls nämlich, dass »die Verletzung der Freiheit einiger weniger« durch »das größere Wohl anderer wieder gutgemacht werden« könnte. Das ist in Rawls Augen nun auf keinen Fall hinnehmbar aufgrund der Überzeugung, dass man »jedem Mitglied der Gesellschaft« eine gewisse minimale »Unverletzlichkeit« zuschreiben muss, die »auch im Namen des Wohles aller anderen nicht aufgehoben werden kann«[142]. In dasselbe Horn stößt später Zoglauer mit dem Plädoyer, dass jede »Schaden-Nutzen-Abwägungen« spätestens »dort ihre Grenzen« finden sollte, »wo es um das Leben, die Integrität oder andere Grundrechte von Menschen geht«[143]. Wiederum gilt, dass man sich mit Sidgwick wohl tatsächlich für die Verletzung eines Grundrechtes entscheiden müsste, wenn es beispielsweise um das Wohl einer großen Anzahl von Menschen geht. In diese Richtung deutet es, wenn Sidgwick ausdrücklich betont, dass sich der Utilitarist allem Respekt vor Recht und Gerechtigkeit auch gegen die Gesetze wenden müsse, wenn die Anwendung der Gesetze zu kollektivem Übel führen würde.[144]

(6.1) Hare stellt sich dem von Rawls angemahnten Problem im 9. Kapitel von *Moral Thinking:* Wenn sich durch kritisches Denken entscheiden lässt, »welche moralischen Prinzipien anderen, so sie konfligieren, untergeordnet werden

---

142 *Rawls, John: A Theory of Justice.* Cambridge (Harvard) 1971. Im Text zit. nach *ders.: Theorie der Gerechtigkeit.* Übers. v. H. Vetter. Frankfurt 1979, 40–46. Unter den klassischen Utilitaristen versteht Rawls »Hobbes, Hume, Bentham, J. St. Mill und Sidgwick«. *Rawls, John: Two Concepts of Rules.* In: *The Philosophical Review* 64, 1958, 3–32. Im Text zit. nach *ders.: Zwei Regelbegriffe.* In: *Einführung in die utilitaristische Ethik.* Hrsg. v. O. Höffe. Tübingen/Basel [4]2008, (135–167) 143, Anm. 11. Ein weiterer Kritikpunkt (der im vorliegenden Zusammenhang jedoch nicht einschlägig ist) lautet, dass im Utilitarismus die »Verschiedenheit der Menschen nicht ernst« genommen würde. Stattdessen bediene sich der Utilitarismus der Fiktion eines »unparteiischen Beobachters«, der die« Bedürfnisse aller Menschen« in »ein stimmiges System bringen« soll, so dass für alle individuellen Bedürfnisse kein Raum mehr sei. *Rawls: Theory of Justice.* A. a. O. 40 f.

143 *Zoglauer, Thomas: Normenkonflikte.* Zur Logik und Rationalität ethischen Argumentierens. Stuttgart/Bad Cannstatt 1998, 173. Zustimmend wird Ulrich Steinvorth mit folgender Äußerung zitiert: »Der eigene Körper ist das paradigmatische Eigentum und die Verfügung über ihn das Muster des Privilegs, zu dem Eigentum berechtigt. Der Angriff auf ihn durch eine Person, die nicht die dieses Körpers ist, ist deshalb das Paradigma von Unrecht und Illegitimität« *Steinvorth, Ulrich: Klassische und moderne Ethik.* Reinbek b. Hamburg 1990, 185.

144 *Sidwick: Methods.* A. a. O. 225 f.

sollen«, gibt es in Hares Augen keinen Grund, warum man nicht »analog und mit denselben Methoden« entscheiden können sollte, »welche Rechte« welche anderen »unterordnen sollen«. Ausdrücklich empfiehlt Hare dieses Verfahren »auch für Rawls«. Zur Plausibilisierung führt er einen »typischen Konflikt zwischen Rechtsansprüchen« ins Feld, nämlich eine Situation, in der eine »rassistische Organisation« für eine »Versammlung einen öffentlichen Saal mieten« will, wobei es von vornherein »klar« ist, »dass es, falls das Treffen stattfindet, Aufstachelung zum Rassenhass sowie die Gefahr von gewalttätigen Ausschreitung geben wird«. In der vorliegenden Situation stünden »das Recht auf Meinungsfreiheit« einerseits und »das Recht der Öffentlichkeit«, gegen »rassistische Propaganda und gegen Gewaltausbrüche geschützt zu sein«, andererseits zur Disposition. Der starre Rekurs auf Grundrechte würde nach Hare nun lediglich zu einer Verhärtung der Fronten führen. Stattdessen sollte kritisches moralisches Denken die konkurrierenden Prinzipien dahingehend überprüfen, welche »allgemeine Akzeptanz in der betreffenden Gesellschaft, alles in allem und unparteiisch betrachtet, das Beste für die Interessen der Leute in der Gesellschaft ist«. Nach Hare würde das kritische Denken vermutlich zu dem Resultat kommen, dass »ein Prinzip ausgewählt« werden sollte, welche »freie Meinungsäußerung garantiert, ihr aber Beschränkung hinsichtlich dessen auferlegt, was gesagt werden darf«[145]. Die Pointe dieses Verfahrens sieht Hare darin, dass die zur Disposition stehenden Rechte keineswegs aufgehoben, sondern im Gegenteil gegenüber »leichtfertigen Appellen an unmittelbare Nutzenmaximierung in Schutz«[146] genommen worden wären.

(6.2) Nun muss Rawls zunächst einmal zugestanden werden, dass die Redefreiheit faktisch aufgehoben wird, wenn man Hares Vorschlag zufolge Rassisten rassistische Äußerungen verbietet. Im Gegenzug ist aber hervorzuheben, dass es in extremen Einzelfällen zu kontraintuitiven Entscheidungen kommen kann, wenn an Grundrechten im Sinne von Rawls ausnahmslos immer festgehalten werden muss. Wenn eine Terroristengruppe ein Atomkraftwerk sprengen will, dürfte man ein gefangenes Mitglied dieser Gruppe nach Rawls nicht foltern, um die Katastrophe zu verhindern. Man müsste vielmehr das elende Sterben von vielen tausend Menschen in Kauf nehmen. Es darf nicht sein, dass man ein Grundrecht zu einem solchen Preis schützt. Deshalb würde ich das Prinzip des begründeten Prinzipienverstoßes gegen einen strengen Formalisten wie Rawls verteidigen.

---

145 *Hare: Moral Thinking.* A. a. O. 219 f.
146 *Hare: Moral Thinking.* A. a. O. 218–220. Dass Hare Rawls hier en passant auch dem Lager der Intuitionisten zuordnet, möchte ich nicht weiter thematisieren, weil diese abwegige Zuordnung hier irrelevant ist. Vgl. zu Rawls Abgrenzung gegenüber dem moralischen Intuitionismus *Rawls: A Theory of Justice.* A. a. O. 52–65.

(7) Ein weiterer Einwand, mit dem sich schon Sidgwick und Hare konfrontiert gesehen haben, besteht in der kritischen Nachfrage, wie oft man eine moralische Regel situativ modifizieren oder einem moralphilosophischen Prinzip zuwiderhandeln kann, bis die Regel oder das Prinzip seine moralische Verbindlichkeit verlieren?

(7.1) Hare wischt diesen Einwand der Unterhöhlung der Moral relativ schnell vom Tisch, indem er darauf besteht, dass es selbstverständlich »vernünftig« sei, etablierte moralische Regeln zu verwerfen, sobald »Situationen vorkommen, in denen die Akzeptanz des Prinzips zu suboptimalen Resultaten führen würden«. Zwar macht er die Einschränkung, dass das nur gelten könne, wenn solche Situationen »häufig genug« sind, »um jene zu überwiegen, in denen die Akzeptanz optimale Resultate hat«. Wenn es sich beispielsweise »herausstellen« sollte, dass »durch den Umsturz der Ehekonventionen mehr Schaden verursacht wird als durch deren Beibehaltung«, dann sollte man die »Beibehaltung begünstigen«[147]. Sollte das aber nicht der Fall sein, wäre die Abschaffung dieser Konventionen vernünftiger. In dem festen Vertrauen darauf, dass das kritisch begründete Abschaffen von herrschenden Moralprinzipien eine Erneuerung und Verbesserung der Moral bedeutet, befasst sich Hare nicht weiter mit dem Einwand der Unterhöhlung der herrschenden Moral.

(7.2) Im Gegensatz dazu nimmt Sidgwick diesen Einwand so ernst, dass er ausdrücklich für einen konservativen Umgang mit etablierten moralischen Regeln plädiert. Es war ja oben schon die Rede davon, dass sich ein moralischer Akteur im Falle eines einmaligen Regelverstoßes sicher sein muss, dass in der »augenblicklich bestehenden Gesellschaft« die »praktisch tätige Moral« von einer »einzelnen Handlung oder der geäußerten Meinung eines Einzelnen« nicht »berührt wird«[148]. Sollte ein Akteur jedoch zu der Einsicht gekommen sein, dass eine neue Regel zu etablieren ist, weil sie »der allgemeinen Glückseligkeit förderlicher« als eine bestehende moralische Regel wäre, muss er nach Sidgwick zusätzlich noch die weiterführende Überlegungen anstellen, inwieweit »soziale Missbilligung« die Etablierung der neuen Regel aller moralphilosophischen Vernünftigkeit zum Trotz verhindert könnte.[149] Sowohl mit dem einmaligen Regelverstoß als auch mit dem Ersetzen einer moralischen Regel durch eine bessere soll man nach Sidgwick also extrem sparsam umgehen – und diesem Appell möchte ich mich anschließen, um der Gefahr der Unterhöhlung der Moral durch die Etablierung des Prinzips des begründeten Prinzipienverstoßes zu begegnen. Es sollte im Ethik-Unterricht kein Zweifel gelassen werden,

---

147 *Hare: Moral Thinking.* A. a. O. 96.
148 *Sidgwick: Methods.* A. a. O. 265.
149 *Sidgwick: Methods.* A. a. O. 257 ff.

dass ein Akteur sehr gute moralische Gründe braucht, wenn er das Prinzip des begründeten Prinzipienverstoßes zur Anwendung bringen will. Es sollte immer wieder betont werden, dass das Prinzip nur für diejenigen seltenen Ausnahmefälle einschlägig ist, in denen die strikte Befolgung der etablierten moralphilosophischen Prinzipien zu moralisch kontraintuitiven Entscheidungen führen würde. Deshalb plädiere ich dafür, der achten Phase der in Abschnitt II.5. entwickelten Unterrichtseinheit ein deutliches Gewicht zu verleihen.

(8) Damit drängt sich jetzt natürlich der Einwand der Irrationalität auf, wenn der Anwendungsfall des Prinzips des begründeten Regelbruchs dadurch begründet sein soll, dass es eine starke moralische Intuition gibt, dass eine strikte Befolgung eines etablierten moralphilosophischen Prinzips in einer vorliegenden Situation falsch wäre. Wie sich eine solche Situation ›anfühlt‹, ist nun relativ schnell beschrieben: Es geht um eine Situation, in der ein moralischer Akteur deutlich weiß, dass eine moralische Entscheidung falsch wäre und sein Gewissen belasten würde. Das beste Beispiel für eine moralisch kontraintuitive Entscheidung ist die Entscheidung, die man Kants Schrift *Über ein vermeintliches Recht, aus Menschenliebe zu lügen* zufolge fällen sollte: Es ist schlicht falsch, am Aufrichtigkeitsgebot auch dann festzuhalten, wenn man dadurch seinen Freund einem Mörder ausliefern würde, und wenn Kant seine Entscheidung noch so deontologisch-folgerichtig begründet. Für didaktische Zwecke reicht eine solche beschreibende Definition in aller Regel aus. Moralphilosophisch aber muss sich meine Position mit dem Standardeinwand der Irrationalität von moralischen Intuitionen konfrontieren.[150] Weil ich an dieser Stelle nun nicht in das weite Gebiet der moralischen Gefühle vordringen kann, muss die kurze Bemerkung genügen, dass moralische Intuitionen keineswegs irrational, sondern gegebenenfalls lediglich vorrational sind. Für einen Intuitionisten sind seine moralischen Gefühle der Ausgangspunkt, sein Urteil zu fällen und auszubuchstabieren. Moralische Gefühle sind keine bloßen Empfindungen, sondern vorbewusstes Wissen, das sich als anerkennende Würdigung oder als Abscheu oder als Gewissensbisse deutlich manifestiert, damit es durch Reflexionsprozesse bewusst und durch Versprachlichungsprozesse intersubjektiv kommunizierbar und überprüfbar gemacht werden kann. Obwohl sich moralische Intuitionen nicht aus übergeordneten Prinzipien herleiten, sind sie dem Selbstverständnis eines moralischen Intuitionismus zufolge also ausdrücklich nicht irrational, sondern vorrationale Warnsignale, die bei entsprechender Anstrengung auf

---

150   So behauptet Sinnott-Armstrong beispielsweise: »Intuitionist claim that« morality »has and needs nor explanation or justification.« *Sinnott-Armstrong, Walter: Moral Dilemmas.* Oxford 1988, 62.

den Begriff gebracht und als diskursive Begründungen ins Feld geführt werden können.

(8) Die Grenze des Prinzips des situativ begründeten Prinzipienverstoßes. Die tatsächliche Grenze des Prinzips des situativ begründeten Prinzipienverstoßes gerät in den Blick, sobald man versucht, das Kriterium der situationsspezifischen Universalisierung tatsächlich anzuwenden. Die Rechtfertigung einer Entscheidung eines moralischen Akteurs der 7. Stufe für einen situativ begründeten Prinzipienverstoß soll schließlich darin bestehen, dass er tatsächlich wollen kann, dass jeder moralische Akteur unter Berücksichtigung der Interessen aller an der Situation beteiligten unter genau ähnlichen situativen Bedingungen dieselbe Entscheidung treffen würde. So klar es moralphilosophisch sein mag, was mit dem Kriterium der situationsspezifischen Universalisierbarkeit einer moralischen Entscheidung intendiert ist, so deutlich stößt man doch auf eine Fülle von Anwendungsschwierigkeiten, sobald man versucht, zu überprüfen, ob eine situationsspezifische Universalisierbarkeit im Falle einer konkreten möglichen Entscheidung tatsächlich vorliegt oder nicht.

(1) Ein erstes Problem besteht darin, dass es letztlich wohl unmöglich ist, ein wirklich handhabbares Kriterium für die ›genaue Ähnlichkeit‹ von zwei Situationen anzugeben. Fest scheint lediglich zu stehen, dass es sich um moralisch relevante Situationsmerkmale handeln muss. So scheint es in einer Situation, in der es um Sterbehilfe beispielsweise geht, prima facie unwichtig zu sein, ob die Patientin ein rotes oder grünes Nachthemd trägt, wenn sie den Arzt um eine Giftspritze bittet. Man könnte nun einwenden, dass es doch sein könnte, dass der Arzt abergläubisch ist und in bestimmten Farben Signale des Schicksals sieht. Der Tatsache zum Trotz, dass die Farbe des Nachthemdes dann plötzlich sogar sehr wichtig wäre, möchte ich mich mit diesem Einwand nicht weiter befassen, weil der Arzt wohl kaum zu dem Urteil gelangen kann, dass er wollen kann, dass alle Ärzte in seiner Situation ihr Urteil von der Farbe des Nachthemdes ihrer Patientin abhängig machen. Die Farbe eines Nachthemdes ist in einer Sterbehilfesituation keine moralisch relevante Eigenschaft; darüber dürfte schnell Konsens zu erzielen sein. Wie aber sieht es mit dem Alter der Patientin beispielsweise aus? Darf es einen Unterschied machen, ob sie erst dreißig Jahre alt ist und Kinder hat, oder ob sie schon 94 Jahre alt ist und mittlerweile ganz ohne Angehörige dasteht? Die Grenzen zwischen moralisch doch irgendwie relevanten und moralisch eindeutig irrelevanten Eigenschaften einer Situation sind offensichtlich so fließend, dass alle Überlegungen zur situationsspezifischen Universalisierbarkeit einer möglichen moralischen Entscheidung schon hier an ihre erste Grenze stoßen.

(2) Ein klassischer Utilitarist würde die Frage nach den moralisch relevanten Eigenschaften vermutlich so beantworten, dass man sich bei der Überprüfung der situationsspezifischen Universalisierbarkeit einer moralischen Entscheidung am größten Glück der meisten orientieren soll. Wenn Sidgwick also einem moralischen Akteur die Überlegung abfordert, ob er wollen kann, dass alle moralischen Akteure in einer genau ähnlichen Situation genauso entscheiden würden, meint er konkret, dass sich der moralische Akteur die Frage stellen soll, ob die Handlung, die ihm »unter den gegebenen Umständen objektiv richtig« zu sein scheint, tatsächlich »den größten Betrag an Glückseligkeit im Ganzen hervorbringen wird, wenn man nämlich alle die in Betracht zieht, deren Glückseligkeit durch das betreffende Verhalten in Mitleidenschaft gezogen wird.«[151] Unter ›Glück‹ versteht der klassische Utilitarismus in Anlehnung an John Stuart Mill näherhin »Lust (pleasure) und das Freisein von Unlust«, während unter ›Unglück‹ »Unlust und das Fehlen von Lust«[152] verstanden wird.

(2.1) Wie aber soll man die Intensität der Freude des einen mit der Tiefe des Leidens des anderen verrechnen? Und nach welchem Maßstab soll man sich zwischen Freuden und Schmerzen unterschiedlicher Dauer oder zwischen kurz- oder langfristigem Nutzen entscheiden? Mit solchen Standard-Einwänden rennen die Kritiker des klassischen Utilitarismus[153] zumindest bei Sidgwick offene Scheunentore ein. So verteidigt Sidgwick die Idee einer »idealen Tabelle«[154] zur Messung von Glück zwar zunächst mit dem Argument, dass man in einem quasi-mathematischen Sinne von einem ›großen Glück‹ gegenüber einem ›kleinen Glück‹ reden könne. Wenige Seiten später räumt er dann jedoch ein, dass die Glücksvorstellungen der Menschen verschiedener Zeiten und Kulturen vielleicht doch zu »große Verschiedenheit«[155] aufwiesen, als dass sich die Idee einer ›idealen Tabelle‹ wirklich realisieren ließe. Mit der Verschiedenheit der menschlichen Glücksvorstellungen hat Sidgwick ein weiteres Anwendungsproblem des klassischen Utilitarismus benannt[156]: Das Problem der Individualität der

---

151   *Sidgwick: Methods.* A. a. O. 199.

152   *Mill: Utilitarianism.* A. a. O. 23 ff.

153   Vgl. stellvertretend *Sinnott-Armstrong: Moral Dilemma.* A. a. O. 1988, 77 f.

154   *Sidgwick: Methods.* A. a. O. 202.

155   *Sidwick: Methods.* A. a. O. 243.

156   Dieser Einwand der unterschiedlichen Auffassungen vom Nützlichen und Guten findet sich beispielsweise bei Gowans. Es heißt: »For utilitarianism, rightness is a function of maximization of utility (various interpreted as pleasure, happiness, goodness, preference-satisfaction, etc. Hence, utilitarianism is faced with a dilemma: *either* it defends the homogeneity of utility, in which case it may succumb to an implausible reductionism; *or* it admits the heterogeneity of utility, in which case it may forego its purposed advantage in resolving conflicts.« *Gowans: Introduction.* In: *Moral Dilemmas.* A. a. O. 8 f. Verweis auf *Sen, Amaryte: Plural Utility.* In: *Proceedings of the Aristotelian Society.* 81. 1980–1981, 193–215.

Glücksvorstellungen nämlich. So könnte man nach Sidgwick auf den Gedanken kommen, sich auf »Menschen, die wir kennen«, zu konzentrieren. Allerdings würde man dann schnell feststellen, dass es selbst hier große Unterschiede in den verschiedenen Vorstellungen vom Glück gäbe. Ebenso unergiebig wäre die Strategie, einen Durchschnittsmenschen mit einer Durchschnittskonzeption von Glück zu konstruieren, weil ein solcher Durchschnittsmensch lediglich ein »hypothetisches Wesen«[157] wäre. Als ebenso wenig erfolgversprechend betrachtet Sidgwick die Strategie, ein ›ideales‹ Wesen zu konstruieren.

(2.2) Ein weiteres Anwendungsproblem sieht Sidgwick treffenderweise in der Frage, wer eigentlich die »alle« sind, deren Glück dem utilitaristischen Prinzip zufolge berücksichtigt werden muss? Werden die Tiere beispielsweise ebenfalls bedacht? Und welchen Stellenwert haben die Nachkommen? Sidgwick beantwortet solche Fragen schließlich damit, dass es um die »Menge der lebenden Personen«[158] gehen soll. Damit stellt sich jedoch das Problem, dass es im Einzelfall alles andere als klar auf der Hand liegt, mit welcher Strategie sich das grösstmögliche Glück aller lebenden Menschen am besten realisieren lässt.[159] Weitere Standardeinwände gegen Sidgwick ins Feld zu führen, wäre überflüssig, weil das Problem deutlich geworden sein sollte und an anderen Stellen schon ausgiebig diskutiert worden ist. Tatsächlich hat Sidgwick selbst schon »ernsthafte Schwierigkeiten«[160] bezüglich der Anwendung seiner Ausnahmeregelung zugegeben.

(3) Um die Vagheit der Rede von dem ›größten Betrag an Glückseligkeit im Ganzen‹ zu vermeiden, hat Richard M. Hare vorgeschlagen, dass es die »Präferenzen aller Betroffenen«[161] seien, wodurch zwei Situationen in moralischer Hinsicht gegebenenfalls ähnlich sein können. Unter eine ›Präferenz‹ versteht Hare das berechtigte Interesse einer Person, sprich: eines vernunftfähigen Wesens, das sich (anders als Meerschweinchen oder Schlangen beispielsweise) der Tatsache bewusst ist, dass es in der Zeit lebt und eine Zukunft hat, und das sich deshalb um seine Zukunft sorgt und Pläne für die Zukunft macht. Eine genau ähnliche Situation wäre Hares Universalem Präskriptivismus zufolge

---

157 *Sidwick: Methods.* A. a. O. 244.
158 *Sidwick: Methods.* A. a. O. 202–205.
159 Auf dieses Anwendungsproblem hat Sir David Ross in seiner Abhandlung *The Right and the Good* gegen den idealen Utilitarismus von George E. Moore hingewiesen: Nach Ross kann eine Orientierung am höchsten Glück aller lebenden Menschen schon deshalb keine per se sichere Orientierung sein, weil es in Einzelfällen strittig sein kann, welche der zur Disposition stehenden Handlungsoptionen das Beste realisieren würde. *Ross: The Right and the Good.* A. a. O. 23 f.
160 *Sidwick: Methods.* A. a. O. 243.
161 *Hare: Moral Thinking.* A. a. O. 147.

also eine Situation, in der ähnlich gelagerte Interessen von der zu treffenden Entscheidung auf ähnliche Weise berührt wären. Bei näherer Hinsicht kommt Hare mit diesem Präzisierungsversuch jedoch vom Regen in die Traufe.

(3.1) Würde man Hare folgen, so müsste (sobald eine Entscheidung über einen Prinzipienverstoß zur Disposition steht) die Überlegung angestellt werden, welche Interessen von der »Beibehaltung« oder auch vom Verstoß gegen das Prinzip »in einer bestimmten Situation begünstigt oder geschädigt wären.«[162] In einer konkreten Situation würde dann aber sofort die Schwierigkeit auftauchen, zu entscheiden, wer zu den von der Entscheidung Betroffenen zählt und wer nicht. Letztendlich wird man diesbezüglich wohl eine relativ willkürliche Grenze zwischen Betroffenen und Nichtbetroffenen ziehen müssen. Desweiteren würde sich die Frage stellen, ob die Präferenzen aller Betroffenen tatsächlich gleich gewichtet werden müssen. Unklar ist auch, inwieweit die Intensität und Stärke der unterschiedlichen Präferenzen diverser Betroffener berücksichtigt werden muss.[163] Strittig wäre auch, ob schlichtweg alle Präferenzen von allen Betroffenen berücksichtigt werden müssen: Schließlich gibt es ja auch primitive, böse und dumme Präferenzen.[164]

---

162   *Hare: Moral Thinking.* A. a. O. 96.

163   Dieser Einwand findet sich u. a. in *Hinsch, Wilfried: Präferenzen im moralischen Denken.* In: *Zum moralischen Denken.* Hrsg. v. Ch. Fehige, G. Meggle, 2 Bde, Frankfurt a. M. 1992. Bd. 2, (87–113) 107 f.

164   Hare diskutiert diese Probleme zwar ausführlich im 5. und 8. Kapitel. von *Moral Thinking.* Letztendlich zeugen seine Ausführungen aber so sehr von einem elitären moralphilosophischen Paternalismus, dass die Zweifel an der Möglichkeit der Universalisierbarkeit von situationsspezifischen Moralurteilen mehr genährt als besänftigt werden.
(1) Hares Beispiel für eine primitive Präferenz ist die Lust vieler an »Massenunterhaltung« gegenüber der Lust einer kleinen intellektuellen Elite an Oper und dem Ballett beispielsweise. Zwar »dürfen« wir nach Hare »hier keine Intuitionen darüber einbringen«, welche »Freude wertvoller« ist. Dem zum Trotz entwickelt er dann aber doch Vorschläge für Umerziehungsmaßnahmen, mit denen sich »die Verantwortlichen« auf lange Sicht den Ansprüchen »der Spießbürger« auf Erfüllung ihrer Präferenzen »erwehren« können. *Hare: Moral Thinking.* A. a. O. 208 f.
(2) Böse Präferenzen interessieren Hare nur, insofern es sich um böse Präferenzen einer großen Zahl von Menschen geht, weil es in seinen Augen auf der Hand liegt, dass die Forderung nach der Erfüllung von vereinzelten bösen Präferenzen zu Lasten einer großen Gemeinschaft nicht universalisierbar ist. *Hare: Moral Thinking.* A. a. O. 204 Als Beispiele für böse Präferenzen einer großen Zahl von Menschen führt er die Zirkusspiele im antiken Rom und die Stierkämpfe und Fuchsjagden der Gegenwart ins Feld. Obwohl hier ein hohes Maß an Präferenzerfüllung zur Disposition steht, muss das kritische Denken solche ›Vergnügungen‹ nach Hare aber dennoch nicht erlauben, weil man »den römischen Massen ihr Vergnügen« schließlich auch durch »Wagenrennen oder Fußballspiele« hätte verschaffen können: Schließlich zeige »die heutige Erfahrung«, dass solche Veranstaltungen »genauso viel Erregung generieren können«. *Hare: Moral Thinking.* A. a. O. 205. Naheliegenden Einwände gegen diesen impraktikablen Vorschlag einer ›kognitiven Therapie‹ finden sich u. a. in *Kusser, Anna: Welchen Nutzen maximiert der Utilitarismus. In: Zum*

(3.2) Hinzu kommt, dass sich die Probleme der angemessenen Berücksichtigung der Präferenzen aller Betroffenen überhaupt erst stellen, wenn der moralische Akteur diese Präferenzen kennt – womit ein weiteres, vermutlich noch gravierenderes Problem angesprochen wäre. Schließlich können wir in andere Menschen nicht hineinschauen! Nach Hare lässt sich das Problem lösen, indem sich der moralische Akteur ausgehend von einer möglichst umfassenden Beschreibung der Situation, in der sich der andere befindet, aufrichtig vorstellt, was es für ihn bedeuten würde, wenn er sich in einer vergleichbaren Situation befinden würde. Wie Hare ausdrücklich betont, möchte er nicht »behaupten, dass wir von der Erfahrung eines anderen jemals ein vollständiges Wissen haben können«[165]. Allerdings könne man sich schon vorstellen, welche Präferenzen man selbst in einer vergleichbaren Situation hätte.[166] Ein erstes Problem besteht natürlich darin, dass man niemals eine Situation vollständig beschreiben kann, in der sich ein anderer (oder auch man selbst!) befindet.[167] Zweitens kann sich erfahrungsgemäß aus keiner noch so adäquaten Situationsbeschreibung sicheres Wissen über die Präferenzen der betroffenen Personen herleiten, weil sich die Vorlieben und Abneigungen der Menschen nicht über einen Kamm scheren lassen.[168] Wenn man nun einmal annimmt, dass es

moralischen Denken. A. a. O. Bd. 2, 113–139. Hare diskutiert Kussers Einwände in *Hare: Replik auf Kusser*. In: *Zum moralischen Denken*. A. a. O. Bd. 2, 280–285.

(3) Dumme Präferenzen sind für Hare Präferenzen, an denen man nicht festhalten sollte, weil sie biographisch längst überholt sind. Durch das Festhalten an solchen Präferenzen entsteht nach Hare das Phänomen des Fanatismus. Sein Beispiel ist ein Arzt, der Sterbehilfe grundsätzlich ablehnt: Er wird von Hare als Fanatiker abgestempelt, was wiederum als Argument ins Feld geführt wird, dass seine Präferenzen gegebenenfalls nicht berücksichtigt werden müssen. *Hare: Moral Thinking*. A. a. O. 164 ff.

165   *Hare: Moral Thinking*. A. a. O. (149–153) 152.

166   In seiner Replik auf Leist betont Hare folgendes: »Ich behaupte nicht, dass, wenn ich mir die Situation einer anderen Person einschließlich der Präferenzen dieser Person vollständig repräsentiere, ich zu denselben Präferenzen in Bezug auf das, was *dieser Person* geschehen sollte, gelangen muss, sondern nur in Bezug auf das, was *mir* geschehen sollte, wenn ich in genau der Situation dieser Person mit ihren Präferenzen wäre« *Hare, Richard M.: Moralisches Zaubern*. Replik auf Leist. In: *Zum moralischen Denken*. A. a. O. 304.

167   Diesen Einwand gibt Hare bezeichnenderweise einfach zu mit der Bemerkung, dass man nicht »erwarten« könne, dass sich ein moralischer Akteur »aller bestehenden Tatsachen vergewissern« würde. Es könne vielmehr lediglich um einer »Auswahl« von relevanten Fakten gehen, wobei Hare gleich einräumt, dass zumindest ein ungeübter moralischer Akteur »am Anfang« wohl »einfach raten« müsse, welche Fakten mit Blick auf die Präferenzen aller Beteiligten nun relevant sind und welche nicht. *Hare: Moral Thinking*. A. a. O. 145 f.

168   Hare führt diesen Einwand der Individualität von Präferenzen auf Rawls zurück. Vgl. *Hare: Replik auf Hinsch*. A. a. O. 268. Er beantwortet diesen Einwand mit der Behauptung, dass es nur in Extremfällen nicht möglich sei, die Präferenzen anderer aus der aufrichtigen Vorstellung abzuleiten, welche Präferenzen man selbst in einer ähnlichen Situation hätte. A. a. O. 268. Das

doch irgendeinen sicheren Weg gibt, etwas über die Präferenzen anderer zu wissen, stellt sich das Folgeproblem, dass man damit noch längst nichts über die Intensität und Stärke dieser Präferenzen weiß.[169] Sollte auch das angenommen werden können, stellt sich das Problem des interpersonellen Vergleichs von Präferenzstärken.[170]

(3.3) Weiter ins Detail zu gehen, ist überflüssig, weil Hare die genannten Anwendungsprobleme indirekt eingesteht, indem er die Figur des Erzengels einführt.[171] Der Erzengel ist eine fiktive Figur, welche die Operation der situa-

löst das Problem der individuellen Präferenzen offensichtlich nicht. Hinsch bezweifelt sogar, dass man ein Wissen über seine eigenen Präferenzen in einer Situation X haben kann, solange man sich nicht aktual in der Situation X befindet. *Hinsch: Präferenzen im moralischen Denken. A. a. O.* 95. Hare diskutiert die Möglichkeit einer Nicht-Identifizierung mit dem eigenen zukünftigen Selbst in *Moral Thinking. A. a. O.* 153 ff.

169   Wie Hinsch treffend bemerkt, kann ein moralischer Akteur nur dann als »hinreichend informiert« gelten, wenn er nicht nur die Art der Präferenzen kennt, sondern auch weiß, »mit welcher Stärke die betroffenen Personen die verschiedenen Alternativen präferieren«. *Hinsch: Präferenzen im moralischen Denken. A. a. O.* 102.

170   Im 7. Kapitel von *Moral Thinking* versucht Hare die Möglichkeit des Vergleichs von Präferenzstärken mit dem Beispiel zu plausibilisieren, dass man nach einem Italienurlaub ja durchaus die Frage beantworten könne, ob man »das Konzert am Dienstagabend mehr genossen« hat »als das Abendessen am Mittwoch«. Weil wir Vergleiche zwischen den Stärken unserer eigenen Präferenzen anstellen können, die wir im Zuge vergangener Erlebnisse entfaltet haben, kann es nach Hare jenseits eines philosophischen »Skeptizismus in Sachen Fremdpsychisches« auch keinen Zweifel geben, dass wir »Vergleiche zwischen anderer Leute Präferenzen« ziehen können, indem wir die Vergleiche »auf Vergleiche zwischen unseren eigenen« Präferenzen »reduzieren«. *Hare: Moral Thinking. A. a. O.* 185–190. In seinem späten Essay *Universal Prescriptivism* von 1991 führt Hare dieses Problem dann allerdings als einen »Beweis dafür« ins Feld,,« dass moralisches Denken überhaupt schwierig ist«. Er spricht hier von schwerwiegenden »philosophischen Schwierigkeiten«, welche das Problem betreffen sollen, »wie man die Stärke der Präferenzen anderer und mit der der eigenen Präferenz vergleicht«. *Richard M. Hare: Universal Prescriptivism. In: A Companion to Ethics.* Hrsg. V. P. Singer. Oxford 1991. Im Text zit. als *ders.: Zur Einführung. Universeller Präskriptivismus. In: Zum moralischen Denken. A. a. O.* Bd.1, (31–54) 48.

171   Die Einführung der Figur des Erzengels erklärt sich bei Hare u. a. auch dadurch, dass er durch diese fiktive Figur an seinem generellen moralphilosophischen Anspruch festhalten kann, dass eine ausgereifte Moralphilosophie einen Weg zur Lösung ausnahmslos aller moralischen Dilemmata aufzeigen können muss.

(1) Seinen Ursprung hat dieser Anspruch schon beim frühen Hare. Unter dem Einfluss der deontischen Logik hatte der frühe Hare widersprüchliche Befehle als etwas Konträres »im eigentlichen Aristotelischen Sinn« bezeichnet, womit er dem moralischen Dilemma in einem moralphilosophischen System denselben irritierenden Stellenwert zugewiesen hat, wie ihn ein logischer Widerspruch bzw. eine Antinomie seit Aristoteles in einem alethischen System hat. *Hare, Richard Mervyn: The Language of Morals.* Oxford 1952. Im Text zit. Nach *ders.: Die Sprache der Moral.* Übers. v. P. v. Morstein. Frankfurt a. M. 1983, 44.

(2) Den einleitenden Bemerkungen von *Moral Thinking* zufolge will der späte Hare eine Moralphilosophie ausdrücklich an ihrer Haltung zum moralischen Dilemma bemessen. In seinen Augen

tionsspezifischen Universalisierung fehlerlos durchführen kann, weil sich ihr die aufgelisteten Anwendungsprobleme nicht stellen. Erzengel sind perfekt. Sie überschauen eine moralisch problematische Situation in all ihren Details und können unterscheiden, was moralisch wichtig und was unwichtig ist. Sie kennen die Präferenzen aller von einer Entscheidung Betroffenen sowohl in ihrer Qualität und Ausrichtung als auch in ihrer Intensität. Sie wissen, welche Akteure man umerziehen und welche Präferenzen man als dumme Präferenzen unberücksichtigt lassen sollte. Und sie sind niemals egoistisch oder müde oder von einer Situation überfordert. Erzengel sind Übermenschen ohne »menschliche Schwächen«, mit »übermenschlichen Geisteskräften« und mit »übermenschlichen Kenntnissen«[172]. Die Entscheidung zu einem situativ begründeten Prinzipienverstoß soll jedoch von Menschen vollzogen werden. Nicht von Erzengeln, sondern von Menschen wird erwartet, dass sie eine Entscheidung für oder wider einen Prinzipienverstoß aufgrund der Überlegung treffen, ob sie wollen können, dass alle Akteure unter Berücksichtigung der Interessen aller Betroffenen in genau ähnlichen Situationen zur selben moralischen Entscheidung kommen würden. Und es kann angesichts der langen Liste von konkreten Anwendungsproblemen wohl leider keinen Zweifel mehr geben, dass Menschen mit dieser Operation fast immer überfordert sind, so dass Menschen anders als Erzengel niemals sicher sein können, dass sie durch die Anwendung des Prinzips wirklich die eine richtige moralische Entscheidung gefunden haben, von der sie auch dann noch wollen würden, dass alle moralischen Akteure sie unter ähnlichen situativen Bedingungen genauso treffen würden, wenn sie die Bedingungen wirklich genau kennen würden, denen die Entscheidung gerecht werden soll.

(4) Man könnte aus dem Zugeständnis der Anwendungsschwierigkeiten des Kriteriums der situationsspezifischen Universalisierbarkeit zur moralischen Rechtfertigung eines situativ begründeten Prinzipienverstoßes nun den Schluss ziehen, das Verfahren ganz zu verwerfen, weil es nicht zu wirklich abgesicherten und moralisch eindeutigen Entscheidungen führt. Das hieße allerdings, dass

---

sind die »Auffassungen über Konflikte zwischen verschiedenen Pflichten« ein »hervorragender Test dafür« sein, wie »umfassend und tiefgehend« die »Gedanken über Moral« jeweils beschaffen sind. Eine ausgereifte Moral müsse eine »Lösung solcher Konflikte« anbieten können. Wer hingegen die Möglichkeit des moralischen Dilemmas zulässt, der würde damit »zugeben«, dass das moralische Denken »noch unvollständig« sei. *Hare: Moral Thinking.* A. a. O. 70. Angesichts dieser Äußerung herrscht in der einschlägigen Literatur ein relativ einhelliger Konsens darüber, dass es für Hare das unauflösbare moralische Dilemma nicht gibt. Vgl. stellvertretend *Donogan, Alan: Moral Dilemmas, Genuine and Spurious: A Camparative Anatomy.* In: *Ethics* 104. 1993, 7–21. Im Text zit. nach *Moral Dilemmas and Moral Theory.* Hrsg. v. H. E. Mason. Oxford 1996, (13–22) 19; sowie *Trigg, Roger: Moral Conflict.* In: *Mind* 80. O. O. 1971, (41–55) 41.

172   *Hare: Moral Thinking.* A. a. O. 91.

moralische Akteure entweder gegen ihre moralischen Intuitionen der prinzipien-gemäßen moralischen Entscheidung Folge leisten oder schlicht ›aus dem Bauch heraus‹ unter bloßer Berufung auf ihre moralische Intuition gegen ein morali-sches Prinzip verstoßen müßten. Die erste Entscheidung wäre zweifellos schlicht falsch und würde zu einem schlechten Gewissen und Reuegefühlen führen. Die zweite Entscheidung wäre ein Rückfall in ein weniger reflektiertes Stadium von Moralität. Insofern stellt der situativ begründete Prinzipienverstoß allen Anwendungsschwierigkeiten des Kriteriums der situationsspezifischen Univer-salisierbarkeit zum Trotz in meinen Augen die bessere Alternative dar. Allerdings darf man mit dem Prinzip des situativ begründeten Regelverstoßes ausdrücklich nicht die Hoffnung verbinden, die mit den Moralprinzipien von Kohlbergs ursprünglicher 6. Stufe im deontologischen Lager von jeher verbunden war: Die Hoffnung nämlich, dass sich mit dem Verfahren des situativ begründeten Prinzipienverstoßes die eine moralisch eindeutig richtige Lösung für ausnahms-los jeden moralischen Konflikt und jedes moralische Dilemma auffinden lassen würde. Weil man zur Anwendung des Prinzips ein so detailliertes Wissen über die speziellen situativen Bedingungen der moralischen Entscheidung braucht, das menschliche moralische Akteure in aller Regel überfordert sind, kann das Prinzip des situativ begründeten Prinzipienverstoßes ausdrücklich nicht zu der einen deontologisch richtigen Auflösung jedes praktischen Problems führen, die Hares Erzengel finden würde, sondern lediglich zu der situativ am besten begründeten Lösung. Das sei an dieser Stelle ausdrücklich zugestanden, wobei ich gleichzeitig betonen möchte, dass ich nicht glaube, dass mit den Mitteln der Moralphilosophie überhaupt jemals mehr zu erreichen sein wird.

Wie in Abschnitt I.2.4. skizziert, beanspruchen Kohlberg und die Befürwor-ter der Dilemma-Methode, dass sich auf der 6. Stufe der Moralentwicklung jedes moralische Dilemma in deontologisch-eindeutiger Weise lösen lassen soll. Ließe sich dieser Anspruch tatsächlich plausibilisieren, wäre meine erweiterte Dilemma-Methode ein Rückschritt gegenüber der Dilemma-Methode in ihrer ursprünglichen Form, weil diese Methode dann ja nicht nur eine didaktische Methode zur Beförderung der moralischen Entwicklung wäre, sondern zudem auch eine Methode zur Auflösung moralischer Dilemmata. Tatsächlich lässt sich dieser Anspruch der traditionellen Dilemma-Methode jedoch nicht hal-ten – womit ich bei meinem zweiten moralphilosophischen Einwand gegen Kohlbergs Theoriegebäude angelangt wäre.

3. Die Möglichkeit des unauflösbaren moralischen Dilemmas

Wie in Abschnitt I.2.5. schon skizziert, wird von der Dilemma-Methode unter anderem auch erwartet, dass die SchülerInnen zu der einen deontologisch ›richtigen‹ Auffassung von Moral erzogen werden sollen. Vom Standpunkt der Didaktik der Ethik ist dieser Anspruch problematisch, weil mit ihm schnell der Verdacht der Indoktrination aufkommt. Letztlich nutzt es da wenig, wenn Kuld und Schmid betonten, dass die »Lösung für den Konflikt« nicht von der Lehrperson als »einer Autorität verordnet, sondern in einer Diskussion gesucht« werden sollte, damit die SchülerInnen lernen, dass »die Verbindlichkeit von Normen« nicht der »Autorität, der sie vertritt« entspringt, sondern vielmehr der »inneren Stimmigkeit, der Plausibilität der Normen«[1]. Es ist eine gängige Erfahrung jedes Lehrenden, wie gut sich moralphilosophische Debatten steuern lassen. Vom Standpunkt der Moralphilosophie ist dieser Anspruch jedoch auch deshalb problematisch, weil mit der moralphilosophischen Prämisse, dass es die eine richtige Moral gibt, die als für alle vernünftigen Wesen verbindlich behauptet wird, in aller Regel auch die moralphilosophische Überzeugung einhergeht, dass jedes moralische Dilemma eine einzige richtige Lösung haben soll. Und tatsächlich hat Kohlberg diese Auffassung ebenso vertreten wie Thomas von Aquin und Immanuel Kant. Wie ich in Abschnitt III.2. noch detailliert zeigen werde, war Kohlberg davon überzeugt, dass sich jedes moralische Dilemma auf der sechsten Stufe der Moralentwicklung eindeutig und in für alle moralisch hochentwickelten Menschen einsichtiger und verbindlicher Weise auflösen läßt. Das ist wiederum didaktisch relevant, weil es für die moralische Praxis natürlich einen signifikanten Unterschied macht, ob man von der Auflösbarkeit moralischer Dilemmata überzeugt sein kann oder nicht.

Kohlbergs Philosophie des moralischen Dilemmas beruht in meinen Augen jedoch auf falschen Voraussetzungen. Tatsächlich läßt sich die Möglichkeit von unauflösbaren moralischen Dilemmata moralphilosophisch nicht ausschließen. Unauflösbare moralische Dilemmata sind aus pragmatischer Sicht ein großes Problem, weil jede Form von Entscheidungsunsicherheit handlungshemmend wirkt. Wenn im Ethik-Unterricht ›das moralische Dilemma‹ auf dem Plan steht, muß er deshalb letztlich auch die Möglichkeit des unauflösbaren moralischen Dilemmas thematisieren, wenn die SchülerInnen wirklich auf die moralische Praxis bzw. ›das Leben‹ vorbereitet werden sollen. Um Kohlbergs Philosophie des moralischen Dilemmas und die didaktischen Konsequenzen, die aus der Möglichkeit der Unauflösbarkeit mancher moralischer Dilemmata gezogen werden müssen, geht es mir in diesem III. Kapitel.

---

1 *Kuld/Schmid: Lernen aus Widersprüchen.* A. a. O. 110.

(1) Der Mythos von der Auflösbarkeit aller moralischen Dilemmata im moralischen Monismus der Vernunft von Thomas von Aquin und Immanuel Kant. Kohlbergs Überzeugung von der Auflösbarkeit aller moralischen Dilemmata ist nun keineswegs vom Himmel gefallen. Sie ist vielmehr seit Thomas von Aquin und Immanuel Kant ein fester Bestandteil der deontologischen Moralphilosophie.

(1) Der christliche Dominikanermönch Thomas von Aquin entfaltet seine Philosophie des moralischen Dilemmas etwa zwischen den Jahren 1266 bis 1274 in seinem unvollendet gebliebenen Spätwerk *Summa Theologiae*.[2]

(1.1) Die erste Prämisse des Thomas' lautet, dass Gott vollkommen gütig ist, und seine zweite, dass »die ganze Fülle« des »Seins«[3] von Gott stamme. Das bedeutet zunächst einmal, dass die Ordnung des Kosmos vollkommen und gut ist. Weil Gott vollkommen gnädig und gut ist, hat Gott einer dritten Prämisse des Thomas heraus den Menschen zudem ein ewiges moralisches Gesetz gegeben, welches in der christlichen Ethik bis heute ›das Naturrecht‹ genannt wird.[4] Dieses »ewige Gesetz« der Moral hat nach Thomas seinen genuinen Ort allerdings »im göttlichen Geist«, weshalb es den Menschen insgesamt »unbekannt« bleibt. Dennoch aber können alle vernünftigen Wesen in gewissen Grenzen wissen, was das Gesetz zur Erhaltung der natürlichen Ordnung des Seienden vorschreibt, weil die Heiden den religiösen Prämissen des Thomas von Aquin zufolge »durch die natürliche Vernunft« und die Christen zusätzlich noch durch die göttliche »Offenbarung« von dem ewigen Gesetz wissen können. Aus diesem Wissen-Können ergibt sich nun aber auch der strenge Verpflichtungscharakter des ewigen Gesetzes. Weil alle Menschen von dem Gesetz »in gewisser Weise«[5] wissen können, sind ihm nach Thomas von Aquin auch alle Menschen ausnahmslos und unbedingt verpflichtet, ob sie nun Christen sind oder nicht. Darin besteht eine erste Pointe der Moralphilosophie des Thomas von Aquin.

(1.2) Hier entscheidender ist allerdings die Tatsache, dass das ewige mora-

---

2 Ein früherer Entwurf dieser Moralphilosophie findet sich in der zwischen 1254 und 1256 entstanden Schrift *Thomas von Aquin: Quaestiones Disputatae de Veritate*. Quaestio 17, Art. 1. In deutscher Übersetzung in *Des heiligen Thomas von Aquino Untersuchungen über die Wahrheit*. Bd. II. Quaestio 14–29. Übers. v. E. Stein. Hrsg. v. L. Gelber, P. Fr. R. Leuven. Louvain/Freiburg 1955, 74–78. Im Text zit. nach überarbeitet u. hrsg. v. A. Speer, F. V. Tommasi, Freiburg 2008, 460–465

3 ders. *Aquin, Thomas von: Summa theologiae*. Quaestiones 18–21. 1266–1274. Im Text zit. nach *Über sittliches Handeln*. Übers. u. hrsg. v. R. Schönberger. Einl. v. R. Spaemann. Stuttgart 2001, 25–27.

4 Vgl. dazu näherhin *Spaemann Robert: Einleitung*. In: *Aquin, Summa theologiae*. A. a. O. (7–18) 10.

5 *Aquin: Summa Theologiae*. A. a. O. 99.

lische Gesetz wegen seines Ursprungs im göttlichen Geist nach Thomas keine
Widersprüche, Uneindeutigkeiten und Inkonsistenzen aufweisen kann. Seine
Moralphilosophie schließt vielmehr ausdrücklich die Möglichkeit aus, dass es
im Sinne eines unauflösbaren moralischen Dilemmas einen wirklichen »Widerstreit der Willen«[6] geben könne, weil es mit der göttlichen Güte nicht zu vereinbaren sei, wenn es in der gotturspünglichen sittlichen Weltordnung »für
dasselbe Seiende« gleich »mehrere unmittelbare Maßstäbe«[7] geben würde. Die
Möglichkeit von moralischen Dissensen zwischen verschiedenen Menschen
erklärt Thomas damit, dass Menschen in moralischen Konflikten immer nur
die beschränkte Perspektive des Menschen einnehmen können. So könne ein
Richter beispielsweise einen »guten Willen« haben, »wenn er die Tötung« eines
»Verbrechers will, weil es gerecht ist«, während die »Ehefrau« oder die »Söhne«
des Verbrechers genau das nicht wollen dürfen, weil es sich bei dem Verbrecher
ja um ihren Ehemann bzw. Vater handelt. Nach Thomas kann der Mensch in
moralischen Fragen immer nur einen partikularen Standpunkt einnehmen,
während ausschließlich die göttliche Vernunft vom »Gutsein selbst«[8] wisse.
Die Tatsache, dass es unterschiedliche moralische Standpunkte gibt, lässt nach
Thomas von Aquin also nicht auf Inkonsistenzen im Sittengesetz bzw. auf
die Möglichkeit von unauflösbaren moralischen Dilemmata schließen. Noch
entschiedener verwehrt sich Thomas gegen die Möglichkeit, dass ein einzelner
Mensch in ein unauflösbares moralisches Dilemma geraten könnte. Wie ich
schon gesagt habe, kann jeder Mensch als vernünftiges Wesen durch seine Vernunft oder durch Vernunft und Offenbarung von dem ewigen Gesetz wissen.
Nach Thomas ist »die menschliche Vernunft« als die »Richtnorm des menschlichen Willens« zu betrachten, »nach der das Gutsein bemessen wird«, weil
die menschliche Vernunft nach Thomas »im ewigen Gesetz« gründet, welches
»die göttliche Vernunft selbst ist«[9]. Damit kann er nach Thomas auch wissen,
dass es keinen wirklichen »Widerstreit der Willen«[10] geben kann, weil es mit
der göttlichen Güte nicht zu vereinbaren wäre, wenn es »für dasselbe Seiende«
gleich »mehrere unmittelbare Maßstäbe«[11] geben würde. Das bedeutet nach
Thomas, dass jeder moralische Akteur grundsätzlich dazu verpflichtet, im Falle
eines scheinbar unauflösbaren moralischen Konfliktes nach der einen eindeutigen Lösung zu suchen, die das ewige Gesetz vorschreibt, weil es schließlich ein
Wesenszug des göttlichen Gesetzes ist, dass in ausnahmslos jedem Konfliktfall

---

6   *Aquin: Summa Theologiae.* A. a. O. 139.
7   *Aquin: Summa Theologiae.* A. a. O. 99
8   *Aquin: Summa Theologiae.* A. a. O. 133ff.
9   *Aquin: Summa Theologiae.* A. a. O. 99. Vgl. auch a. a. O. 101.
10 *Aquin: Summa Theologiae.* A. a. O. 139.
11 *Aquin: Summa Theologiae.* A. a. O. 99

»ein Maßstab dem anderen« in eindeutiger und mit der Vernunft erkennbarer Weise »untergeordnet«[12] werden kann. Das wiederum lässt nach Thomas nur den Schluss zu, dass ein moralischer Akteur nicht genügend nachgedacht hat, wenn er meint, vor einem unauflösbaren moralischen Dilemma zu stehen. Damit erklärt Thomas von Aquin den Anschein des unauflösbaren moralischen Dilemmas also mit großer Wirkmacht in der abendländischen Moralphilosophie zu einer epistemischen Fehlleistung des menschlichen moralischen Akteurs, die diesem als ein Verfehlen dessen, was das ewige göttliche moralische Gesetz vorschreiben würde, sogar schuldhaft angelastet wird.

(2) Ähnlich dezidiert argumentiert Immanuel Kant mehr als 500 Jahre später in dem Kapitel *Vorbegriffe zur Metaphysik der Sitten* seiner im Jahr 1797 erschienenen Schrift *Metaphysik der Sitten in zwey Theilen* gegen die Möglichkeit des unauflösbaren Dilemmas, indem er eine echte Kollision von Pflichten als Denkunmöglichkeit ausweist.

(2.1) Zu wissen ist zunächst einmal, dass Kant »diejenige Handlung«, die »moralisch notwendig, d. i. verbindlich« ist, als »Pflicht«[13] bezeichnet. Einen imperativischen Satz wiederum, »welcher gewisse Handlungen zur Pflicht macht«, nennt Kant ein »praktisches Gesetz«. Woher stammen nun die ›praktischen Gesetze‹, die uns sagen, welche Handlungen moralischen notwendig bzw. verbindlich sind? Kant unterscheidet zwei Arten von ›praktischen Gesetzen‹. Zum einen kennt er die sogenannten ›positiven Gesetze‹. Das sind die ›äußeren Gesetze‹ (leges externae), die ihren Ursprung in einer weltlichen legislativen Instanz haben. Dann aber gibt es nach Kant aber auch die ›natürlichen Gesetze‹, welche »a priori durch die Vernunft erkannt werden«. Moralisch verbindlich sind laut Kant allein die natürlichen Gesetze. Während das positive Gesetz der weltlichen legislativen Instanzen nämlich »willkürlich« sein kann, insofern es seine Wurzeln nicht im natürlichen Gesetz hat, ist das natürliche Gesetz »dasjenige«, welches »uns a priori und unbedingt durch unsere eigene Vernunft verbindet«. Entscheidend für die Philosophie des moralischen Dilemmas ist nun die Tatsache, dass es nach Kant im Rahmen dieses natürlichen Gesetzes keinen echten »Widerstreit der Pflichten« im Sinne eines unauflösbaren moralischen Dilemmas geben kann. Gegen eine solche Möglichkeit führt die *Metaphysik der Sitten* das analytische Argument ins Feld, dass »Pflicht und Verbindlichkeit überhaupt Begriffe« seien, »welche die objektive praktische *Notwendigkeit* gewisser Handlungen ausdrücken«. Gemeint ist, dass es nach Kant wesentlich zum Begriff der ›Pflicht‹ gehört, dass er eine Handlungsaufforderung enthält,

---

12 *Aquin: Summa Theologiae.* A. a. O. 99
13 *Kant: Metaphysik der Sitten.* A. a. O. 327 f.

die keine Ausnahme und keine Abweichung zulässt. Das wiederum bedeutet nämlich, dass es aus begrifflichen Gründen ausgeschlossen sein muss, dass »zwei einander entgegengesetzte Regeln« in derselben Situation und »zugleich notwendig sein« sollen. Aus der Tatsache nun, dass »eine *Kollision* von Pflichten und Verbindlichkeiten« zur Folge hätte, dass »eine« der zur Disposition stehenden Pflichten »die andere (ganz oder zum Teil) aufhöbe«[14], folgt schließlich, was hier entscheidend ist: Im Rahmen des natürlichen Sittengesetzes sind unauflösbare moralische Dilemmata nicht denkbar.

(2.2) Damit ist nun nicht gesagt, dass es für Kant keine moralischen Konflikte geben kann. Es gibt nach Kant vielmehr »gar wohl« Situationen, in denen »zwei *Gründe* der Verbindlichkeit (rationes obligandi)« miteinander in Widerstreit geraten. So kann es nach Kant beispielsweise durchaus einen Widerstreit zwischen Pflichten geben, die durch ein äußeres Gesetz einerseits und das natürliche Gesetz andererseits auferlegt werden. Ebenso denkbar sind Konflikte zwischen zwei Anforderungen von äußeren Gesetzen. Möglich sind schließlich auch Konflikte zwischen vollkommenen und unvollkommenen Pflichten einerseits oder zwischen zwei unvollkommenen Pflichten. Daraus ist nach Kant allerdings keinesfalls der Schluss zu ziehen, dass der Grundsatz ›obligationes non colliduntur‹ aufgegeben werden müsste. Er ist vielmehr der Überzeugung, dass die Situation noch nicht hinreichend analysiert wurde, solange sie sich noch als eine darstellt, in der sich ausschließende moralische Handlungsgründe einander zu widerstreiten scheinen. Sobald der moralische Akteur die Situation hinreichend analysiert, muss er nach Kant nämlich aufgrund der Prämisse, dass wirklich verbindliche moralische Pflichten gar nicht im Widerstreit miteinander stehen können, zu der Überzeugung gelangen, dass der einer »oder der andere« der zur Disposition stehenden Handlungsgründe tatsächlich »zur Verpflichtung« gar »nicht zureichend ist (rationes obligandi non obligantes)«[15]. Hinreichende Analyse führt nach Kant demnach bei jedem vernünftigen moralischen Akteur zu der Einsicht, dass einer der beiden Handlungsgründe gegenüber dem anderen so schwach und so wenig verbindlich ist, dass er das Etikett ›moralischer Handlungsgrund‹ (bzw. ›Pflicht‹ bzw. ›moralische Verbindlichkeit‹ – um in Kants Terminologie zu bleiben) tatsächlich gar nicht verdient – womit der scheinbare moralische Konflikt gelöst wäre. Wenn es also zu einem Widerstreit zwischen Pflichten geben, die durch ein äusseres Gesetz einerseits und das natürliche Gesetz andererseits auferlegt werden, wird sich der moralische Akteur für das natürliche Gesetz entscheiden müssen, weil dieses allein verbindlich ist. Falls es zu einem Konflikt zwischen zwei Anforderungen von äusseren Geset-

---

14 *Kant: Metaphysik der Sitten.* A. a. O. 330–334.
15 *Kant: Metaphysik der Sitten.* A. a. O. 330 f.

zen kommt, wird er anhand der Überlegung entscheiden müssen, welche der beiden Anforderungen dem natürlichen Gesetz gemäss ist und welche nicht. Und sollte es zu einem Konflikt zwischen vollkommenen und unvollkommenen Pflichten kommen, wird sich der Akteur für die vollkommenen Pflichten entscheiden müssen, weil die vollkommenen Pflichten per definitionem keine Abweichungen und Ausnahmen dulden, während Kant die unvollkommenen Pflichten deutlicher auch ›Verdienste‹ nennt, weil unvollkommene Pflichten *keinen* unbedingt verpflichtenden Charakter haben können mit der Begründung, dass es im Falle der unvollkommenen Pflichten kein allgemeines Gesetz geben kann, dass auf diese Handlung allgemein verpflichten würde.[16]

Sowohl für Kant als auch für Thomas kann es also keine moralische Dilemmata geben, weil das von seinem Ursprung her vollkommen vernünftige Sittengesetz keine Widersprüche aufweisen kann.

(2) Derselbe Mythos in Kohlbergs Philosophie des moralischen Dilemmas. Kohlberg entfaltet seine Philosophie des moralischen Dilemmas in Schriften, die er als seine »eher moralphilosophischen Schriften«[17] ausdrücklich aus dem Kanon seiner übrigen Schriften hervorhebt.[18] Aus der Vielzahl dieser Schriften[19] ist neben Kohlbergs Frühschrift *From Is to Ought* von 1971 vor allem

---

16   *Kant: Grundlegung.* A.a.O. 52–54. Kant illustriert seine Ausführungen mit verschiedenen Beispielen: Sein Beispiel für eine vollkommene Pflicht gegen sich selbst ist die Pflicht zur Lebensbewahrung (wodurch die Selbsttötung auch unter misslichsten Umständen ausgeschlossen wird); als Beispiel für eine unvollkommene Pflicht gegenüber sich selbst führt Kant die Pflicht zur Ausbildung seiner Talente an; sein Beispiel für eine vollkommene Pflicht gegenüber anderen ist die Aufrichtigkeit; sein Beispiel für eine unvollkommene Pflicht gegenüber anderen ist die Wohltätigkeit.

17   *Kohlberg/Candee: Relationship.* A.a.O. 414.

18   Das Verhältnis von Moralpsychologie und Moralphilosophie bestimmt Kohlberg in dem Diskussionsband *Moralische Urteilsfähigkeit* von 1987 so, dass die »Moralpsychologie beschreiben« soll, was »moralische Entwicklung ist«, während die Moralphilosophie »bestrebt« sein müsse, »uns zu sagen, wie moralische Erziehung idealerweise *sein sollte*«. *Kohlberg:: Moralische Entwicklung und demokratische Erziehung.* A.a.O. 31 f.

19   Vgl. auch *Kohlberg: A Reply.* A.a.O. insg.; sowie in *ders.: Justice as Reversibility.* In *ders.: Essays on Moral Development.* A.a.O. Bd. I, 190 ff. Entsprechenden Einwänden zum Trotz kann angesichts dieser Schriften an der moralphilosophischen Kompetenz des Psychologen Kohlberg kein Zweifel bestehen. Althof, Oser und Noam bezeichnen Kohlberg in ihrem Jahr 1995 herausgegebenen Band von Kohlbergs einschlägigen Schriften zur *Psychologie der Moralentwicklung* treffend als »philosophisch geschulten Psychologen«. *Kohlberg, Lawrence: Recent Research in Moral Development.* Unveröff. 1973. Im Text zit. nach *ders.: Moralstufen und Moralerwerb.: Der kognitiv-entwicklungstheoretische Ansatz.* 1973. In: *Oser/Althof.: Moralische Selbstbestimmung.* A.a.O. 65. Habermas hebt mit derselben Stoßrichtung hervorhebt, dass Kohlberg ein »klares Bewusstsein von den philosophischen Grundlagen seiner Theorie« gehabt habe. *Habermas: Moralbewusstsein und kommunikatives Handeln.* A.a.O. 130. Habermas verortet Kohlbergs Moralphilosophie näherhin

die gemeinsam mit Candee verfasste Abhandlung *The Relationship of Moral Judgement to Action* von 1980 hervorzuheben, die Kohlberg (wie ja schon mehrfach erwähnt) mit Blick auf einschlägige Kritik für die Veröffentlichung in dem II. Band der *Essays on Moral Development* 1984 noch einmal überarbeitet hat.

Eingeleitet wird dieser Essay mit der Bemerkung, dass man »bei der empirischen Erforschung der Moralentwicklung« nicht umhinkäme, auch »einige normative oder philosophische Ausgangsannahmen zu formulieren«. Im Zuge der übergreifenden Frage, wie aus einem richtigen moralischen Urteil (sprich: aus einer richtigen theoretischen Einsicht) auch die der Einsicht entsprechende »angemessene, ›tugendhafte‹, moralische Handlung«[20] hervorgeht, kommen Kohlberg und Candee dann unter anderem auch auf das moralische Dilemma zu sprechen. Die Ausführungen dazu beginnen relativ unspektakulär damit, dass das ›moralische Dilemma‹ als Konflikt zwischen »zwei angenommenen Normen« oder zwischen einer Norm »und einem »Wert« definiert wird, während »ein praktisches oder ökonomisches Dilemma« beispielsweise vorliegen soll, falls sich jemand nicht entscheiden kann, »welches von zwei Häusern«[21] er kaufen sollte. Spannend wird es dann mit der Äußerung, dass solche Dilemmata »nach einer Entscheidung« durch »ein moralisches Prinzip«[22] rufen würden. Die alles

so: »Seit dem Erscheinen von Rawls *Theorie der Gerechtigkeit* benutzt Kohlberg vor allem diese, an Kant und das rationale Naturrecht anknüpfende Ethik, um seine philosophischen, zunächst von Mead inspirierten Auffassungen über die *Natur des moralischen Urteils* zu schärfen.« A. a. O. 130. Mit dem Hinweis darauf, dass sich die »Suche nach unabhängigen Evidenzen« spätestens damit »als sinnlos« erwiesen«, nachdem »die transzendentalen Argumente vom Sprachspiel der Reflexionsphilosophie entkoppelt und im Sinne Strawsons reformuliert« worden seien, vertritt Habermas näherhin die Auffassung, dass ein »Verhältnis gegenseitiger Abhängigkeit« zwischen empirischer Moralforschung und Moralphilosophie bestünde, demzufolge die Moralphilosophie »auf indirekte Bestätigung von Seiten einer Psychologie der Entwicklung des moralischen Bewusstseins« angewiesen« ist, während die Psychologie wiederum auf philosophische Vorgaben« angewiesen sei. A. a. O. 129 f.

20 *Kohlberg/Candee: Relationship.* A. a. O. 373.

21 *Kohlberg/Candee: Relationship.* A. a. O. 400, 394. Wie Kohlberg in einem anderen Essay erläutert, ist unter einem ›Wert‹ (hier macht sich wohl der Einfluss von Habermas bemerkbar; vgl. dazu Abschnitt 1.2.d.1.) eine starke subjektive Präferenz im Sinne eines starken persönlichen Wunsches zu verstehen, während eine Norm eine konkrete Handlungsregel »vom Typ ›Du sollst‹ oder ›Du sollst nicht‹« ist, wie sie beispielsweise die *Zehn Gebote* des *Alten Testaments* formulieren. *Kohlberg: Moral Development.* A. a. O. 7 f., 15

22 *Kohlberg/Candee: Relationship.* A. a. O. 413. Dem Essay zufolge unterscheiden sich moralischen Prinzipien »in zweierlei Hinsicht von einer Regel« bzw. einer Norm. (1) Erstens ginge es bei einem Prinzip »nicht um eine Feststellung vom Typ ›Du sollst‹ oder ›Du sollst nicht‹, die sich auf eine Handlungsweise bezieht«. Ein Prinzip sei vielmehr »eine Entscheidungsstrategie für den Fall« des moralischen Dilemmas. Damit hat ein moralisches Prinzip für Kohlberg nicht weniger als den Stellenwert einer »Methode der moralischen Entscheidung«. (2) Zudem sei ein moralisches Prinzip »auf einer fundamentaleren Ebene als eine Regel« anzusiedeln. Nach Kohlberg

entscheidende Frage muss jetzt natürlich lauten, wo sich solche moralischen Prinzipien finden. Für Kohlberg und Candee liegt die Antwort auf der Hand: Die ›moralischen Prinzipien‹ zur Entscheidung moralische Dilemmata finden sich in der Moralphilosophie, wobei sie den Kategorischen Imperativ Kants in der Variante »Behandle jeden Menschen als Ziel in sich selbst und nicht als Mittel« und »Mills utilitaristisches Prinzip«[23] besonders exponieren. Seine eigentliche Pointe entwickelt der Essay dann mit der Überzeugung, dass sich mit Rückgriff auf die »teleologische Ethik« einerseits, »für die der utilitaristische Standpunkt beispielhaft ist«, und die »deontische Ethik« andererseits, »für die Kants Kategorischer Imperativ steht«[24], nahezu alle moralischen Konflikte in eindeutiger, sprich: objektiver und universell konsensfähiger Weise lösen lassen können sollen! »Wenn Einigkeit über die Tatsachen des Falles herrscht«, kann es für Candee und Kohlberg nicht den Hauch eines Zweifels geben, dass sich vermittels der »Berücksichtigung eines Prinzips« auch ein Konsens »hinsichtlich der richtigen Lösung herstellen«[25] lässt.

Plausibilisiert wird diese Überzeugung (wie schon in Kohlbergs frühem Essay *From Is to Ought* von 1971) am Beispiel des Heinz-Dilemmas.[26] Generationen von Schülern haben sich den Kopf zerbrochen, was sie tun würden, wenn sie in der Situation von Heinz wären! Kohlberg und Candee bekennen in ihrer Philosophie des moralischen Dilemmas von 1980 dann jedoch plötzlich, dass das Heinz-Dilemma ausdrücklich »so konstruiert« sei, »dass nur eine der beiden entgegengesetzten Handlungen als richtig bezeichnet werden« könne! Heinz stünde nur auf den ersten Blick vor der Alternative, entweder »im Dienste der moralischen Norm der Erhaltung des Lebens« zu handeln, »oder aber im Dienste der moralischen Norm der Gesetzlichkeit (bzw. des Respekts vor dem Eigentum)«. Wie in *From Is to Ought* schon ausführlich ausgeführt worden sei, könne letztlich aber kein Zweifel daran sein, dass der Diebstahl im vorliegenden Fall die einzig moralisch richtige Entscheidung sei. Warum das? Mit der Antwort auf diese Frage kommen Candee und Kohlberg wieder auf die eigentliche Pointe ihres Essays zu sprechen. In ihren Augen wäre der Einbruch für Heinz moralisch geboten, weil angeblich »beide Prinzipien« von Kant und Mill im Falle des Heinz-Dilemmas »zum selben Urteil« führen würden, »dass Stehlen richtig sei«. Kohlberg und Candee zufolge fordert Kants »Gerechtig-

---

und Candee »repräsentiert« ein Prinzip »den Geist, der dem Gesetz oder einer Regel zugrunde liegt«, weshalb ein Prinzip per se »allgemeiner und universeller als eine Regel« sei. *Kohlberg/Candee: Relationship.* A. a. O. 413 f.

23 *Kohlberg/Candee: Relationship.* A. a. O. 414.
24 *Kohlberg/Candee: Relationship.* A. a. O. 490.
25 *Kohlberg/Candee: Relationship.* A. a. O. 389 f.
26 *Kohlberg/Candee: Relationship.* A. a. O. 495.

keitsprinzip« im Kern die »Achtung der Persönlichkeit des einzelnen oder der Menschenwürde«. Vergleichbar soll es Mills Utilitarismus um »die Maximierung von menschlichem Glück oder Wohlergehen und die Minimierung von Leiden« gehen. Nach Candee und Kohlberg sollen letztlich also beide moralphilosophischen Prinzipien allen Unterschieden zum Trotz in gleicher Weise dazu anleiten, Menschen zu schützen und vor Leiden zu bewahren. Deshalb kann es den beiden Autoren zufolge letztlich auch keinen Zweifel geben, dass im Falle des Heinz-Dilemmas der »Diebstahl des Medikaments« in einem streng normativen Sinne die einzig »moralisch richtige Entscheidung«[27] wäre. In Kohlbergs im Jahr 1987 in deutscher Sprache veröffentlichten Essay *Moralisch Entwicklung und demokratische Erziehung* heißt es dann wenige Jahre später mit derselben Stoßrichtung, dass man im Falle des Heinz-Dilemmas auf dem höchsten moralischen Entwicklungsniveau von »vom Individuum frei und aufgrund ihrer intrinsischen Gültigkeit gewählten« Prinzipien nur zu dem Resultat kommen könne, dass das Stehlen moralisch geboten sei. Zwar schrieben Prinzipien normalerweise vor, »nicht zu stehlen«. »In einer Situation jedoch, in der Stehlen zum einzigen Mittel wird, ein Leben zu retten«, kann es Kohlbergs moralischem Universalismus zufolge keine Zweifel geben, dass man den »gewöhnlichen Regeln« zuwiderhandeln muss, weil die übergeordneten universalen ethischen Prinzipien »das Stehlen« in einem solchen Fall »gebieten«[28].

(3) Drei Einwände. Die Fähigkeit zur Berücksichtigung der Moralprinzipien von Mill und Kant sind Kohlbergs Theorie der Moralentwicklung zufolge kennzeichnend für das postkonventionelle Niveau der moralischen Entwicklung. Damit besagt Kohlbergs Philosophie des moralischen Dilemmas, in ihrem wesentlichen Kern also nicht anderes, als dass zumindest die von Kohlberg konstruierten moralischen Dilemmata aus der Perspektive der postkonventionellen dritten Ebene des moralischen Urteilens eine einzige Lösung haben, die moralisch eindeutig die eine richtige Lösung sein soll. Bei näherer Hinsicht erweist sich dieser starke Anspruch allerdings als nicht haltbar.[29]

---

27   *Kohlberg/Candee: Relationship.* A. a. O. 413 f. Verweis auf *Kohlberg, Lawrence: From Is to Ought.* How to Commit the Naturalistic Fallacy and Get Away with it in the Study of Moral Development. In: *Cognitive Development and Epistemology.* Hrsg. v. T. Mischel. New York/London 1971, 151–235. Im Text zit. nach *Kohlberg: Essays on Moral Development.* A. a. O. Bd. I, 101–189.
28   *Kohlberg: Moralische und Entwicklung und demokratische Erziehung.* A. a. O. 32.
29   Die Debatte über das moralische Dilemma im moralischen Monismus der Vernunft von Thomas von Aquin und Kant ist anderenorts schon so ausführlich geführt worden, dass es hier regelrecht stören würde, die Positionen in dieser Debatte noch einmal zu rekonstruieren. Vgl. stellvertretend für viele andere Veröffentlichungen die Sammelbände *Moral Dilemmas.* A. a. O. insg. sowie *Moral Dilemmas and Moral Theory.* Hrsg. v. H. E. Mason. Oxford 1996; sowie die

(1) Gegen Kohlbergs Philosophie des moralischen Dilemmas drängt sich zunächst einmal der Einwand auf, dass sich Kant vermutlich nicht für das Stehlen entschieden hätte, wie Kohlberg behauptet. Wie oben schon erwähnt, darf man Kants Schrift *Über ein vermeintliches Recht, aus Menschenliebe zu lügen* zufolge noch nicht einmal dann lügen, wenn man von einem Mörder nach dem Aufenthalt seines Freundes gefragt wird. Die Analogie liegt auf der Hand: Wenn man nicht lügen darf, um seinen Freund zu retten, darf man auch nicht einbrechen, um seine Frau zu retten. Schließlich kann man ein allgemeines Recht zum Einbrechen ebenso wenig wollen wie ein allgemeines Recht zur Lüge. Schon dieses Beispiel zeigt, dass es schlicht nicht der Fall ist, dass »solche Prinzipien, die in der Moralphilosophie als konkurrierend gelten (wie eben das utilitaristische Wohlfahrtsprinzip und das Kantische Gerechtigkeitsprinzip)« in konkreten praktischen Situationen in aller Regel »zu einer konsensuellen Beurteilung«[30] führen, wie Kohlberg behauptet. Es ließen sich mühelos noch andere Beispiele konstruieren, und das vor allem, wenn man noch andere Moralprinzipien (wie beispielsweise das Mitleidsprinzip von Arthur Schopenhauer) in den Kanon mit aufnimmt.

(2) Um solchen Einwänden zuvorzukommen, hat Kohlberg durch entsprechende Befragungen versucht, seine moralphilosophische Überzeugung von der eindeutigen Auflösbarkeit aller moralischen Dilemmata auf der sechsten Stufe der Moralentwicklung mit den Mitteln der Statistik zu beweisen. Mit dieser Stoßrichtung führt Kohlberg in seinem Essay *Relationship* von 1980 bzw. 1984 beispielsweise Untersuchungen ins Feld, im Zuge derer er »empirisch« festgestellt haben will, »dass Probanden auf Stufe 5 tatsächlich darin übereinstimmen, dass Heinz im Recht sei, wenn er das Medikament stiehlt«. Insgesamt sollen »mehr als 90 % der Befragten, die in den USA, in Finnland und Israel der Stufe 5 zugeordnet« worden waren, die Entscheidung für das Stehlen getroffen haben, aber nur »60 % der Probanden auf niedrigeren Stufen«. Daraus schließt der Essay, dass es »für die Definition moralischen Handelns« in »bestimmten Fällen sowohl philosophisch wie empirisch begründete Hinweise auf ein ›universelles Recht‹«[31] gäbe. Dasselbe meint Kohlberg auch mit Blick auf andere Dilemmata ›beweisen‹ zu können.[32]

Monographien *Sinnott-Armstrong: Moral Dilemmas. A. a. O.* insg; sowie *Zoglauer: Normenkonflikte. A. a. O.,* insg; sowie *Raters: Das moralische Dilemma – Supergau der Moral? A. a. O.* insg.

30   *Kohlberg/Candee: Relationship. A. a. O.* 389 f.

31   *Kohlberg/Candee: Relationship. A. a. O.* 414 f.

32   So verweist Kohlberg beispielsweise auch auf die sogenannte ›Tabelle 3‹, die für die neun Standarddilemmata Kohlbergs sowie für ein zehntes Dilemma »zur Todesstrafe« fast immer eindeutige Ergebnisse zeigen. Es heißt im Wortlaut: »Der Tabelle 3 lässt sich entnehmen dass

(2.1) Ein erstes Problem dieser Vorgehensweise besteht darin, dass Kohlbergs Untersuchungen auch etwas bestätigt haben, was es seinen moralphilosophischen Vorurteilen zufolge eigentlich nicht geben darf: die Möglichkeit unauflösbarer moralischer Dilemmata nämlich. Kohlberg muss nämlich unter anderem auch zugestehen, dass »die Befragten auf Stufe 5« leider »keine Übereinstimmung« darüber erzielen konnten, »ob ein Mädchen der Mutter eine Lüge weitererzählen sollte, die ihm die Schwester im Vertrauen gestanden hat«. Zum selben (aus Kohlbergs Sicht: enttäuschenden) Resultat seien seine Befragungen zum »Korea-Dilemma«[33] gelangt.

(2.2) Zudem muss Kohlberg einräumen, dass die Übereinstimmungen nur in Gruppen von amerikanischen Probanden festgestellt werden konnten. Weil »alle diskutierten Untersuchungen« in den USA durchgeführt worden sind, muss Kohlberg zugestehen, dass »sich über die Gültigkeit der Befunde für andere Kulturkreise nichts aussagen lässt«. Zwar würden »erste, wenn auch sehr begrenzte Vergleichsdaten« darauf hindeuten, »dass es in verschiedenen Kulturen auf Stufe 5 einen Konsens in Dilemmata wie dem von Heinz gibt.« Für einen wirklichen Beweis sei die Datenlage aber noch zu dünn.[34] Das ist zumindest vor dem Hintergrund der monistischen Philosophie des moralischen Dilemmas von Kant und Thomas eine fatale Diagnose, weil diese Philosophien in dem starken Sinne universalistisch sind, dass sie die Auffassung vertreten, dass die eine richtige Lösung jedes moralischen Dilemmas für alle vernünftigen Wesen verbindlich ist.

(2.3) Angesichts der Tatsache, dass Gilligan und Murphy in ihrem Essay *Development from Adolesence to Adulthood* von 1979 von genau gegenteiligen Untersuchungsergebnissen berichten, drängt sich allerdings der Verdacht auf, dass selbst die Übereinstimmungen im amerikanischen Kulturraum, die Kohlberg festgestellt haben will, entweder bloßer Zufall oder aber der Strategie der Datenerhebung zu verdanken waren. Wie in Abschnitt II.4. schon berichtet, geht es in dem Essay um eine Untersuchung zu den Auswirkungen von realen Dilemmata auf die Art des moralischen Argumentierens. Der Essay exponiert

---

die Befragten auf Stufe 5 (oder 4/5) nahezu einhellig der Meinung sind, im Heinz-Dilemma sei Stehlen richtig (Dilemma III); Heinz solle nicht bestraft werden (III‹); die ungerechte Forderung eines Vaters solle zurückgewiesen werden (Dilemma I); einer todkranken Patientin sollte die gewünschte Sterbehilfe gewährt werden (IV); die Todesstrafe sei abzulehnen (TS); ein ursprünglich ungerecht hart verurteilter Sträfling, der ausbrechen konnte und seitdem in Freiheit viel Gutes getan hat, sollte nicht erneut angezeigt werden (VIII); das Ergaunern von Geld durch Vertrauensmissbrauch sei schlimmer als das Entwenden desselben Geldbetrages in einem unpersönlichen Kontext (VII).« *Kohlberg/Candee: Relationship.* A. a. O. 415.

33   *Kohlberg/Candee: Relationship.* A. a. O. 415.
34   *Kohlberg/Candee: Relationship.* A. a. O. 493.

zwei Probanden, die Philosopher One und Philosopher Two genannt werden. Wie oben ebenfalls rekonstruiert, sollen beide unterschiedlich auf die Erfahrung realer moralischer Dilemmata reagiert haben. Wie in Abschnitt II.4. ausführlich dargestellt wird, hat sich Philosopher One an der Überzeugung der universalen Reichweite seiner moralischen Prinzipien nicht irre machen lassen, während Philosopher Two nicht mehr glaubt, dass moralische Prinzipien per se keine Ausnahmen zulassen. Hier ist entscheidend, dass Philosopher Two durch die Erfahrung des realen Dilemmas im Gegensatz zu Philosopher One außerdem auch den Glauben an die Auflösbarkeit aller moralischer Dilemmata durch moralische Prinzipien verloren hat. Den Autoren zufolge hat es »Philosopher One niemals in Zweifel gezogen, dass es die eine richtige Lösung seines Dilemmas gibt«[35]. Sein Dilemma soll er sich damit erklärt haben, dass er diese richtige Lösung schlicht noch nicht erkannt hat, weil er noch nicht sorgfältig genug nachgedacht hat. Sein Nachdenken habe sich dann auf die Fragen gerichtet, welche der beiden an ihn gerichteten Ansprüche legitim sei, und welches Moralprinzip in seiner Situation einschlägig ist und zu der einen richtigen Lösung leitet. Philosopher Two hingegen soll sich dem Faktum gestellt haben, dass er durch jede mögliche Entscheidung ein wichtiges moralisches Gut verletzen würde. Und anstatt nach der einen moralisch unzweideutig richtigen Lösung zu suchen, soll Philosopher Two sich um einen Kompromiss bemüht haben, durch den der moralische Schaden zwar nicht ganz verhindert, aber immerhin doch so gering wie unter den gegebenen Umständen eben möglich gehalten werden sollte.[36] Wie oben ebenfalls hervorgehoben, haben Gilligan und Murphy das Entwicklungsniveau von Philosopher Two als ausgereifter beurteilen als das von Philosopher One.[37] Dem würde ich mich insgesamt anschließen. Wichtig ist mir im vorliegenden Zusammenhang aber vor allem die Tatsache, dass Gilligan und Murphy mit Philosopher Two einen Probanden ins Feld führen können, der sowohl Amerikaner ist als auch Kohlbergs Kriterien zufolge über eine besonders hochentwickelte Moralität verfügt, aber dennoch nicht an die Auflösbarkeit aller moralischer Dilemmata glaubt.

(2.4) Insgesamt besteht das zentrale Problem von Kohlbergs ›empirischem‹ Versuch, die Auflösbarkeit seiner Dilemmata ›beweisen‹ zu wollen, wohl ganz grundsätzlich darin, dass für die Plausibilisierung einer so starken moralphilosophischen These wie der These von der prinzipiellen Auflösbarkeit aller moralischen Dilemmata das Mittel der Statistik schlicht unbrauchbar ist. Kohlberg

---

35   Es heißt im englischen Wortlaut:. »Philosopher One seems never to have questioned his belief that there was a right way to judge his dilemma.« *Gilligan/Murphy: Moral Development.* A. a. O. 93

36   *Gilligan/Murphy: Moral Development.* A. a. O. 94 f.

37   *Gilligan/Murphy: Moral Development.* A. a. O. 97.

meint, aus der Tatsache, dass eine signifikante Anzahl von Menschen eines Kulturraums in einer moralischen Frage zur selben Entscheidung kommen, schließen zu dürfen, dass diese Entscheidung in einem universalen Sinne ›richtig‹ ist, und dass es keine unauflösbare moralische Dilemmata gibt. Das ist moralphilosophisch nicht haltbar. Aus der Konvergenz von moralischen Entscheidungen unter bestimmten historischen Bedingungen in einer bestimmten Menschengruppe kann man noch nicht per se schließen, dass die Entscheidung richtig ist, wie Kohlberg das tut. Und man kann erst recht nicht schließen, dass jedes moralische Dilemma eine eindeutige Entscheidung hat. Deutlich heißt es in diesem Sinne auch bei Habermas, dass sich die »Konkurrenz« zwischen verschiedenen moralphilosophischen Überzeugungen ausschließlich »auf dem Feld philosophischer Argumentationen« durch das jeweils bessere Argument, »aber nicht in der Entwicklungspsychologie entscheiden«[38] ließe. Und tatsächlich räumt Kohlberg diesen Einwand letztlich sogar selbst ein mit der Bemerkung, dass empirischen Studien keine wirkliche Beweiskraft hätten, um dann diese Einschränkung jedoch sofort selbst wieder einzuschränken mit der Bemerkung, dass er in dem auffälligen empirischen »Konvergieren«[39] eben doch eine Bestätigung seines Glaubens daran sieht, dass sich mit Hilfe der ›universalen‹ moralische Prinzipien der Philosophie alle moralischen Dilemmata deontologisch eindeutig auflösen lassen.

(3) Den wichtigsten Einwand hat Kohlberg schließlich selbst benannt. In einer Randbemerkung heißt es, dass sich im Falle eines moralischen Dilemmas auf der 6. Stufe vermittels der »Berücksichtigung eines Prinzips« ein Konsens »hinsichtlich der richtigen Lösung herstellen« ließe, insofern »Einigkeit über die Tatsachen des Falles herrscht«[40]. Tatsächlich liegt hier der Hund begraben.

(3.1) Wie ich in II.7. zum Prinzip des situativ begründeten Prinzipienverstoßes schon gezeigt habe, ist es für menschliche Akteure unmöglich, eine Situation vollständig und ›objektiv‹ zu beschreiben. Eine vollständige Beschreibung ist unmöglich, weil jede einzelne Situation aus einer solchen Fülle von Details und Situationsmerkmalen, dass es jeden menschlichen Akteur überfordern würde, sie vollständig aufzulisten. Eine objektive Beschreibung ist nicht möglich, weil die menschliche Aufmerksamkeit interessengeleitete Schwerpunkte setzt, um sich in der Datenfülle zurechtzufinden, mit der sie ständig torpediert wird. In seinem Essay *The Postulate of Immediate Empiricism* von 1905 bringt John Dewey das plastische Beispiel, dass ein Jockey ein- und dasselbe Pferd ganz

---

38 *Habermas: Gerechtigkeit und Solidarität.* A. a. O. 293
39 *Kohlberg/Candee: Relationship.* A. a. O. 416.
40 *Kohlberg/Candee: Relationship.* A. a. O. 389 f.

anders beschreiben würde als ein Bauer oder ein Metzger.[41] Der Jockey würde sich für die Schnelligkeit interessieren, der Bauer für seine Zuchteigenschaften und der Metzger für den Fettgehalt seines Fleisches. Genauso ist es, wenn zwei Menschen ein- und dieselbe Situation beschreiben sollten: Je nach Interessenlage würden sie völlig unterschiedliche Schwerpunkte setzen. Es ließen sich außer dem Überforderungs- und dem Schwerpunktsetzungsargument noch weiter Argumente ins Feld führen, die es zweifelhaft erscheinen lassen, dass zwei Menschen jemals wirklich in einem umfassenden Sinne eine echte ›Einigkeit über die Tatsachen eines Falles‹ herstellen können, womit die entscheidende Vorbedingung zur Lösung aller moralischen Dilemmata hinfällig wäre.

(3.2) Dem könnte man natürlich entgegenhalten, dass eine vollständige Einigung über ausnahmslos alle ›Tatsachen eines Falles‹ auch gar nicht nötig sei, wenn es um das Fällen einer moralischen Entscheidung geht, sondern lediglich um die moralisch relevanten Tatsachen. Wenn man nun einmal zugesteht, dass sich bei entsprechender kommunikativer Anstrengung (in einer Schulklasse beispielsweise) tatsächlich in den meisten Fällen wohl ein gewisser Konsens darüber herstellen lässt, was in einer Situation in moralischer Hinsicht wichtig ist oder nicht, ergibt sich jedoch ein weiteres Anwendungsproblem. Sobald man sich über die moralisch relevanten ›Tatsachen des Falles‹ einig geworden ist, muß schließlich das Problem formuliert werden, das es zu lösen gilt. Wie Albrecht Wellmer in seinem Essay *Eine Kantische Exposition* von 1986 überzeugend zeigt, hängt das, was der Kategorische Imperativ gebietet, unmittelbar von der Beschreibung der Konfliktsituation ab. Als Beispiel wird eine Situation konstruiert, die sich an die in Kants Schrift *Über ein vermeintliches Recht, aus Menschenliebe zu lügen* anlehnt. Es geht um einen moralischen Akteur, der im Nazi-Deutschland einen Juden versteckt hat und von den SS-Verbrechern gefragt wird, ob sich der betreffende Jude in seinem Haus befindet. Wellmer geht es mit diesem Beispiel in erster Linie um den Aufweis, dass die strikte Anwendung dieses moralphilosophischen Prinzips in einem moralisch kontraintuitiven moralischen Rigorismus mündet (vgl. Abschnitt II.2). Es geht ihm auch um den Aufweis, dass mit dem vorgeblich so universalen und situationsunabhängigen Kategorischen Imperativs Kants eine gravierende Anwendungsschwierigkeit verbunden ist, sobald es um die Urteilsfindung in einer konkreten Situation geht, weil das Resultat der Anwendung des Kategorischen Imperativs wesentlich davon abhängig sei, wie man den moralischen Konflikt beschreibt. Wie Wellmer überzeugend zeigt, hätte sich Kant letztendlich nämlich *für* die Lüge aussprechen müssen, wenn in dem in der *Lügenschrift* nicht

---

41 *Dewey, John: The Postulate of Immediate Empiricism.* 1905. In: *ders.: The Middle Works.* Bd. 3. Hrsg. v. J. A. Boydston. Carbondale o. J. (158–167) 158.

etwa die Maxime ›Du darfst nicht lügen‹ auf den Prüfstein des Kategorischen Imperativs gestellt worden wäre, sondern die Maxime »Du sollst unschuldig Verfolgte notfalls durch eine Lüge zu retten versuchen«[42]. Mit derselben Stoßrichtung kritisierte schon G. W. F. Hegel in seinen posthum veröffentlichten *Vorlesungen über die Geschichte der Philosophie*, dass der Kategorische Imperativ letztlich nicht zu gebrauchen sei, weil er in seiner strikt formalen Ausrichtung ohne jede inhaltliche Konkretion sei. Im Wortlaut heißt es, dass das formale Kantische Sittengesetz »vollkommen ohne Inhalt« sei. Hegels Rekonstruktion zufolge reduziert Kant das Sittengesetz auf die reine Achtung vor dem Gesetz. Das sei jedoch »etwas Leeres, das im Praktischen« zu keiner »Realität«[43] käme. Denselben Einwand formuliert Arthur Schopenhauer wenige Jahre später in seiner *Preisschrift über die Grundlage der Moral* von 1840.[44] Weiter ins Detail zu gehen, ist überflüssig: Monisten wie Kant oder Kohlberg können schon deshalb nicht hoffen, dass die Anwendung ein- und desselben moralphilosophischen Prinzips bei allen vernünftigen Akteuren zu der einen deontologisch richtigen Lösung jedes moralischen Dilemmas führt, weil das, was formal gehaltene moralphilosophische Prinzipien vorschreiben, viel zu sehr von der Beschreibung der Situation generell und des zur Disposition stehenden moralischen Problems speziell abhängen. Wenn das moralische Dilemma in der einen Weise beschrieben wird, gebietet der Kategorische Imperativ das eine; wird es in einer anderen Weise beschrieben, gebietet derselbe Kategorische Imperativ das Gegenteil. Auf die eine eindeutig richtige Lösung für das moralische Dilemma, die sich Kohlberg von den Prinzipien der Moralphilosophie verspricht, kann man also schon wegen der Abhängigkeit dieser Prinzipien von der Problemformulierung nicht hoffen.

(4) Die Einsicht in die Unauflösbarkeit mancher moralischer Dilemmata als weiteres Charakteristikum der 7. Stufe. Kohlbergs Philosophie des moralischen Dilemmas kann also nicht davon überzeugen, dass sich tatsächlich alle moralischen Dilemmata auf der 6. Stufe der Moralentwicklung durch Orientierung an moralphilosophischen Prinzipien wie dem Kategorischen Imperativ beispielsweise in eindeutiger Weise ohne Restzweifel auflösen lassen. Es wäre nun allerdings eine trügerische Hoffnung, wenn diese Erwartung nun statt stattdessen an die im II. Kapitel konzipierte 7. Stufe

---

42 *Wellmer, Albrecht: Eine Kantische Exposition.* In ders.: *Ethik und Dialog.* Frankfurt 1986, 26 f. Insgesamt richten sich Wellmers Ausführungen gegen den Kantischen Anspruch, »dass die durch den Kategorischen Imperativ ausgezeichneten Normen allgemeingültig, d. h. ohne Ausnahme verbindliche praktische Gesetze sind«. A. a. O. 26.

43 *Hegel: Vorlesungen über die Geschichte der Philosophie.* A. a. O. Bd 3, 389.

44 *Schopenhauer: Preisschrift über die Grundlage der Moral.* A. a. O. 53.

gerichtet würden. Wie ich am Ende des letzten Kapitels in Argument II.7.4. klargestellt habe, kann das Prinzip des situativ begründeten Prinzipienverstoßes vielmehr ausdrücklich nicht beanspruchen, eine Strategie zur eindeutigen Auflösung aller Dilemmata zu sein. Kennzeichnend für die 7. Stufe ist vielmehr die Einsicht in das Faktum, dass es unauflösbare moralische Dilemmata gibt, an denen sowohl unsere individuellen moralischen Entscheidungsfähigkeiten als auch die Moralphilosophie insgesamt an ihre Grenzen stoßen.

Mit Blick auf dieses Charakteristikum der 7. Stufe halte ich es für bezeichnend, dass ich Philosopher Two in Argument II.4.2. erst als Beleg dafür, dass es sowohl die Übergangsstufe 6 ½ des Zweifelns als auch die 7. Stufe des situativ begründeten Prinzipienverstoßes tatsächlich gibt, und dann in Argument II.2.3. noch einmal als empirisches Argument gegen Kohlbergs Philosophie des moralischen Dilemmas ins Feld ins Feld führen konnte. Daraus läßt sich in meinen Augen nämlich auf einen für die Zwischenstufe 6 ½ kennzeichnenden intrinsischen Zusammenhang folgern zwischen der in Abschnitt II.4.2. schon thematisierten Erfahrung einerseits, dass die strikte Anwendung von moralphilosophischen Prinzipien wie dem Kategorischen Imperativ beispielsweise in einigen wenigen Ausnahmesituationen zu moralisch kontraintuitiven Entscheidungen führen kann, und der fatalistischen Einsicht in die faktische Unauflösbarkeit mancher moralischer Dilemmata andererseits. Für die 7. Stufe der Moralentwicklung ist meiner Konzeption zufolge also nicht nur die Einsicht kennzeichnend, dass es Situationen geben kann, in denen man gerade nicht die Entscheidung treffen sollte, welche die etablierten Prinzipien der Moralphilosophie vorschreiben würden, weil das zu einer Handlung führen würde, die der ausgereifte moralische Akteur der 7. Stufe nicht verantworten will. Kennzeichnend ist zusätzlich auch die Einsicht in das Faktum, dass es unauflösbare moralische Dilemmata geben kann, die sich auch bei aufrichtigster und intensivster moralphilosophischer Reflexion nicht ohne Restzweifel in eindeutiger Weise entscheiden lassen. Eine Lösung, die auf der 7. Stufe mit dem Prinzip des situativ begründeten Prinzipienverstoßes gegebenenfalls gefunden wird, erhebt ausdrücklich nicht den Anspruch, die eine für alle moralfähigen Wesen verbindliche Lösung zu sein. Sie beansprucht lediglich, eine besonders gut durchdachte Lösung zu sein, die sich unter den gegebenen Umständen besser als alle alternativen Lösungsmöglichkeiten mit den moralischen Intuitionen des verantwortlichen moralischen Akteurs zur Deckung bringen läßt. Damit leistet das Prinzip des situativ begründeten Prinzipienverstoß nun zweifellos sehr viel. Ja, tatsächlich leistet es sogar das Optimum dessen, was meinen moralphilosophischen Grundüberzeugungen zufolge mit moralphilosophischen Mitteln überhaupt erreicht werden kann. Immerhin soll auf der 7. Stufe ja eine den Intuitionen entsprechende moralische Entscheidung für diejenigen moralischen

Konflikte gefunden werden, bei denen sogar die etablierten moralphilosophischen Prinzipien wie der Kategorische Imperativ beispielsweise an ihre Grenzen stoßen. Allerdings verspricht die 7. Stufe nicht die eine moralisch unzweideutig richtige Lösung für alle moralischen Dilemmata.

Damit stellt sich jetzt natürlich die Frage, ob die 7. Stufe auch aus der Sicht der Philosophie des moralischen Dilemmas eine Fortschrittsstufe gegenüber Kohlbergs 6. Stufe der an moralphilosophischen Prinzipien orientierten moralischen Entscheidungen ist? Eine Antwort auf diese Frage leitet sich in meinen Augen aus den Worten des Sokrates im Platonischen Dialog *Charmenides* ab, denen zufolge der wirklich Wissende auch ein Wissen darüber haben sollte, »was er weiß« und »was er nicht weiß«[45]. Genauso muß der ausgereifte moralische Akteur die Grenzen seiner moralischen Fähigkeiten und der Moral insgesamt kennen. Von einer ausgereiften Moralität kann in meinen Augen erst dann die Rede sein, wenn ein Akteur sich den Grenzen der Moral stellen kann. Am moralischen Dilemma stößt jede Moral (nicht nur die Prinzipienmoral) an ihre Grenzen.[46] Während der moralische Akteur der 6. Stufe jedoch noch dem Irrtum verhaftet ist, dass sich ausnahmslos alle moralische Dilemmata mit den moralphilosophischen Prinzipien lösen lassen, kann sich der moralische Akteur der 7. Stufe der unangenehmen Tatsache stellen, dass es unauflösbare moralische Dilemmata gibt, bei dem alles moralphilosophische Reflektieren an seine intrinsische Grenze stößt. Damit kann der Akteur der 7. Stufe nicht nur im Konfliktfall eine moralische Entscheidung treffen, die er vor seinem Gewissen besser verantworten kann als die streng prinzipienorientierte Entscheidung, der er im Sinne von Kohlbergs 6. Stufe Folge leisten müßte. Nein, er hat die 6. Stufe auch in dem Sinne transzendiert, dass er im Zwischenstadium 6 ½ etwas über die Grenzen individueller moralischer Reflexion und der Moralphilosophie insgesamt erfahren hat, was ein Akteur auf der 6. Stufe wesentlich noch nicht erfahren hat. Insbesondere aus dem letztgenannten metamoralischen Grund halte ich die 7. Stufe des situativ begründeten Prinzipienverstoßes für einen Fortschritt gegenüber Kohlbergs 6. Stufe der strikt prinzipienorientierten moralischen Entscheidungen.

(5) Das Problem der Handlungshemmung durch Restzweifel. Gegen die These vom moralischen Fortschritt durch die Einsicht in das Faktum der Unauflösbarkeit mancher moralischer Dilemmata würde ein eingefleischter Kohlbergianer natürlich einwenden, dass von einem Fortschritt schon deshalb keine Rede sein könne, weil es unauflösbare moralische Dilemmata moral-

---

45 *Platon*: *Charmenides* 169b, 175a-c.
46 Vgl. dazu ausführlicher mein Buch *Raters: Das moralische Dilemma*. A. a. O. Forthcoming.

philosophischen Autoritäten wie Immanuel Kant und Thomas von Aquin zufolge nicht geben kann. Mit diesem Einwand möchte ich mich nicht weiter auseinandersetzen, weil ich glaube, gezeigt zu haben, dass sich die genannten moralphilosophischen Autoritäten zumindest in diesem Punkt irren. Dann aber könnte der Kohlbergianer den Einwand erheben, dass sich auf der von mir konzipierten 7. Stufe das Problem eines Auseinanderklaffens von moralischer Entscheidung und tatsächlicher Handlung ergeben könnte, weil zwangsläufig Restzweifel mit handlungshemmender Wirkung bleiben würden, wenn ein moralischer Akteur ein Dilemma entscheiden muß, welches er als unauflösbares moralisches Dilemma identifiziert zu haben glaubt. Das sei ein Problem, das auf Kohlbergs 6. Stufe entsprechenden empirischen Forschungen zufolge nicht auftreten würde. Und weil Moral letztendlich ja zum richtigen Handeln (und nicht nur zum richtigen moralischen Denken und Entscheiden) befähigen solle, könne wohl kaum von einem Fortschritt der Moralentwicklung auf meiner 7. Stufe gegenüber Kohlbergs 6. Stufe die Rede sein, wenn auf der 7. Stufe handlungshemmende Faktoren hinzutreten, die es auf der 6. Stufe nicht gibt.

(1) Dem Kohlbergianer ist nun zunächst einmal einzuräumen, dass es das Problem der Handlungshemmung durch Restzweifel an der getroffenen moralischen Entscheidung auf der 7. Stufe tatsächlich gibt. Ein unauflösbares moralisches Dilemma ist eine Situation, in der ein moralischer Akteur gezwungen ist, sich zwischen zwei Handlungsoptionen zu entscheiden, obwohl beide Handlungsoptionen unter gewissen Rücksichten moralisch falsch sind, ohne dass es einen glücklichen dritten Weg gegen würde, bei dem der moralische Akteur nicht gegen ein gewichtiges moralisches Verbot oder Prinzip verstoßen müßte. Wenn der Akteur aus Kants Lügenschrift seinen Freund retten will, muss er lügen, und wenn er dem Aufrichtigkeitsgebot folgt, liefert er seinen Freund einem Mörder aus. Die 7. Stufe der Moralentwicklung ist unter anderem dadurch gekennzeichnet, dass der moralische Akteur der 7. Stufe sich der moralischen Ausweglosigkeit deutlich bewußt ist, die das unauflösbare moralische Dilemma bedeutet. Das heißt, dass ein Akteur der 7. Stufe mit der Diagnose eines unauflösbaren moralischen Dilemmas genau weiß, dass er mit jeder der beiden ihm möglichen Entscheidungen eine moralische Verfehlung begehen muß. Das wiederum ist ein höchst bedrohliches Wissen, weil nach einer moralischen Verfehlung erfahrungsgemäß Schuldgefühle drohen, die sich je nach Intensität im Ernstfall ausgesprochen unangenehm, schmerzhaft und quälend entfalten können. Es läge aus Sicht des moralischen Akteurs deshalb nahe, den Versuch zu unternehmen, die Situation zu vermeiden, in der sich die drohenden Schuldgefühle tatsächlich einstellen – die Situation nämlich, dass er seine Entscheidung in die Tat umgesetzt hat. Es läge nahe, dass er die Entscheidung herauszuzögern versucht, weil

er vermeiden will, dass er unter den quälenden Gefühlen leiden wird. Die die Diagnose ›unauflösbares moralisches Dilemma‹ ist somit alles andere als eine banale moralphilosophische Diagnose. Es besteht vielmehr die Gefahr, dass eine solche Diagnose handlungshemmend wirkt.

(2) Einzuräumen ist auf den ersten Blick auch, dass sich das Problem entsprechenden empirischen Untersuchungen von Kohlberg zufolge auf der 6. Stufe der Moralentwicklung nicht zu stellen scheint. Kohlberg äußert sich zu dem Problem der Möglichkeit eines Auseinanderklaffens von moralischem Urteil und tatsächlicher Handlung unter anderem in dem zusammen mit Daniel Candee verfassten Aufsatz *The Relationship of Moral Judgement to Moral Action* von 1984. Der Essay ist im Kontext der schon in Einwand I.3.6. erwähnten Kritik an den nur hypothetischen Dilemmata in Kohlbergs Versuchsaufbau anzusiedeln. In diesem Zusammenhang stellt er die hier einschlägigen Frage, inwieweit man sich darauf verlassen kann, dass ein Akteur, der im Falle eines nur hypothetischen Dilemmas zur ›richtigen‹ moralischen Entscheidung kommt, diesem Urteil im Ernstfall des realen Dilemmas dann auch die moralisch richtige Handlung folgen lassen würde[47] Kohlbergs Antwort auf diese Frage lautet in ihrem wesentlichen Kern, dass eine ›gute‹ moralische Handlung tatsächlich auf mehr Bedingungen basiere als ›nur‹ auf dem richtigen moralischen Urteil. Zwar sei es tatsächlich unumgänglich, dass das richtige »deontische Urteil« gefällt wird, dem zufolge eine ganz bestimmte Handlung in der vorliegenden Situation »moralisch richtig oder verpflichtend«[48] wäre. Damit es dazu kommen könne, müsse die Situation allerdings schon im Vorfeld des moralischen Urteilens adäquat analysiert und erfasst worden sein, wobei Kohlberg (der hier, wie in Abschnitt II.1.6 schon gezeigt, deutlich unter dem Einfluß von Jürgen Habermas steht) betont, dass das weniger eine Leistung der Moral als der Intelligenz sei. Zudem müsse irgendwann (mit dieser ebenfalls von Habermas beeinflussten These meint Kohlberg, deutlich über seinen philosophischen Mentor Kant hinauszugehen[49]) die Übernahme eines ›Verantwortungsurteils‹

---

47 *Kohlberg/Candee: Relationship.* A. a. O. 373.

48 *Kohlberg/Candee: Relationship.* 400 ff. Vgl. auch A. a. O. 413 ff. sowie Einwand I.3.6.

49 Zum Verhältnis seiner eigenen Moralphilosophie zur Moralphilosophie von Immanuel Kant äussert sich Kohlberg in der vorliegenden Abhandlung als Antwort auf einen Essay von Kleinberger. Kohlbergs Rekonstruktion zufolge hatte Kleinberg ihm »die kantische (und christliche) Auffassung« zugeschrieben, »das einzig Wichtige für die Bewertung der Moralität einer Handlung seien die zugrundeliegenden Intentionen oder Prinzipien, nicht die Konsequenzen oder die Fähigkeit, Handlungsfolgen abzusehen, mit deren Hilfe man entscheiden könnte, welches Handeln für andere Menschen positiv sei.« *Kohlberg/Candee: Relationship.* A. a. O. 393. Verweis auf *Kleinberger: The Proper Object of Moral Judgement and of Moral Education.* A. a. O. insg. »Tatsächlich« aber wolle sich Kohlberg »dieser kantischen Position« keineswegs anschließen.

erfolgen, das er in Anlehnung an Frankena als das Urteil kennzeichnet, dem zufolge man selbst aus seiner persönlichen Rolle und Selbsteinschätzung heraus verpflichtet ist, in eigener Person dem deontischen Urteil zufolge tatsächlich auch etwas bestimmtes zu tun bzw. zu unterlassen.[50] Schließlich und endlich müsse dann aber auch der Entschluss gefasst werden, die Handlung, die dem deontischen Urteils zufolge situativ angemessen ist und die dem Verantwortungsurteil zufolge in der Verantwortung des moralisch Urteilenden selbst liegt, auch tatsächlich auszuführen[51]. Damit das geschieht, müssen nach Kohlberg wiederum »außermoralische« Bedingungen wie »Ichkontrolle« und »Aufmerksamkeit, Intelligenz und Fähigkeit zum Belohnungsaufschub« erfüllt sein, »die das Individuum in die Lage versetzen, das auch auszuführen, was es für richtig hält«[52].

(2.1) Gegen diese Antwort auf das alte Problem der ›Willensschwäche‹[53] ist natürlich zunächst einmal ein Einwand vorzubringen, den ich in Abschnitt II.1.10. schon gegen Kohlbergs Neukonzeption der 6. Stufe in den achtziger Jahren des letzten Jahrhunderts vorgebracht habe: Kohlberg und Candee entfalten hier ebenfalls ein ziemlich diffuses Gemenge von moralischen und außermoralischen Fähigkeiten. Wichtiger aber scheint mir die Nachfrage zu sein, wie es sich erklärt (und im Ethik-Unterricht vielleicht auch befördern läßt), dass es auf postkonventionellem Niveau plötzlich zur Ausbildung der außermoralischen Fähigkeiten der Ichkontrolle und des Belohnungsaufschubs sowie zur Bereitschaft zur Übernahme eines Verantwortungsurteils kommt.

(2.2) Kohlbergs Antwort auf diese Frage würde vermutlich lauten, dass sich die genannten Fähigkeiten sowie die Bereitschaft zur Übernahme eines Verantwortungsurteil im Zuge der Persönlichkeitsentwicklung, die eine moralische

---

Er vertrete »vielmehr« eine »modifizierte Version« der kantischen Moralphilosophie, der zufolge »ein eindeutig moralisches Urteil« lediglich eine »notwendige Komponente jeder als moralisch zu bewertenden Handlung darstellt«, jedoch noch keine hinreichende Komponente, »die für die Bewertung der Moralität einer Handlung oder eines Handelnden« ausreichen würde. Tatsächlich müsse das Verantwortungsurteil hinzutreten. Zudem könnten auch »andere Wissens- und Motivationsfaktoren, die nicht spezifisch moralisch sind, unter Umständen ebenfalls notwendig sein, um ein positives Ergebnis sicherzustellen«. Deshalb seien »moralische Urteilsprinzipien zwar notwendig, aber nichts bereits unbedingt hinreichend für gutes Handeln oder einen guten Charakter im weiteren Sinne.« *Kohlberg/Candee: Relationship.* A. a. O. 393 f.

50   *Kohlberg/Candee: Relationship.* A. a. O. 402 f. Verweis auf *Frankena: Ethics.* A. a. O. o. S.

51   *Kohlberg/Candee: Relationship.* A. a. O. 403 ff.

52   *Kohlberg/Candee: Relationship.* A. a. O. 491.

53   Das Problem der Möglichkeit des Auseinanderklaffens von moralischem Urteil und der nachfolgenden Handlung wird in der Literatur gemeinhin unter dem Etikett ›Willensschwäche‹ (griech. Akrasia) diskutiert. Die Standardabhandlung dazu ist wohl bis heute *Spitzley, Thomas: Handeln wider besseres Wissen. Eine Diskussion klassischer Positionen.* Berlin/New York 1992.

Entwicklung ja immer auch bedeutet, quasi von selbst mit einzustellen. Zumindest ist ein Großteil der Abhandlung dem Aufweis gewidmet, dass die Tendenzen zum Verantwortungsurteil, zur Ichkontrolle und zum Belohnungsaufschub mit dem Niveau der Moralentwicklung sukzessive ansteigen würde. Zur Sprache kommt unter anderem ein Experiment von McNamee aus dem Jahr 1977, im Zuge dessen eine vorgeblich drogensüchtige, hilfesuchende Person in einen Raum geschickt wurden, in dem Probanden gerade zu einem Standarddilemma befragt wurden, in dem die Pflicht zur Hilfsbereitschaft zur Disposition stand.[54] Das Ergebnis dieses Experiments sei gewesen, dass die Befragten umso häufiger das Verantwortungsurteil ›ich bin zuständig, dem Drogensüchtigen zu helfen« gefällt und umso häufiger auch tatsächlich danach gehandelt haben, auf je höherem Level der Moralentwicklung sie zuvor argumentiert hatten. Wie Kohlberg und Candee hervorheben, traten »praktisch durchgängig« die »Entscheidung zu helfen und die tatsächliche Hilfeleistung auf jeweils höherer Moralstufe häufiger auf«[55]. Die Abhandlung besteht dann im Wesentlichen darin, weitere Belege und Plausibilisierungen für diese Beobachtung aufzulisten. Genannt werden außerdem eine Studie zu einer Protestbewegung für mehr Redefreiheit an einer amerikanischen Universität[56], das berühmte Milgram-Experiments[57], die Vernehmungsprotokolle des Soldaten Paul Meadlow nach dem My-Lai-Massaker in Vietnam[58] sowie eine entsprechende Studie zum Heinz-Dilemma von Helkama aus dem Jahr 1979[59]. Die Resultate sind immer dieselben: Fast alle Probanden bzw. Beteiligtem, die ihr Moralurteil auf postkonventionellem Niveau gefällt hatten, seien auch bereit gewesen, entweder sich selbst oder den

---

54 *Kohlberg/Candee: Relationship.* A. a. O. 405–410. Verweis auf *McNamee, S.: Moral Behaviour, Moral Development, and Motivation.* In: *Journal of Moral Education* 7. 1977, 27–31.

55 *Kohlberg/Candee: Relationship.* A. a. O. 418.

56 *Kohlberg/Candee: Relationship.* A. a. O. 429–437. Verweis auf *Rest, J. R.: Morality.* In: *Handbook of Children‹s Psychology.* Bd. 3. Cognitive Development. Hrsg. v. J. H. Flavell, E. Markham. New York ⁴1983, 556–629.

57 *Kohlberg/Candee: Relationship.* A. a. O. 441–445. Verweis auf *Milgram, S.: Obedience to Authority.* An Experimental View. New York 1974. Bei dem Versuch wurde Probanden der ›Befehl‹ gegeben, vorgebliche Straftäter mit (vorgetäuschten) Elektroschocks zu ›bestrafen‹. Das erschreckende Ergebnis war, dass ein Großteil der Probanden dem ›Befehl‹ so weit befolgten, dass sie die vermeintlichen Delinquenten im Ernstfall getötet hätten.

58 *Kohlberg/Candee: Relationship.* A. a. O. 418 ff. Kohlberg schildert den Vorfall so: »Am 24. November 1969 strahlte das CBS-Fernsehen ein Interview mit Paul Meadlow aus, einem Soldaten, der seine Beteiligung an der Ermordung von Zivilisten in My Lai zugab. Er hatte (nach seinen Aussagen) auf Anordnung von Leutnant Calley mehrere Magazine von M-16-Geschossen auf vietnamesische Zivilpersonen abgefeuert.« A. a. O. 469.

59 *Kohlberg/Candee: Relationship.* 422–426. Verweis auf *Helkama, K.: The Devolepment of the Attribution of Responsibility.* A Critical Survey of Empirical Research and a Theoretical Outline. In: *Helsinki Research Reports* 3. Helsinki 1979.

Akteuren der zur Debatte gestellten moralischen Situationen direkt die Verantwortung für die Ausführung der als richtig eingesehenen Handlung zuzumuten.
Probanden bzw. Beteiligte hingegen, die auf konventionellem oder gar nur
auf präkonventionellem Level geurteilt hatten, hätten eine auffällige Tendenz
dazu gehabt, Verantwortung von sich bzw. den in der Situation direkt beteiligten moralischen Akteuren durch das Anführen von ›Entschuldigungsgründen‹
abzuwälzen, wobei die ›Entschuldigungsgründe‹ nach Kohlberg in aller Regel
in dem Hinweis auf ›Quasi-Verpflichtungen‹ bestanden hätte, nämlich im
Hinweis auf eine angedrohte Strafe, auf einen Befehl oder auf eine Gesetzeslage
beispielsweise. So hätten postkonventionelle Probanden im Falle des Heinz-
Dilemmas nahezu einhellig geurteilt, dass Heinz durch das Einbruchsverbot
unserer Gesellschaft oder durch das Eigentumsrecht des Apothekers nicht davon
entlastet werden könne, einbrechen zu müssen, um seiner Verantwortung für
das Leben seiner Frau gerecht zu werden, während konventionelle und präkonventionelle Probanden die deutliche Tendenz gehabt hätten, für Heinz
die »Quasi-Verpflichtung«[60] gegenüber dem Gesetz als Entschuldigungsgrund
gelten zu lassen, nicht einbrechen zu müssen. Vergleichbar hätten postkonventionelle Probanden die Akteure des My-Lai-Massakers persönlich für die
Greueltaten verantwortlich gemacht, während die übrigen Probanden den
Entschuldigungsgrund der herrschenden Befehlsstrukturen angeführt hätten.[61]
Im Zuge des Milgram-Experiements wiederum hätten »nahezu alle Probanden
auf der höchsten Stufe«[62] das Experiment abgebrochen, weil sie sich trotz des
Strafbefehls persönlich für den durch den Strom zugefügten Schaden verantwortlich gefühlt hätten. Genau das sei auf der untersten Stufe hingegen schlicht
kein einziges Mal der Fall gewesen. Aus solchen Studien und Beobachtungen
lässt sich nach Kohlberg und Candee nun generell schließen, dass für Personen,
die sich auf dem postkonventionellem Level ihrer moralischen Entwicklung
befinden, »die Übernahme der Verantwortung« für »notwendig«, während sie
»Entschuldigungen wie die Berufung auf die Autorität« beispielsweise für »nicht
legitim« halten, so dass »die Tendenz zur Diffusion von Verantwortlichkeit«
sowie,«die Neigung, Verantwortung auf andere abzuschieben«[63], umso geringer
werden, je weiter die Moralentwicklung eines Individuums fortgeschritten ist.
Das explizite Resultat der Abhandlung von 1984 lautet somit, dass »Individuen
auf jeweils höherer Urteilsstufe konsistenter in der Richtung handeln, dass sie
sich für Richte einsetzen, Verantwortung übernehmen und seltener Quasi-

---

60 *Kohlberg/Candee: Relationship.* A. a. O. 422.
61 *Kohlberg/Candee: Relationship.* A. a. O. 419.
62 *Kohlberg/Candee: Relationship.* A. a. O. 443.
63 *Kohlberg/Candee: Relationship.* A. a. O. 457.

Verpflichtungen vorschieben«[64] als Individuen auf niedrigeren Urteilsstufen. Studien wie die genannten belegen nach Kohlberg, dass Personen »auf jeweils höherer Stufe mit wachsender Wahrscheinlichkeit« letztendlich auch tatsächlich moralisch handeln, »weil sie eher ein Verantwortlichkeitsurteil abgeben, das mit ihrer deontischen Entscheidung übereinstimmt, und weil sie dieses Urteil« dann auch tatsächlich »in die Tat umsetzen«[65].

(3) Die Fähigkeiten zur Ichkontrolle und zum Belohnungsaufschub sowie die Bereitschaft zur Übernahme eines Verantwortungsurteil (wodurch dem späten Kohlberg zufolge der problematische Hiat zwischen moralischer Entscheidung und tatsächlicher Handlung überwunden wird) sollen sich nach Kohlberg also mit der Persönlichkeitsentwicklung im Rahmen der moralischen Entwicklung quasi von selbst mit einzustellen. Falls das tatsächlich zutrifft, und falls zudem auch meine These richtig ist, dass die 7. Stufe eine Fortschrittsstufe ist, scheint man optimistischerweise hoffen zu dürfen, dass Akteure der 7. Stufe ebenfalls eine ausgeprägte Tendenz zum Verantwortungsurteil und zur Ich-Kontrolle haben, so dass sich das Problem des Auseinanderklaffens von moralischer Entscheidung und tatsächlicher Handlung durch Skrupel wegen der Restzweifel im Falle einer Entscheidung eines als unauflösbar identifizierten moralischen Dilemmas auf der 7. Stufe gar nicht stellt, weil es nach Kohlberg auf der 6. Stufe ja schon gelöst sein soll.

(3.1) Als Beleg scheint man auf den ersten Blick noch einmal den ›Nietzscheaner‹ ins Feld führen zu können, von dem Kohlberg und Kramer in ihrem Essay *Continuities and Discontinuities in Childhood and Adult Moral Development* von 1969 berichten. Es mag anmaßend sein, einem anderen eine Lektion in Sachen Moral erteilen zu wollen, aber es zeugt zweifellos von ausgeprägter Handlungsfähigkeit auch unter unangenehmen Bedingungen, wenn der ›Nietzscheaner‹ (wie Kohlberg und Kramer ja berichten) seinem Freund eine Uhr stiehlt, um ihm zu beweisen, »wie die Welt wirklich ist«[66]. Er riskiert den Verlust einer Freundschaft und vielleicht sogar den Ausschluss aus dem College wegen Diebstahls sowie entsprechende strafrechtliche Konsequenzen. Ganz offensichtlich besitzt der Nietzscheaner also die Fähigkeit, für seine moralischen Überzeugungen auf Belohnungen zu verzichten und sogar Strafe in Kauf zu nehmen. Und ein Verantwortungsurteil hat er zweifellos auch gefällt: Er hat den Diebstahl schließlich nicht aus Gewinnsucht begangen, sondern nur aus

---

64 *Kohlberg/Candee: Relationship.* A. a. O. 468.

65 *Kohlberg/Candee: Relationship.* A. a. O. 410.

66 *Kohlberg/Kramer: Continuities and Discontinuities.* A. a. O. 68.

dem einen Grund, dass er sich für die moralische Unterweisung seines Freundes zuständig gefühlt hat.

(3.2) Bei näherer Hinsicht zeigt sich allerdings, dass die Fähigkeiten zur Ich-Kontrolle und zum Belohnungsaufschub sowie die Tendenz zum Verantwortungsurteil auf der 7. Stufe nicht ausreichen, wenn es darum geht, eine Entscheidung in einer Situation in Handlung umzusetzen, von der man überzeugt ist, dass es sich um unauflösbares moralisches Dilemma handelt. Beim Handeln im Falle eines unauflösbaren moralischen Dilemmas geht es darum, gegen eine moralische Überzeugung zu handeln, weil man erkannt hat, dass man handeln muß, obwohl man nur Handlungsoptionen hat, mit denen man gegen eine moralische Überzeugung verstoßen muß. Das heißt, dass zur 7. Stufe ganz wesentlich die Fähigkeit gehört, zu handeln, obwohl man weiß, dass anschließend Schuldgefühle drohen, weil man sich in gewisser Weise tatsächlich schuldig gemacht und tatsächlich gegen eine moralische Anforderung verstoßen hat! Als Beleg dafür kann wieder einmal Gilligans und Murphys Philosopher Two ins Feld führen. Wie aus der von Gilligan und Murphy im Wortlaut zitierten Passage hervorgeht, war er eigentlich davon überzeugt, dass er den Ehemann seiner Geliebten eigentlich »anrufen müßte, um ihm zu sagen, wie die Situation wirklich ist«[67]. Tatsächlich hat er genau das aber letztlich nicht gemacht. Dass die Sache dann irgendwann von selbst aufgeflogen ist, tut hier nichts zur Sache. Entscheidend ist, dass Philosopher Two bewußt eine Entscheidung gegen seine moralische Überzeugung getroffen hat, obwohl er weiß, dass ihn diese Entscheidung im Nachhinein quälen und in seinen moralischen Überzeugungen erschüttern wird, weil er wußte, dass er insbesondere für seine Geliebte großen Schaden anrichten würde, wenn er aufrichtig wäre. Gilligan und Murphy lassen Philosopher Two in ihrem Essay ausführlich zu Wort kommen mit Schilderungen der Gewissensqualen, die ihm die Entscheidung verursacht hat, gegen das moralische Aufrichtigkeitsgebot zu verstoßen, um den Wert der Solidarität mit seiner Geliebten zu bewahren.

Der Fall von Philosopher Two belegt in meinen Augen deutlich, dass die Fähigkeiten der Ichkontrolle, des Belohnungsaufschubs und der Übernahme eines Verantwortungsurteils nicht ausreichen, um eine Entscheidung im Falle eines unauflösbaren moralischen Dilemmas tatsächlich auch in die Tat umzusetzen. Es muß vielmehr zudem auch die Fähigkeit vorhanden sein, in Extremfällen trotz des Wissens zu handeln, dass man gegen eine moralische Überzeugung verstoßen wird und also mit Schuldgefühlen wird rechnen müssen. Nur wenn

---

67 Es heißt im englischen Wortlaut: »So my dilemma was whether I should call the guy up and tell him what the situation was. I didn't.« *Philosopher Two.* Zit. In *Gilligan/Murphy: Moral Development.* A. a. O. 94.

diese Fähigkeit vorhanden ist, kann die 7. Stufe wirklich als Fortschrittsstufe gegenüber Kohlbergs 6. Stufe betrachtet werden, weil nur dann gewährleistet ist, dass die durch die Anwendung des Prinzips des situativ begründeten Prinzipienverstoßes gefundene moralische Entscheidung auch dann noch in die Tat umgesetzt wird, falls es sich bei der Entscheidung um die Entscheidung eines moralischen Dilemmas handelt, dass sich aus Sicht des Akteurs als unauflösbares moralisches Dilemma darstellt. Wenn diese Fähigkeit nicht vorhanden ist, besteht umgekehrt allen noch so ausgeprägten Fähigkeiten zur Ichkontrolle und zum Belohnungsaufschub zum Trotz die Gefahr, dass es nicht zur Übernahme des Verantwortungsurteils aus Angst vor den drohenden Schuldgefühlen und damit zu einem Auseinanderklaffen von moralischer Entscheidung und tatsächlicher Handlung im Falle eines als unauflösbar identifizierten moralischen Dilemmas kommt.

(6) Das Pontius-Pilatus-Argument und Rituale der Entschuldigung. Das Problem der Handlungshemmung durch Restzweifel im Falle eines als unauflösbar identifizierten moralischen Dilemmas muß nun gerade auch vom Standpunkt einer Didaktik des Ethik-Unterrichts ernst genommen werden. Schließlich soll der Ethik-Unterricht die SchülerInnnen ja vor allem zu verantwortungsvollem und situationsadäquatem Handeln und nicht (nur) zu richtigen Haltungen und Einsichten führen. Insofern hätte eine didaktische Methode ihren Sinn verfehlt und im Ethik-Unterricht der Schulen nichts zu suchen, wenn sie in einem handlungsgehemmten Zustand münden würde. Der Einwand der möglichen Handlungshemmung durch Restzweifel auf der 7. Stufe muß also gerade auch vom Standpunkt einer Didaktik des Ethik-Unterrichts interessieren. Tatsächlich sollte die Dilemma-Methode im Ethik-Unterricht die 7. Stufe des situativ begründeten Prinzipienverstoßes nur anvisieren, wenn sie gleichzeitig auch die letztlich paradoxe Fähigkeit des Verstoßes gegen eigene moralische Überzeugungen aus der Einsicht in die moralische Unausweichlichkeit eines solchen Verstoßes entfalten hilft. Eine Antwort auf die Frage, wie sich im Ethik-Unterricht eine Haltung etablieren läßt, aus der heraus die SchülerInnen im Ernstfall eines realen unauflösbaren moralischen Dilemmas eine Entscheidung trotz der wegen Restzweifel drohenden Schuldgefühle in die Tat umsetzen können, könnte sich vielleicht im Zuge einer näheren Analyse dessen herleiten lassen, was es für einen moralischen Akteur eigentlich bedeutet, in einem Dilemma zu stecken, das man als unauflösbar identifiziert zu haben glaubt.

(1) Jens Peter Brune kennzeichnet das ›Dilemma‹ in einem luziden Lexikonartikel als eine Situation, in der sich »eine Person« zwischen »zwei einander

widersprechenden Handlungsoptionen« zu entscheiden hat, wobei jedoch jede der beiden Handlungsoptionen »starke oder gar ›zwingende‹ Gründe auf ihrer Seite«[68] haben müsse. Nach Ruth B. Marcus sollen wir unter einem ›moralischen Dilemma‹ eine Situation verstehen, in der es »Prinzipien« gibt, denen zufolge »eine Person sowohl x tun sollte als auch y, wobei man y nicht tun kann, wenn man x tut und umgekehrt«[69]. Thomas Nagel wiederum versteht unter einem ›Dilemma‹ einen »Konflikt unter Werten«, die »aus Gründen inkommensurabel sind, die mit Ungewissheit in Bezug auf empirische Fakten nichts zu tun haben«[70]. Nach Bernard Williams entsteht ein moralisches Dilemma schließlich, wenn es »den Anschein« hat, »ich solle jedes von zwei Dingen tun, könne aber nicht beides ausführen«[71]. Von einem ›unauflösbaren moralischen Dilemma‹ sollte man in meinen Augen sprechen, sobald jemand zu einer Entscheidung zwischen zwei inkompatiblen Handlungsoptionen gezwungen ist, für die auch nach sorgfältiger moralischer Reflexion noch jeweils zwingende Gründe zu sprechen scheinen, ohne dass die Ausweichmöglichkeit einer dritten Handlungsoption gegeben wäre.

(1.1) Mit Sinnott-Armstrong könnte man einwenden, dass in manchen Fällen des moralischen Dilemmas statt einem ›Sollen‹ ein ›Nicht-Sollen‹ (bzw. ein Verbot) vorliegt. Ich möchte diesen Einwand nicht weiter verfolgen. Wie Sinnott-Armstrong nämlich selbst treffend bemerkt, läßt sich dieses Problem schnell lösen, indem man die Standarddefinition so anpasst, dass mit einem Nicht-Sollen gemeint ist, dass der Akteur die Alternative zum Nicht-Sollen wählen soll.[72] Gemeint ist, dass es (zumindest im vorliegenden Kontext) keinen relevanten Bedeutungsunterschied macht, zu sagen, dass Agamemnon seine Tochter nicht töten soll oder dass er sie weiter leben lassen soll. Tatsächlich lassen sich alle Verbote so zu Geboten bzw. Sollenssätzen umformulieren.

(1.2) Hervorzuheben ist jedoch, dass es im unauflösbaren moralischen Dilemma auch nach sorgfältiger moralischer Reflexion keine der beiden Hand-

---

68   *Brune, Jens Peter: Dilemma.* In: *Handbuch Ethik.* Hrsg. v. M. Düwll, Ch. Hübenthal, M. H. Werner. Stuttgart 2002, (325–331) 325. Brune beruft sich mit dieser Definition auf *Nagel: The Fragmentation of Value.* A. a. O. 181 f.

69   Es heißt im englischen Wortlaut: »In the one´-person case there are principles in accordance with which one ought to do x and one ought to do y, where doing y requires that one refrain from doing x; i. e. one ought to do not-x«. *Marcus, Ruth Barcan: Moral Dilemma and Consistency.* In: *The Journal of Philosophy* 77. 1980, 121–136. Im Text zit. nach: *Moral Dilemmas.* A. a. O. (188–204) 189.

70   *Nagel: The Fragmentation of Value.* A. a. O. 181–199.

71   *Williams, Bernard: Ethical Consistency.* In: *Proceedings of the Aristotelian Society.* Bd. 39, 1965. Auch in *ders.: Problems of the Self.* Cambridge 1973, 166–186. Im Text zit. nach *ders.: Widerspruchsfreiheit in der Ethik.* In: *ders. Probleme des Selbst.* Kapitel 11. Stuttgart 1978, (263–296) 271.

72   *Sinnott-Armstrong: Moral Dilemmas.* A. a. O. 5 ff.

lungsoptionen als diejenige herausstellt, die man nicht unbedingt tun müßte, weil man unbedingt die andere Option wählen sollte. Dieses Charakteristikum des unauflösbaren moralischen Dilemmas ist nämlich der Grund dafür, dass bei jeder möglichen Entscheidung zwangsläufig Restzweifel bleiben, die wiederum zu Schuldgefühlen führen, falls die Entscheidung in die Tat umgesetzt wird, weil der moralische Akteur ja nicht wirklich sicher sein kann, die richtige Entscheidung getroffen zu haben. Es gibt grundsätzlich zwei Arten, ein moralisches Dilemma aufzulösen. Eine Auflösung ist zum einen möglich, wenn ein dritter Weg gefunden wird, der sich durch die beiden konkurrierenden Handlungsgründe zumindest nicht explizit ausschließt bzw. verbietet, der aber mit deutlich weniger unangenehmen Konsequenzen verbunden ist. Eine zweite Möglichkeit zur Auflösung eines Dilemmas besteht darin, dass sich nach einigem Überlegen die Gründe für die eine der beiden Handlungsoptionen als deutlich überlegen oder die drohenden Handlungskonsequenzen in einem Fall als deutlich weniger unangenehm erweisen, wobei auch beides gleichzeitig der Fall sein kann. Bei einem unauflösbaren moralischen Dilemma sind beide Lösungswege aus der Sicht des Akteurs (ob es die eine ideale Lösung jenseits der Grenzen menschlicher moralischer Akteure gibt, möchte ich hier nicht diskutieren) verschlossen. Im Falle eines unauflösbaren moralischen Dilemmas sprechen für beide Handlungsoptionen auch nach intensiver moralphilosophischer Reflexion noch gleich starke Gründe, so dass sich die moralisch eindeutig richtige Entscheidung nicht ausmachen läßt. Deshalb bleiben Restzweifel, von denen der moralisch ausgereifte Akteur weiß, dass sie zu Schuldgefühlen führen werden, sobald er die auf unsicherem moralischen Boden gefällte Entscheidung in die Tat umsetzt.

(2) Wenn die Frage im Raum steht, was es für einen Akteur bedeutet, (tatsächlich) in einem unauflösbaren moralischen Dilemma zu stecken, wird zudem auch der Unterschied zwischen realen und hypothetischen Dilemmata relevant (vgl. Einwand I.3.5). Das reale Dilemma ist eines, mit dem man im wirklichen Leben konfrontiert ist, während das hypothetische Dilemma ein nur vorgestelltes Dilemma ist. Der Protagonist eines unauflösbaren moralischen Dilemmas würde sich in einem realen Dilemma befinden, während sich die SchülerInnen, die sich im Rahmen einer von der Dilemma-Methode geprägten Unterrichtseinheit mit der Möglichkeit des unauflösbaren moralischen Dilemmas befassen sollen, in einem hypothetischen Dilemma befinden. (Mindestens) drei Merkmale unterscheiden reale Dilemmata in pragmatisch folgenreicher Weise von hypothetischen Dilemmata.

(2.1) Hypothetische und reale moralische Dilemmata unterscheiden sich in pragmatischer Hinsicht erstens dadurch, dass das hypothetische Dilemma niemals von der Entscheidungsphase in eine Handlungsphase übergeht, während im Falle des realen Dilemmas ein unmittelbarer Entscheidungsdruck besteht, weil auch das Verweigern einer Entscheidung zu einer Form von Handlung mit entsprechenden Konsequenzen wird. Während man im Falle des hypothetischen Dilemmas die Entscheidung durchaus verweigern bzw. offen lassen kann, ist genau das im Falle des realen Dilemmas nicht möglich, weil im Falle eines realen Dilemmas jedes Hinauszögern oder Verweigern einer Entscheidung faktisch eine Entscheidung für oder wider eine der beiden Optionen mit den entsprechenden Konsequenzen bedeutet. Wenn ein Akteur beispielsweise in einem Sterbehilfe-Dilemma steckt, würde ein Hinauszögern seiner Entscheidung faktisch eine Entscheidung gegen Sterbehilfe bedeuten, weil der Betroffe ja (zumindest in der Zeit des Hinauszögerns) weiter leidet.[73]

(2.2) Ein zweiter wichtiger Unterschied besteht darin, dass im realen Dilemma mit dem unmittelbaren Entscheidungsdruck in aller Regel ein großer Zeitdruck verbunden ist und im hypothetischen Dilemma nicht. Wenn der Ethik-Unterricht mit einem hypothetischen moralischen Dilemma konfrontiert, sollen die SchülerInnen eine möglichst sorgfältige rationale Analyse des Dilemmas vornehmen. Wenn ein Akteur hingegen mit einem realen moralischen Dilemma konfrontiert ist, muß er möglichst schnell eine Entscheidung treffen und in die Tat umsetzen. Wer in einem hypothetischen Dilemma steckt, hat in aller Regel die Zeit, sich kompetenten Rat zu holen. So könnten sich SchülerInnen, die im Unterricht mit dem Sterbehilfedilemma konfrontiert werden, beispielsweise entschließen, sich an die Ethik-Kommission des nächstliegenden Krankenhauses zu wenden. Sie könnten aber auch Gedankenexperimente anzustellen, um eventuell einen Ausweg aus der Dilemma-Situation zu finden, der sich auf den ersten Blick nicht eröffnete, oder Planspiele erfinden, um die Konsequenzen der möglichen Handlungsoptionen zu prüfen. Die Entscheidung eines realen moralischen Dilemmas hingegen muß in aller Regel unter großem Zeitdruck getroffen werden. Das wiederum bedeutet, dass sie sehr viel weniger reflektiert sein kann als im Falle des hypothetischen Dilemmas. Wegen dieses Zeitdrucks

---

73 Das Standardwerk dazu ist bis heute wohl *Birnbacher, Dieter: Tun und Unterlassen*. Stuttgart 1995. Eine ausgezeichnete Darstellung der Debatte in ihrer Relevanz für die Frage nach aktiver und passiver Sterbehilfe findet sich in *Siep, Ludwig/Quante, Michael: Tun vs. Unterlassen*. In: *Das medizinisch assistierte Sterben*. Zur Sterbehilfe aus medizinischer, ethischer, juristischer und theologischer Sicht. Hrsg. v. A. Holderegger. Freiburg 1999, (37–55) 44–48. Deutlich für aktive Sterbehilfe Position bezogen wird aufgrund der Überzeugung einer Gleichsetzbarkeit von Tun und Unterlassen in der Frage der Sterbehilfe in *Kuhse, Helga: The Sancity of Life-Doctrine in Medicine*. A Critique. Oxford 1987. Im Text zit nach *dies.: Die ›Heiligkeit des Lebens‹ in der Medizin*. Eine philosophische Kritik. Übers. v. Th. Fehige. Erlangen 1994, 51–108. Vgl. dazu ausführlich den Abschnitt IV.8.

steht die Entscheidung im realen Dilemma in aller Regel auf sehr viel unsicherem Boden als im des hypothetischen Dilemmas – obwohl das mit Rücksicht auf die möglichen Folgen eigentlich umgekehrt sein sollte.

(2.3) Mit den möglichen Folgen ist der pragmatisch wichtigste Unterschied zwischen realen und hypothetischen Dilemmata angesprochen: Während das reale Dilemma nämlich ganz reale Folgen für den Entscheidenden und gegebenenfalls auch (das gilt im Falle des realen moralischen Dilemmas) für betroffene andere hat, bleibt man im Falle des hypothetischen Dilemmas von solchen realen Folgen verschont.[74] Während im realen Dilemma deshalb also echte Wahlmöglichkeiten von der Art zur Disposition stehen, die der pragmatistische Philosoph und Psychologe William James »echte Optionen« nennt[75], geht es im hypothetischen Dilemma nicht wirklich um eine Wahl, sondern um eine theoretische Beschäftigung mit verschiedenen Wahlmöglichkeiten. Deshalb könnte man im Falle des hypothetischen moralischen Dilemmas einen Computer dazu programmieren, bis ans Ende aller Zeiten moralphilosophische Gewichtungen vorzunehmen und nach alternativen Handlungsmöglichkeiten zu suchen. Man kann den Entscheidungsfindungsprozess aber auch zu einem beliebigen Zeitpunkt einfach abbrechen. Beides bleibt im Falle des hypothetischen moralischen Dilemmas pragmatisch folgenlos. Genau von dieser Folgenlosigkeit kann man im Falle des realen moralischen Dilemmas keine Rede sein. Jenseits des Ethik-Unterrichts und jenseits von Kohlbergs Versuchslabor konfrontiert vor allem das Theater mit hypothetischen Dilemmata. Die Figur der Nora in Ibsens gleichnamigen Theaterstück beispielsweise steckt in einem realen moralischen Dilemma: Sie muß die Entscheidung treffen, ob sie einen Betrug begeht, um eine Heilbehandlung für ihren Mann bezahlen zu können. Wie das Theaterstück zeigt, wird sie viele Jahre später schmerzhaft mit den Folgen ihrer moralischen Entscheidung konfrontiert. Nora muß die Folgen tragen, als ein Erpresser auftaucht. Der Zuschauer hingegen befindet sich lediglich in einem hypothetischen Dilemma, das vielleicht mit Nervenkitzel und hoher reflexiver

---

74   Wenn hier gesagt wird, dass das hypothetische Dilemma keine realen Folgen hat, soll nun ausdrücklich nicht im Sinne von Einwand I.3.6. behauptet werden, dass das hypothetische Dilemmata schlicht folgenlos bliebe. Tatsächlich ist das Gegenteil ist der Fall. Durch die Beschäftigung mit hypothetischen Dilemmata lernen die Schüler schließlich, jenseits der Verantwortung einer realen Entscheidung, mit moralischen Konflikten umzugehen und sich über moralische Handlungsgründe zu verständigen. Wie ich im Kontext der Diskussion von Einwand I.3.6. schon klargestellt habe, halte ich die Beschäftigung mit den hypothetischen moralischen Dilemmata in unseren Schulen also für alles andere als für ein sinnloses Spiel.

75   *James, William: The Will to Believe.* Eine Ansprache an die philosophischen Vereine der Yale- und Brown-Universität. In: The New World. Juni 1896. Im Text zit. nach *ders.: Der Wille zum Glauben.* In: *Texte der Philosophie des Pragmatismus.* Hrsg. von E. Martens. Stuttgart 1975, (128–160) 129 f.

Anstrengung verbunden ist, aber nie mit wirklicher Gefahr. Manch einer mag vielleicht versucht sein, vom Rang herunter Warnungen auszurufen oder Ratschläge zu erteilen, aber bekanntlich ist selbst diese Handlungsmöglichkeit im Theater versperrt. Das Beispiel zeigt, wie groß der Graben zwischen den realen und den hypothetischen Dilemmata ist.

(3) Die SchülerInnen befinden sich in einer hypothetischen Dilemma-Situation. Um eine angemessene Dilemma-Entscheidung treffen zu können, müssen sie aber auch wissen, was es bedeuten würde, real bzw. tatsächlich in dem Dilemma zu stecken, das im Ethik-Unterricht zur Debatte stehen. Zum jetzigen Zeitpunkt wissen die SchülerInnen, dass im Falle eines unauflösbaren moralischen Dilemmas wesentlich Restzweifel an jeder möglichen Entscheidung bleiben, die im Falle eines realen Dilemmas wiederum zu Schuldgefühlen führen können, weil die Entscheidung eines realen Dilemmas für die von der Entscheidung Betroffenen ja ganz reale Folgen hat. Sie wissen aber auch, dass ein Akteur eines realen moralischen Dilemmas tatsächlich eine Entscheidung treffen muß, weil jedes Hinauszögern der Entscheidung faktisch auch eine Entscheidung wäre. Von diesem Wissen aus ist es in meinen Augen nun nur ein kleiner Schritt zu der Einsicht, dass ein Verweigern einer Entscheidung auf außenstehende Beobachter erbärmlich und verächtlich wirken würde, sobald es um eine Situation geht, in der ein Verweigern der Entscheidung faktisch einer Entscheidung gleichkommt, ohne dass der Akteur die Entscheidung aber in Übernahme seiner Verantwortung für die Situation die Entscheidung tatsächlich ausdrücklich getroffen hätte.[76] Plausibilisieren lässt sich das am Beispiel der biblischen Figur des Pontius Pilatus. Pontius Pilatus ist in die Geschichte eingegangen als jemand, der eine Entscheidung im Falle eines moralischen Dilemmas schlicht verweigert hat, obwohl er sich über die Tatsache im Klaren sein musste, dass diese Verweigerung faktisch einer Entscheidung mit gravierenden Konsequenzen für andere gleich kam. Als Statthalter Roms im besetzen Jerusalem war er für die Entscheidungen über Hinrichtungen zuständig. Der

---

76   Dieser Gedanke findet sich der Sache nach auch beim späten Kohlberg. In dem mit Candee verfaßten Essay *The Relationship of Moral Judgment to Moral Action* von 1984 wird das Gefühl der »Schuld« in einer Seitenbemerkung nämlich als »emotionale Reaktion auf die innere Inkonsistenz« erklärt, die sich einstellt, sobald ein Akteur so handelt, »dass es dem eigenen Verantwortungsurteil nicht entspricht«. *Kohlberg/Candee: Relationship.* A. a. O. 403, Kohlberg zitiert hier zustimmend *Blasi.: Moral Coginition and Moral Action.* A. a. O. 204. Ich glaube zwar nicht, dass man das Gefühl als ›Schuldgefühl‹ bezeichnen sollte; in meinen Augen wäre der Begriff ›Scham‹ (als emotionale Reaktion darauf, dass man sich für seine Feigheit selbst verachtet) adäquater. Dennoch aber legt Kohlberg den Finger in die Wunde, wenn er hervorhebt, dass sich bei einem Auseinanderklaffen von Verantwortungsurteil und tatsächlicher Handlung quälende Gefühle einstellen.

Hohe Rat der Stadt hatte Jesus von Nazareth als Gotteslästerer und Aufwiegler zum Tode verurteilt. Vollstreckt werden durfte ein solches Urteil jedoch erst, wenn es von Pontius Pilatus als Vertreter Roms bekräftigt wurde. An Jesus von Nazareth konnte Pilatus keine Schuld finden. Insofern befand sich Pilatus in einem moralischen Dilemma, nämlich in einer Situation, in der er sich zwischen zwei sich ausschließenden Handlungsoptionen entscheiden musste, für die beide jeweils sehr gute moralische Gründe sprachen. Wenn er seinen Gerechtigkeitsvorstellungen entsprechend Jesus freigesprochen hätte, hätte er als Statthalter Roms einen vom Hohen Rat angezettelten Aufstand riskiert. Wenn er Jesus jedoch hinrichten ließ, würde er gegen seine Gerechtigkeitsvorstellungen verstoßen. Wie die Bibel berichtet, verweigerte Pilatus die Entscheidung mit einer Geste des Händewaschens Mit dieser Geste steht Pontius Pilatus bis heute stellvertretend für alle, die sich einem moralischen Dilemma durch eine Verweigerung der Entscheidung entziehen wollen, obwohl sie eigentlich wissen, dass das (wie es in jedem echten moralischen Dilemma der Fall ist) faktisch ebenfalls eine Entscheidung ist: Schließlich wurde Jesus von Nazareth ja hingerichtet, wie es der Hohe Rat der jüdischen Priester gewollt hatte. Pilatus wusste, dass seine Entscheidungsverweigerung faktisch einer Verurteilung gleich kam. Er wusste auch, dass es seine Pflicht gewesen wäre, eine Entscheidung zu treffen. Er verweigert die Entscheidung. Deshalb wird er von der Geschichte für seine Entscheidungsschwäche verachtet: Bis heute steht die metaphorische Redeweise ›seine Hände in Unschuld waschen‹ für hilflos-erbärmliche Versuche des Abwälzens von Verantwortung. Auf ganz andere Reaktionen stößt jedoch derjenige, der im Falle eines moralischen Dilemmas der ganzen Tragweite seiner Entscheidung zum Trotz eben doch bewusst und dezidiert eine Entscheidung trifft: Er wird in aller Regel zwar nicht unbedingt auf Zustimmung, aber immerhin doch auf Respekt stoßen. Das hat wiederum seinen guten Grund: Wer bewusst und überlegt eine Entscheidung fällt, kann diese Entscheidung nämlich im Nachhinein rational begründen. Vor allem aber übernimmt er die Verantwortung, welche die Situation an ihn stellt. Damit verdient er sich den Respekt von Beobachtern. So hätte Pontius Pilatus vermutlich ein ganz anderes Bild in der Geschichte hinterlassen, wenn er eine dezidierte Entscheidung für oder wider die Kreuzigung getroffen hätte. Zwar wäre er mit keiner Entscheidung auf die Zustimmung aller Betroffenen getroffen. Um das Urteil des Hohen Rates zu bestätigen, hätte er seine eigenen Überzeugungen über Bord werfen und einen in seinen Augen Unschuldigen zum Tode verurteilen müssen. Hätte er Jesus jedoch freigesprochen, hätten die Anhänger des Hohen Priesters Kaiaphas sicherlich lautstark protestiert, und vielleicht wäre es sogar zu einem Aufstand gekommen. Beide Entscheidungen wären also mit hohen Kosten verbunden gewesen – aber wenn er sie zu tragen bereit gewesen wäre, hätte sich Pontius Pilatus den Respekt der Geschichte eingehandelt, in der er wegen seiner Entscheidungsverweigerung als verächtliche Figur gehandelt wird. Das hat seinen guten Grund. Wer sich einer moralisch schwierigen Situation stellt und eine Entscheidung trifft, die er vor anderen begründen und zu der er im Folgenden auch stehen kann, erweckt damit in aller Regel zwar nicht die Zustimmung, aber immerhin doch den Respekt der Beobachter. Wer Verantwortung übernimmt, verdient nicht unbedingt Zustimmung, aber immerhin Respekt. Wer seiner Verantwortung hingegen ausweicht, kann weder mit Zustimmung noch mit Respekt rechnen. Das könnte man den SchülerInnen an der Figur des Pontius Pilatus veranschaulichen, um eine Haltung zu etablieren, aus der heraus sie im Ernstfall eines realen unauflösbaren moralischen Dilemmas ihre Entscheidung trotz der durch Restzweifel drohenden Schuldgefühle in die Tat umsetzen können.

(4) Von der Einsicht, dass es verächtlich wäre, aus Angst vor den drohenden Schuldgefühlen die Umsetzung der Entscheidung eines als unauflösbar identifizierten moralischen Dilemmas in die Tat umzusetzen, mag ein wichtiger Impuls zum tatsächlichen Handeln ausgehen. Das ist allerdings nur ein Impuls, den drohenden Schuldgefühle zum Trotz zu handeln, weil man zu der Einsicht gelangt ist, dass im Falle eines als unauflösbar identifizierten moralischen Dilemmas das Verweigern entweder der moralischen Entscheidung insgesamt oder der Umsetzung der Entscheidung in Handlung verächtlich wäre. Es bleiben aber die drohenden Schuldgefühle. Weil die Schuldgefühle ein fundamentum in re haben, kann es tatsächlich auch keinen Weg geben, die Schuldgefühle ganz zu beseitigen oder in ihrer handlungshemmenden Funktion völlig zu neutralisieren. Die diesbezügliche moralphilosophische Debatte hilft in meinen Augen da wenig weiter.

(4.1) Den einfachsten Weg des Umgangs mit Schuldgefühlen scheint Jean Paul Sartre aufgezeigt zu haben: Für Sartre sind Schuldgefühle nämlich generell nichts weiter als störende Reste einer repressiven (in aller Regel religiös fundierten) Moralerziehung, die man schlicht ignorieren sollte, wenn sie sich androhen, weil der aufgeklärte erwachsene Mensch die Moral seiner Kindheit längst hinter sich gelassen haben sollte.[77] Dagegen scheint mir jedoch erstens der Hinweis

---

77   Einen eindringlichen literarischen Ausdruck findet diese Überzeugung in Sartres berühmten Theaterstück *Die Fliegen* von 1943 in der Gegenüberstellung der Figur des Orest einerseits und der Klytemnestra und der Elektra andererseits. Wie das Vorwort mitteilt, hat Sartre dieses Stück im Jahr 1940 in Paris geschrieben, »um zu zeigen, dass Selbstverleugnung nicht die Haltung war, die die Franzosen nach unserem militärischen Zusammenbruch unseres Landes wählen durften« *Sartre, Jean Paul: Les Mouches.* Paris 1943. Im Text zit. nach *ders.: Die Fliegen. Die schmutzigen Hände.* Zwei Dramen. Hamburg 1961, (8–76) 5.

von Kant einschlägig zu sein, dass sich das Gewissen erfahrungsgemäß nicht ›mit Gewalt‹ besänftigen lässt. Wie Kant in der *Metaphysik der Sitten* betont, mag sich das Gewissen zwar manchmal kurzfristig »durch Lüste und Zerstreuungen betäuben« lassen. Das heißt aber nicht, dass es irgendeinen Menschen geben könne, der »sich daran gar nicht mehr zu kehren« vermöchte. Vielmehr kommt nach Kant selbst bei äußerster »Verworfenheit« jeder Mensch »dann und wann zu sich selbst«, um »alsbald die furchtbare Stimme«[78] des Gewissens zu vernehmen. Vom Pathos der Formulierungen einmal abgesehen, benennt Kant damit zweifellos etwas, dass jeder aus eigener schmerzlicher Erfahrung kennt: Gewissensbisse lassen sich tatsächlich nicht einfach so wegdrängen.[79]

78 *Kant: Metaphysik der Sitten.* A. a. O. 573. Wenn man über jemanden sage, er habe kein Gewissen, kann das nach Kant deshalb nur bedeuten, dass sich ein Mensch nicht um »den Ausspruch desselben« schert. A. a. O. 573. Zuvor hiess es schon einmal, dass »Gewissenlosigkeit« nicht »Mangel an Gewissen« sei, sondern der »Hang, sich an dessen Urteil nicht zu kehren«. A. a. O. 530 f. Deutlich heißt es auch in *Kritik der praktischen Vernunft*, dass sich das Gewissen nicht künstlich besänftigen und beruhigen liesse. Zwar möge ein Mensch »künsteln, soviel als er will, um ein gesetzwidriges Betragen, dessen er sich erinnert, sich als unvorsätzliches Versehen, als blosse Unbehutsamkeit, die man niemals gänzlich vermeiden kann, folglich als etwas, worin er vom Strom der Naturnotwendigkeit fortgerissen wäre, vorzumalen und sich darüber für schuldfrei zu erklären«. Mit solchen Strategien wird er das Gewissen »in ihm« nach Kant jedoch »keineswegs zum Verstummen bringen« können. Insofern er »zu der Zeit, als er das Unrecht verübte, nur bei Sinnen, d. i. im Gebrauche seiner Freiheit war«, ist ein »Selbsttadel« als Schuldspruch des Gewissens vielmehr unausweichlich, was wiederum das schmerzhafte moralische Gefühl der Reue evoziert. *Kant: Kritik der praktischen Vernunft.* A. a. O. 223 f.

79 Als Gegenposition könnte man auch Kohlberg ins Feld führen. In seinem frühen Aufsatz *Moral Development* von 1968 heißt es, daß zumindest bei moralisch ausgereiften moralischen Akteuren das »Auftreten von selbstbestrafenden, selbstkritischen Empfindungen der Reue und Angst« nach einer »Verletzung« einer selbstgewählten »Norm« ernst genommen werden sollten. *Kohlberg: Moral Development.* A. a. O. 38. Kohlbergs Essay distanziert sich mit dieser These insgesamt von der Auffassung, dass »das Gewissen« als das »alleinige Produkt der Identifikation mit den Eltern« zu betrachten sei: Seinen Forschungen zufolge sind Schuldgefühle nur auf dem präkonventionellen Level ausschließlich durch eine »Identifikation mit den Eltern« erklären. Jenseits dessen aber sollen »projektive Messungen von Schuldgefühlen« die »gleichen allgemeinen Alterstrends und sozialen Korrelate wie Reifemessungen des moralischen Urteils in den Jahren des Schulalters« belegt haben. Insgesamt vertritt der Essay die These, dass gerade »im Alterszeitraum zwischen acht und zwölf Jahren« Schuldgefühle »ziemlich rasche – kognitiv begründete – Veränderungen« durchmachen. Ist die Entwicklung abgeschlossen (so die zentrale Aussage des Essays), können Schuldgefühle nicht mehr als Nachhall einer repressiven Moralerziehung in der Kindheit interpretiert werden. A. a. O. 35–38. Natürlich knüpft Kohlberg hier wieder an Thomas von Aquin und Immanuel Kant an.

(1) Nach Thomas von Aquin hat Gott den Menschen in seiner Gnade das Gewissen gegeben, um ihnen die Chance zum Bereuen ihrer Vergehen zu geben, damit er sie beim jüngsten Gericht am Ende aller Zeiten nicht mit ewiger Verdammnis bestrafen muss. Er erweist auf die treffende Bezeichnung der quälenden Gefühle als »Gewissensbisse« durch den Volksmund: Als warnender

Noch wichtiger aber scheint mir der Einwand des moralischen Zynismus zu sein: Es verbietet sich, Sartres Strategie im Unterricht anzuvisieren, weil man nicht wollen kann, dass die SchülerInnen lernen, Gewissensbisse schlicht zu ignorieren und als Reaktionen auf eine repressive Moralerziehung nicht mehr in sich zuzulassen.[80]

(4.2) Mit dem Hinweis darauf, dass man von ›Reue‹ nur sprechen würde, wenn man eine moralische Entscheidung im Nachhinein gerne rückgängig machen würde, hat Richard M. Hare in dem Kapitel *Moral Conflicts* seiner Abhandlung *Moral Thinking* von 1981 unter Berufung auf John Rawls den Vorschlag gemacht, im Falle einer Dilemma-Entscheidung nicht von ›Reue‹, sondern moralisch neutral von einem ›Gefühl des Bedauerns über den angerichteten Schaden« zu sprechen.[81] Das scheint in meinen Augen die Sachlage jedoch nicht zu treffen. Ein Bedauern empfindet man beispielsweise, wenn im Fernsehen von einem Unglück berichtet wird, an dem ich nicht beteiligt bin. Eine Dilemma-Entscheidung trifft der Akteur jedoch selbst.

(4.3) Bernard Williams schließt sich Hare in seinem Essay *Moral Luck* von 1976 mit dem Vorschlag an, von einem ›Bedauern‹ (engl. regret) immer dann zu sprechen, wenn man sich wünscht, dass die Dinge anders gewesen wären«[82]. Im

»Spruch« der gotturprünglichen Vernunft haben die schmerzlichen ›Bisse‹ des Gewissens in seinen Augen nach Thomas von Aquin realen Bedrohungscharakter, weil sie die Strafe Gottes für ein Vergehen gegen die sittliche Weltordnung androhen. *Aquin: Summa Theologiae.* A. a. O. 103

(2) Kants *Metaphysik der Sitten* von 1797 zufolge ist das Gewissen eine Funktion der Praktischen Vernunft, die erstens jedem Menschen angeboren, zweitens kulturunabhängig und drittens vor jedem Irrtum gefeit ist. *Kant: Metaphysik der Sitten.* A. a. O. 573 f., 530. Das Gewissen meldet sich, sobald im Menschen ein »Bewusstsein« des »Widerstreits unserer Handlung mit dem Pflicht-gesetze« vorhanden ist, und es wirkt, indem es das schmerzliche Gefühl der Reue erzeugt. Auf diese Weise erfüllt das Gewissen nach Kant dann drei Funktionen: Als »warnendes Gewissen« soll es sich vor der endgültigen »Entschließung« zur Handlung zu Wort melden; »wenn die Tat beschlossen ist«, soll es abwägend sowohl als »Ankläger« als auch als »Anwalt« in Erscheinung treten; ist die Tat schließlich vollzogen, fällt das Gewissen schließlich seinen »rechtskräftigen Spruch« über den Menschen, wobei ein »Loszusprechen« jedoch keine »Belohnung« bedeute, sondern lediglich »ein Frohsein, der Gefahr, strafbar befunden zu werden, entgangen zu sein, während ein Urteilsspruch als Strafe zu betrachten ist, weil ein Urteilsspruch schmerzliche Gefühle der Reue evoziert. A. a. O. 575 f.

80   Ruth B. Marcus hat gegen Positionen dieser Art zudem den Einwand vorgebracht, dass man die drohenden Gefühle nicht verdrängen sollte, weil man dann aus ihnen nichts für die Zukunft lernen könne. *Marcus: Moral Dilemma and Consistency.* A. a. O. 197.

81   *Hare: Moral Thinking.* A. a. O. 71–74 Hare beruft sich auf *Rawls: Theory of Justice.* Harvard 1971. Im Text zit. nach *ders.: Eine Theorie der Gerechtigkeit.* Übers. v. H. Vetter. Frankfurt a. M. 1979, 479–485. Vgl. Mit einer ähnlichen Position auch *McConnell, Terrance C.: Moral Dilemmas and Consistency in Ethics.* In: Canadian Journal of Philosophy, 8, 1978, 409–13. Im Text zit. nach: *Moral Dilemmas.* A. a. O. (154–173) 167.

82   *Williams, Bernard: Moral Luck.* In: *Proceedings of the Aristotelian Society.* Supplementary

Feld des ›Bedauerns‹ will Williams dann das ›bloße Bedauern‹ des unbeteiligten Zuschauers eines Unfalls beispielsweise vom ›Täterbedauern‹ unterscheiden[83] Das Täter-Bedauern soll sich wiederum in zwei Spielarten teilen, nämlich zum einen in das, was in der Moralphilosophie schon immer als ›Reue‹ bezeichnet worden ist, und zum anderen in das ›Täter-Bedauern‹ des Entscheidungsträgers eines moralischen Dilemmas.[84] So differenziert diese Unterscheidung auf den ersten Blick zu sein scheint, so trifft die neutralisierende[85] Redeweise eines ›Täter-Bedauerns in meinen Augen ebenfalls nicht den Kern der Sache: Die Tatsache, dass es sich bei den auftretenden Gefühlen um ›Schuldgefühle‹ handelt, läßt sich in meinen Augen durch bloße Wortkosmetik nicht verharmlosen. Bezeichnenderweise hebt Williams dann nämlich auch hervor, dass mit dem Täter-Bedauern nach Williams in aller Regel der Wunsch nach »Wiedergutmachung«[86] einhergeht.

(4.4) Tatsächlich hat es seinen guten Grund, wenn Akteure nach der Entscheidung eines als unauflösbar identifizierten moralischen Dilemmas Schuldgefühle, wenn auch keine Reue empfinden. Wie Hare treffend betont, impliziert die Rede von ›Reue‹, daß der Akteur die Entscheidung gern rückgängig machen würde, was jedoch irrational wäre, wenn er die Entscheidung wohl abgewogen hat und also wissen kann, daß er dieselbe Entscheidung noch einmal treffen würde. Insofern man unter einem ›Schuldgefühl‹ das Gefühle versteht, welches das Wissen oder auch nur die dunkle Ahnung begleitet, gegen eine gewichtige moralische Anforderung verstoßen zu haben, ist es nicht nur rational, sondern sogar höchst angemessen, wenn der Akteur nach der Entscheidung eines als unlösbar identifizierten moralischen Dilemmas Schuldgefühle empfindet, weil die Rede vom ›unauflösbaren moralischen Dilemma‹ ja genau das impliziert, daß der Akteur nämlich mit welcher Entscheidung auch immer gegen eine gewichtige moralische Anforderung verstoßen muß. Die Tatsache, daß er (anders als der Bigamist) die Entstehung der Dilemma-Situation selbst nicht zu verantworten hat, ändert nichts daran, daß er nun einmal derjenige ist, der

---

Volume 1. 1976, 115–135. Auch in *ders.: Moral Luck*. Cambridge 1981. Im Text zt. nach *ders.: Moralischer Zufall*. In *ders.: Moralischer Zufall*. Philosophische Aufsätze 1973–1980 Hrsg. v. P. Bieri, R. Geuss, Th. Nagel, R. Rorty, P. Strawson. Königstein Ts. 1984,. (30–50) 37, 40.

83 *Williams: Moral Luck.* A. a. O. 40.

84 *Williams: Moral Luck.* A. a. O. 39 f.

85 In dem Essay *Conflict of Values* von 1981 spricht Williams in vergleichbaren Zusammenhangen bezeichnenderweise von ›moralischen Kosten‹. *Williams, Bernard: Conflict of Values.* In *ders.: Moral Luck. Moral Luck.* Cambridge 1981, 71–82. Im Text zt. nach *ders.: Konflikt von Werten.* In *ders.: Moralischer Zufall.* A. a. O. 82–93.

86 *Williams: Moral Luck.* A. a. O. 37 f.

für die zu treffende Entscheidung verantwortlich ist, weil er sie dem Pontius-Pilatus-Argument (vgl. Argument III.6.3.) zufolge ja nun einmal treffen muß.

(5) Das Faktum, dass sich der Protagonist eines unauflösbaren Dilemmas tatsächlich schuldig macht, läßt sich demnach durch keine Wortkosmetik verharmlosen oder verbergen. Deshalb wird es schließlich nötig sein, sich der Tatsache zu stellen, dass man sich im Falle eines unauflösbaren moralischen Dilemmas letztendlich wirklich schuldig machen wird, so dass der moralische Akteur tatsächlich Schuldgefühle empfinden wird, die sich wegen ihres realen Gehalts nicht ganz beseitigen, sondern im Bestfall lediglich ablindern lassen. Wie Williams treffend betont, lassen sich Schuldgefühle nun erfahrungsgemäß am besten dadurch ablindern, dass man sich um Wiedergutmachung und letztlich um eine Ent-Schuldigung (im wörtlichen Sinne) durch die Opfer der Entscheidung bemüht. Sollte das nicht möglich sein, hat es sich bewährt, den Geschädigten zumindest Respekt zu bekunden. An diese Erfahrung sollte die Dilemma-Methode anknüpfen. In dieser letzten Phase sollte der Ethik-Unterricht deshalb die Sphäre der moralischen Reflexion im engeren Sinne verlassen und ästhetisch kreativ werden, indem er die SchülerInnen anleitet, den Schuldgefühlen entsprechende Rituale der Wiedergutmachung oder auch der Erinnerung zu erfinden. Hier kann ich nun theoretisch nicht weiter ins Detail gehen, weil die ästhetischen Rituale der speziellen Dilemma-Situation konkret angepasst sein müssen, um adäquat und angemessen zu sein. Deshalb möchte ich an einem Beispiel plausibilisieren, was ich meine.

(7) Ein Anwendungsbeispiel. Eine Unterrichtseinheit, in der die erweiterte Dilemma-Methode in allen Etappen einschließlich der Phase der Erfindung von Ritualen der Wiedergutmachung und Erinnerung eingesetzt wird, würde das didaktische Ziel verfolgen, die SchülerInnen auch dann zu einem Handeln aus moralisch guten Gründen zu befähigen, wenn eine moralische moralischen Entscheidung nicht ohne Restzweifel getroffen werden kann, so dass nach der Umsetzung der Entscheidung in Handlung Schuldgefühle drohen. In folgenden Etappen könnte die Unterrichtseinheit vielleicht verlaufen.

(1) In einer ersten Phase sollte ein moralisches Dilemma präsentiert werden, von dem die Lehrperson annimmt, dass es sich um ein unauflösbares moralisches Dilemma handelt.[87] Wie schon betont, läßt sich die erweiterte Dilemma-

---

[87] Dass ein moralisches Dilemma in einem objektiven Sinne tatsächlich nicht aufzulösen ist, kann man nicht behaupten, weil es ja immer sein kann, dass man die eine richtige Lösung nicht gefunden hat.

Methode nur bei moralisch schon sehr weit fortgeschrittenen SchülerInnen-gruppen sinnvoll einsetzen. Auch daran sollte das zur Diskussion gestellte Dilemma angepasst sein. Als Beispiel würde ich den berühmten Fall des ›Baby Doe‹ vorschlagen, wie es in dem Buch *Should the Baby live* von Peter Singer und Helga Kuhse von 1985 vorgestellt wird. Es handelt sich um ein Baby, das mit einem Down-Syndrom sowie mit einer schweren Missbildung der Speiseröhre zur Welt kam.[88] Obwohl auch die Eltern von Baby Doe das Kind nicht wollten, ordneten die Gerichte eine lebenserhaltende Operation an. Bevor diese jedoch stattfinden konnte, starb das Baby. Daraufhin bekam die Familie einen Brief von einer Familie West, deren Kind 18 Monate zuvor mit denselben Behinderungen geboren, aber operiert worden war. In dem Brief heißt es, dass das Kind »in den 18 Monaten seines Lebens aufgrund seiner Missbildungen, der Operationen und der damit verbundenen anschließenden Komplikationen viel Schmerzen, Leid und Elend erfahren« musste. Dem Brief zufolge ist das Kind der Familie West zum Zeitpunkt seiner Abfassung »immer noch nicht gesund und nicht in der Lage, durch den Mund Nahrung aufzunehmen«. Der Brief schließt mit der Bemerkung, dass es für die Eltern »wirklich schwer« sei, »daneben zu stehen und all dem zuzuschauen«[89]. Wenn die SchülerInnen die Entscheidung zu treffen hätten, wie mit Baby Doe und Baby West umgegangen werden soll – wie wür-den sie entscheiden? In einem ersten Schritt sollte die Lehrperson das Dilemma vorstellen und gegebenenfalls die wichtigsten medizinischen Details erklären. Vielleicht könnte sie den SchülerInnen auch mit Hilfe von Abbildungen etc. eine Vorstellung davon vermitteln, was eine Missbildung der Speiseröhre für die Babies bedeutet.

(2) In einem zweiten Schritt sollen die SchülerInnen ganz dem Verfahren der konventionellen Dilemma-Methode entsprechend eine erste Entscheidung treffen und begründen, die dann im Klassenverband diskutiert werden sollte. Die Lehrperson könnte die Lösungsvorschläge an der Tafel festhalten.

(3) In der darauffolgenden Stufe könnte es um die Frage gehen, ob sich das vorliegende Dilemma unter Rekurs auf situationsunspezifische moralphiloso-phische Prinzipien auflösen läßt, wie es Kohlbergs Philosophie des moralischen Dilemmas ja behauptet. Um eine Position zu dieser Frage zu finden, sollten die SchülerInnen wie in der 5. Etappe der erweiterten Dilemma-Methode (vgl.

---

88 Ein Down-Syndrom allein kann natürlich ausdrücklich kein Grund für die nachfolgenden Überlegungen sein. Moralisch relevant ist ausschließlich der Schmerz des Babys. (Vgl. 4.5.1)
89 *Kuhse, Helga/Singer, Peter: Should the Baby live?* Oxford/Melbourne 1985. Im Text zit. nach *dies. Muss dieses Kind am Leben bleiben?* Von der Autorin und dem Autor überarbeitete und erweiterte deutsche Ausgabe. Übers. v. J. Schust. Erlangen 1993, 28, 45.

II.6.5) versuchen, ›das‹ moralphilosophische Prinzip zu finden, mit dem sich das vorliegende Dilemma den theoretischen Vorgaben von Kohlbergs Philosophie des moralischen Dilemmas entsprechend eindeutig und ohne jeden Restzweifel auflösen lassen soll. Insofern man es nicht mit einer sehr homogenen SchülerInnengruppe zu tun hat (beispielsweise in einer eindeutig konfessionell geprägten Schule), wird die SchülerInnengruppe relativ bald dem Resultat kommen, dass die verschiedenen Prinzipien der Philosophie zu unterschiedlichen Handlungen führen würden. Würde man mit Thomas von Aquin naturrechtlich argumentieren, müssten die Babys wohl am Leben erhalten werden. Schopenhauers Mitleidsmoral würde hingegen wohl ebenso zu schmerzfreiem Töten anweisen wie die verschiedenen Varianten utilitaristischer Moralprinzipien.

(4) In einer nächsten Phase der Unterrichtseinheit sollte der Eindruck des Heterogenität der Positionen, die in der professionellen Moralphilosophie mit dem Anspruch auf Universalisierbarkeit vertreten werden, verstärkt und bestätigt werden. Dazu könnten beispielsweise einschlägige moralphilosophische Texte von den SchülerInnen in Kleingruppen rekonstruiert und erarbeitet werden. Die Texte sollten durch die Lehrperson so ausgewählt worden sein, dass das moralphilosophische Grundmuster besonders deutlich wird, so dass die SchülerInnen relativ schnell erkennen können, ob der Autor von einer religiösen Position aus argumentiert, als Deontologe oder als Utilitarist beispielsweise. Folgende Texte bieten sich zum vorliegenden Thema vielleicht an.

(4.1) Die Lehrperson könnte eine Kleingruppe zunächst einmal mit einem entsprechend gekürzten Auszug aus dem von Helga Kuhse und Peter Singer im Jahr 1985 veröffentlichten Buch *Should the Baby live* konfrontieren.[90] Die Autoren plädieren hier für ein schmerzfreies Töten von schwerstbehinderten Babys. Dafür führen sie im Wesentlichen zwei Argumente ins Feld. Das erste Argument lautet, dass das Leben der Kinder ›wertlos‹ sei in dem Sinne, dass sie niemals ein menschenwürdiges Leben ohne Schmerzen werden führen können. Das zweite Argument lautet, dass ein aktives Töten für das Baby mit weniger Leid verbunden sei als unzählige Operationen auf der einen oder ein Sterbenlassen auf der anderen Seite.

(4.2) Zur Diskussion stellen könnte die Lehrperson außerdem den Essay *Zur Euthanasie-Diskussion in den USA* von Adrian Holderegger aus dem Jahr 1999.[91] Mit Rekurs auf die katholische Doppelwirkungslehre (die von der Lehrperson natürlich gesondert erklärt werden müßte) vertritt Holderegger hier

---

90   *Kuhse/Singer: Should the Baby live?* A. a. O. insg.
91   *Holderegger, Adrian: Zur Euthanasie-Diskussion in den USA.* In: *Das medizinisch assistierte Sterben.* A. a. O. 123–137.

die Auffassung, dass die Gabe von sehr starken Schmerzmitteln im Falle von schwerstbehinderten Säuglingen erlaubt sei, insofern die eigentliche Absicht der Medikamentengabe die Schmerzlinderung sei und die Tötung des Säuglings lediglich mit in Kauf genommen würde.

(4.3) Einbringen könnte die Lehrperson auch den Essay *Das mißgebildete Kind* von Richard M. Hare, in dem die Auffassung vertreten wird, dass man das Leben von schwerstgeschädigten Säuglingen nicht erhalten sollte, damit die Möglichkeit besteht, dass die Eltern an seiner Statt ein gesundes Geschwisterkind zur Welt bringen werden, dass die Chance auf ein ungleich glücklicheres Leben hätte.[92]

(4.4) Wenn die Lehrperson auch eine provokante Position zur Diskussion stellen will, würde sich der Essay *Ethische Probleme beim Behandeln einiger schwer geschädigter Kinder* von John Harris anbieten, der kompromisslos die Auffassung vertritt, dass schwerstgeschädigte Menschen überhaupt kein Lebensrecht besitzen.[93]

(4.5) Um demgegenüber einen Kontrapunkt zu setzen, könnte man die Antworten zur Diskussion stellen, die Lorber und Anscombe beispielsweise auf die radikale Position von Harris gegeben haben.[94]

(5) Damit die SchülerInnen selbst zu der Einsicht gelangen, dass sich zumindest das vorliegende Dilemma mit den Mitteln der Moralphilosophie keineswegs so eindeutig auflösen läßt, wie es Kohlberg in seiner Philosophie des moralischen Dilemmas behauptet, sollten sie angehalten werden, die Position des von ihnen rekonstruierten Textes vor dem Klassenverband so gut wie möglich zu verteidigen. Dazu bietet sich die Talk-Show-Methode an. Es werden Kleingruppen von jeweils drei Personen gebildet. Jede Kleingruppe benennt dann eine Moderator-Person, eine Pro-Person und eine Contra-Person. Die Moderator-Person eröffnet die Sitzung mit Hintergrunderläuterungen. Dann rekonstruiert die Pro-Person die Position, die von der Contra-Position anschließend kritisiert wird. Nach einer kurzen Verteidigung durch die Pro-Person öffnet die Moderator-Person die Diskussion für den gesamten Klassenverband. Für die Lehrperson gilt es, die

---

92 *Hare, Richard M.: Survival oft the Weekest.* In: *Moral Problems in Medicine.* Hrsg. V. S. Gorovitz u. a. New York 1976, 369–375. Als *ders.: Das mißgebildete Kind.* In: *Um Leben und Tod.* Hrsg. v. A. Leist. Frankfurt a M. 1992,374–384.

93 *Harris, John: Ethical Problems in Management of Some Severely Handicapped Children.* In: *Journal of Medical Ethics* 7. 1981, 107–120. Als *ders.: Ethische Probleme beim Behandeln einiger schwergeschädigter Kinder.* In: *Um Leben und Tod.* A. a. O. 349–360.

94 *Lorber, John/Anscombe, Gertrud E. M./Cousine, Douglas J.: Commentaires.* In: *Journal of Medical Ethics* 7. 1981, 120–124; 8. 40 f. Als *dies.: Kommentare.* In: *Um Leben und Tod.* A. a. O. 360–369.

Moderator-Person darauf vorzubereiten, dass sich die Debatte vor allem auf die Universalisierbarkeit der zur Disposition gestellten Lösung konzentriert. Wenn alles so läuft, wie ich mir das jetzt am Schreibtisch vorstelle, kommt die Klasse nach mehreren solcher Runden zu dem Resultat, dass es mehrere vergleichbar gut begründete moralphilosophische Lösungsvorschläge gibt, die zumindest soweit miteinander konkurrieren können, dass keiner der Lösungsvorschläge so deutlich von sich überzeugen kann, dass das Dilemma als gelöst betrachtet werden kann. Zum Schluß könnte die Lehrperson das Resultat festhalten, indem sie das in Anlehnung an Kohlberg erstellte Stufenmodell möglicher Antworten auf das Säuglings-Dilemma um die diskutierten moralphilosophischen Positionen in der Rubrik der 6. Stufe ergänzt. Falls auf dieser Stufe mehr als ein mögliches Begründungsmodell für die Pro- und Contra-Positionen erfasst werden können, kann das nur im Sinne der erweiterten Dilemma-Methode sein.

(6) Damit ist der Zeitpunkt gekommen, das Prinzip des situativ begründeten Prinzipienverstoßes zur Anwendung kommen zu lassen.

(6.1) Ich setze jetzt einmal voraus, dass dieses Prinzip den SchülerInnen aus vorangegangenen Unterrichtseinheiten zur erweiterten Dilemma-Methode schon bekannt und seine Anwendung weitgehend vertraut ist (vgl. II.6.9. und II.6.10). Im Rahmen der jetzt skizzierten Unterrichtseinheit zum unauflösbaren moralischen Dilemma kann es nämlich nicht um eine Etablierung dieses Prinzips gehen. Tatsächlich wird die SchülerInnengruppe im Ernstfall jetzt vermutlich mit dem in Argument II.5.10. schon skizzierte Problem der Anwendungsschwierigkeiten des Prinzips des begründeten Prinzipienverstoßes konfrontiert werden, welches sich im Falle von hypothetischen Dilemmata (die meinen Ausführungen in Argument I.3.3. zufolge allen Vorbehalten zum Trotz einen zentralen Stellenwert im Ethik-Unterricht einnehmen sollten) in besonderem Maße stellt. Die SchülerInnegruppe wird sich jetzt nämlich mit dem Problem konfrontiert sehen, dass das Resultat der Anwendung des Prinzips des begründeten Regelverstoßes ganz wesentlich davon abhängt, was die jeweilige Situation vorgibt, und was man über die individuelle Situation als moralischer Akteur weiß bzw. wissen kann. Wenn die Lehrperson die SchülerInnen auffordert, das Dilemma unter Anwendung des Prinzips des situativ begründeten Prinzipienverstoßes wenigstens zu entscheiden, wenn es sich mit den Mitteln der Moralphilosophie schon nicht auflösen läßt, ist zu erwarten, dass die SchülerInnen ihre Entscheidung von situativen Komponenten abhängig machen, über die in der vorliegenden Situation nur spekuliert werden kann, von denen man in einer realen Dilemma-Situation aber wirkliches Wissen haben kann. So würde ich beispielsweise erwarten, dass der Lebenswille des Babys eine große Rolle spielen soll, oder auch die Stabilität der elterlichen Partnerschaft oder die Religion der Eltern oder die Einstellung der Eltern gegenüber Behinderungen. Über weitere Details zu spekulieren, wäre an dieser Stelle nicht nur überflüssig, sondern sogar regelrecht störend: Das Prinzip des situativ begründeten Prinzipienverstoßes stößt im Falle des hypothetischen Dilemmas, das im Ethik-Unterricht an der Tagesordnung sein muß, schnell an seine Grenze, weil es auf der Kenntnis von individuellen situativen Faktoren basiert.

(6.2) Um das Problem zu lösen, sollte die Lehrperson den SchülerInnen die Anregung geben, dass sie sich ja keineswegs auf eine Entscheidung festlegen müssen, sondern dass es vielmehr erlaubt sei, für bestimmte Fälle die eine Entscheidung zu treffen und für anders gelagerte Fälle eine andere. Damit sich der Prozess der Entscheidungsfindung nicht in Details verliert, sollte die Lehrperson allerdings gleichzeitig die Anweisung geben, dass die Details der fiktiven Situationen von den Kleingruppen festgelegt werden, bevor sie sich um eine Entscheidungsfindung unter Anwendung des Prinzips des situativ begründeten Regelverstoßes machen.

(7) Der jetzt folgende siebte Schritt ist die entscheidende Gelenkstelle der Unterrichtseinheit. In diesem Schritt geht es um die Plausibilisierung des pragmatischen Unterschiedes zwischen der zweifelsfreien und restlosen Auflösung eines moralischen Dilemmas im Gegensatz zu einer bloßen Entscheidung des Dilemmas, mag diese Entscheidung auch noch so gut begründet sein. Damit sich dieser Unterschied den SchülerInnen erschließt, könnten zwei Wege beschritten werden.

(7.1) Die Kleingruppen könnten einmal aufgefordert werden, selbst Einwände gegen ihre eigene Position zu formulieren. Je besser ihnen das gelingt, umso stärker werden ihre Zweifel an der Eindeutigkeit ihrer Entscheidung sein.

(7.2) Es besteht auch die Möglichkeit, im Zuge von Rollenspielen die Situation der Eltern nach der Entscheidung zu antizipieren. Ein ästhetisches Mittel, sich die Situation nach der Entscheidung auch im Falle eines hypothetischen Dilemmas zu vergegenwärtigen, könnte darin bestehen, dass die SchülerInnen aufgefordert werden, in die Rolle der Eltern zu schlüpfen und einen Tagebucheintrag zu verfassen, der eine Woche nach der Umsetzung der Entscheidung in Handlung datiert sein könnte. Das intendierte Ziel der siebten Phase ist erreicht, wenn die SchülerInnen realisieren, dass jede mögliche Entscheidung mit so hohen Folgekosten für die Eltern, für das Baby oder für alle Beteiligten verbunden ist, dass das Dilemma nicht als reibungslos aufgelöst gelten kann. Das intendierte Ziel ist erreicht, wenn aller Reflexion und moralphilosophischen Anstrengung zum Trotz Restzweifel bleiben, ob die Eltern ohne Schuldgefühle mit der Entscheidung weiterleben können.

(8) Sollte dieses Resultat mit den SchülerInnen tatsächlich erreicht werden, ist der Zeitpunkt für das Pontius-Pilatus-Argument gekommen, mit dem die SchülerInnen ja auf reale Dilemma-Situationen vorbereitet werden sollen, indem sie lernen, Restzweifeln zum Trotz ihren moralischen Entscheidungen entsprechend zu handeln, wenn sie sich sicher sein können, dass sie die moralische Entscheidung nach sorgfältiger Abwägung verantwortungsvoll getroffen haben, und dass es keine situativ bessere Entscheidungsmöglichkeit gibt. Dass im Falle des Säuglingsdilemmas unmittelbarer Entscheidungs- und Handlungsdruck bestehen würde, falls Eltern im realen Leben in ein solches Dilemma gerieten, könnte man den SchülerInnen auch unter den Bedingungen eines hypothetischen Dilemmas deutlich machen, indem man sie auffordert, die Situation zu beschreiben, die entstünde, wenn die Eltern ihre Entscheidung hinauszögern oder gar ganz verweigern würden. Es würde vermutlich relativ schnell deutlich, dass im Falle des Säuglingsdilemmas unter realen Bedingungen jedes Herauszögern und erst recht ein Verweigern der Entscheidung durch die verantwortlichen Eltern einer Entscheidung für ein qualvolles Sterbenlassen gleich käme. Wenn sich den SchülerInnen die Verächtlichkeit einer solchen Strategie im Zuge ihrer Überlegungen zu ihren Folgen nicht sowieso schon erschlossen hat, könnte die Lehrperson historische Figuren wie Pontius Pilatus beispielsweise ins Spiel bringen, die bis heute verachtet werden, weil sie sich vor einer Dilemma-Entscheidung feige zu drücken versucht haben. Eine andere Möglichkeit bestünde darin, den von Hare erwähnten Film *The Cruel Sea* von den SchülerInnen dahingehend umschreiben zu lassen, dass der Kapitän in der entscheidenden Szene (seine Flotte wird von U-Booten bombadiert, und er muß ein Schiff samt Mannschaftr opfern, um den Großteil seiner Flotte zu retten) überhaupt keine Entscheidung trifft, sondern statt dessen händeringend auf der Kommandobrücke steht und laut überlegt, welche Entscheidung die richtige wäre, während die feindlichen U-Boote die Schiffe seiner Flotte der Reihe nach in die Luft bomben. Konsequent ausgemalt, würde der Kapitän in einer solchen Szene zu einer provozierend lächerlichen Figur, vor der niemand auch nur den Hauch von Respekt hätte – und genau darum soll es ja gehen in der achten Phase der Impulssetzung für eine Handlung trotz drohender Schuldgefühle.

(9) Im Bestfall haben die SchülerInnen im Laufe der Unterrichtseinheit bis zum Eintritt in die vorletzte neunte Phase gelernt, dass die moralphilosophische Praxis auch mit unauflösbaren moralischen Dilemmata konfrontieren kann, und dass man in einem solchen Falle als reifer moralischer Akteur eine Entscheidung treffen und diese auch in Handlung umsetzen muß, obwohl man weiß, dass Schuldgefühle drohen, die tatsächlich auch ein fundamentum in re haben, weil man ja tatsächlich gegen eine gewichtige moralische Anforderung verstoßen

hat. *Die Unterrichtseinheit soll die SchülerInnen letztlich zu einem Handeln aus moralisch guten Gründen trotz der Belastung drohender Schuldgefühle befähigen.* Dabei sollte sie aber letztlich nicht stehen bleiben. Schließlich sind Schuldgefühle auch dann eine große Belastung für den moralischen Akteur, wenn er erstens weiß, dass er nicht anders handeln konnte, weil die Situation keine anderen Optionen offen gelassen hat, und wenn er zweitens auch weiß. dass er nach den situativ besten moralischen Gründen entschieden und sich seine Entscheidung wohl überlegt und alles andere als leicht gemacht hat. Bevor sie durch die Phase der Rekapitulation abgeschlossen wird, sollte die Unterrichtseinheit also in eine Phase der Rituale eintreten, durch welche die Schuldgefühle zwar nicht wirklich zum Verschwinden gebracht, aber immerhin doch gemildert werden können, indem man ihnen einen adäquaten Ausdruck gibt. Die Rituale sollten natürlich der Situation und insbesondere den Opfern der Entscheidung mit Takt und Einfühlungsvermögen angepaßt sein. In diese Richtung sollte die Lehrperson die SchülerInnen gegebenenfalls lenken. Ansonsten aber bietet die Phase die Möglichkeit, den künstlerischen Begabungen der SchülerInnen freien Lauf zu lassen. Wiedergutmachungen oder Erinnerungen können durch ein Gedicht ebenso geschehen wie durch ein ritualisiertes Ereignis, ein Lied oder ein Gedenkstein. Die diesbezüglichen Möglichkeiten sind vielfältig, zumal sich auch die Möglichkeit bietet, in dieser Phase interdisziplinär zu arbeiten und den Kunst- oder Musikunterricht beispielsweise mit einzubeziehen. Am Beispiel des Säuglingsdilemmas kann ich vielleicht aufzeigen, wie ich mir die Phase der Rituale konkret vorstelle.

(9.1) Diejenigen SchülerInnen, die sich in der achten Phase der Unterrichtseinheit für ein Sterbenlassen oder ein aktives Töten entschieden haben, sollten sich zunächst einmal einen Namen ausdenken, den die Eltern dem Kind im Realfall geben könnten. Dann sollten sie sich Rituale ausdenken, durch die das Kind in der Zeit, in der es noch lebt, die Nähe der Eltern spüren kann. Sie könnten beispielsweise ein Lied schreiben, das der Liebe der Eltern zu dem Kind Ausdruck gibt, und das die Eltern im Realfall nur für dieses Kind singen würden. Vor allem aber sollen sie sich Gedanken machen, wie im Realfall die Beerdigung und der Grabstein des Kindes aussehen sollte. Schließlich sollten sie auch ein Ritual der Verabschiedung erfinden, aus dem ein Ritual der Erinnerung hervorgehen kann, das im Realfall von den Eltern in genau geregelten Zeitabständen regelmäßig wiederholt werden könnte.

(9.2) Diejenigen SchülerInnnen, die sich in der achten Phase für die Lebenserhaltung entschieden haben, sollten Rituale erfinden, durch die die Eltern im Realfall den Tages- und Wochenablauf ihres Lebens mit einem schwer behinderten Kind gestalten könnten. Auch hier sind der Fantasie nur durch die Erfordernisse des Taktes Grenzen gesetzt

(10) Eine letzte Phase sollte schließlich der Vorführung der gefundenen Rituale vor dem Klassenverband und einem gemeinsamen Nachspüren der Stimmigkeit des gesamten Prozesses gewidmet sein.

Graphisch dargestellt, könnte die Unterrichts-Einheit in folgenden Etappen verlaufen:

Phase	SchülerInnen	Aktion	LehrerIn
1.	Erste intuitive Reaktion	Präsentation eines Dilemmas	Präsentation eines Dilemmas, das als Kandidat für ein unauflösbares moralisches Dilemma gelten kann; Rückversicherung, ob das Dilemma und alle Begriffe etc. verstanden worden sind. Eventuell Klärung
2.	Formulierung der Position mit Begründung (eventuell in Gruppen)	Festlegung einer ersten Position	Moderation und Auflistung an der Tafel o. ä.
3.	Versuch der Lösung des Dilemmas durch ein moralphilosophisches Prinzip in Gruppenarbeit	Prüfung der Reichweite von moralphilosophischen Prinzipien (6. Stufe), 1. Teil	Moderation und Tafelbild zur Gegenüberstellung der Lösungsmuster
4.	Textlektüre und Textrekonstruktion; anschließend Diskussion der Positionen im Klassenverband	Verfestigung der Zweifel an der eindeutigen Auflösbarkeit des Dilemmas	Präsentation mehrerer moralphilosophischer Lösungsvorschläge, die jeweils den Anspruch situationsunspezifischer Allgemeinheit vertreten; eventuell Hilfestellung bei der Textrekonstruktion; anschließend Moderation.
5.	Diskussion im Klassenverband nach der Talk-Show-Methode	Festlegung des Resultats, dass sich zumindest das vorliegende Dilemma mit situationsunspezifischen Prinzipien nicht eindeutig auflösen läßt	Moderation

6.	Suche nach einer situativ angemessenen moralischen Entscheidung des Dilemmas in Kleingruppen	Anwendung des Prinzips des situativ begründeten Prinzipienverstoßes	Organisation der Kleingruppen und ggf. Hilfestellung
7.	Rollenspiel; fiktives Tagebuch nach der Entscheidung etc.	Plausibilisierung des Unterschieds zwischen der eindeutigen Auflösung und der gut begründeten situativen Entscheidung eines Dilemmas	Hilfestellung bei der Herstellung einer fiktiven Situation, die von den Konsequenzen der Entscheidung geprägt wäre
8.	Die SchülerInnen malen ein Bild aus der Sicht des Babys oder verfassen einen Tagebucheintrag	Handlungsentscheidung aufgrund des Pontius-Pilatus-Arguments	Moderation und pro- und contra Tabelle an der Tafel
9.	Kreatives Erfinden von situationsadäquaten Ritualen der Erinnerung und Wiedergutmachung	Auffinden von Ritualen	Hilfestellung und ggfs. Korrektur; Ausweitung des Ethik-Unterrichts in die ästhetischen Bereiche Musik, Kunst, Theater etc.
10.	Ausführen der Rituale vor dem Klassenverband und intuitives Nachspüren der Stimmigkeit des gesamten Prozesses	Konsolidierung	Rekapitulation und Auswertung u. a. unter Einbeziehung von außermoralischen Kriterien wie Takt z. B.

(8) Leistungen und Grenzen der erweiterten Dilemma-Methode. Nun bin ich mir natürlich darüber im Klaren, dass sich gegen die erweiterte Dilemma-Methode dieselben Einwände erheben lassen wie gegen die konventionelle sechsstufige Dilemma-Methode, wobei mir einige Einwände gewichtiger als andere zu sein scheinen.

(1) Für wichtig halte ich beispielsweise den schon in Einwand I.3.5 hervorgehobenen Hinweis vieler Verfechter der Dilemma-Methode, dass die Dilemma-Methode aller Leistungsfähigkeit zum Trotz auf keinen Fall die einzige Methode des Ethik-Unterrichts sein sollte. Dem möchte ich mich noch einmal ausdrücklich anschließen. Ich denke nämlich, dass ethische Probleme aller Art am ehesten eine Chance auf Lösung haben, wenn der moralische Akteur über eine möglichst große Bandbreite von ethischen Kategorien und Strategien verfügt, sowie über die Fähigkeit, die in einer Situation jeweils ange-

messenen und passenden Kategorien und Strategien heranzuziehen. Thomas Nagel vertritt diese Auffassung in seinem Essay *Fragmentation of Value* von 1977 für die professionelle Moralphilosophie. Es ist hier von einer Beraterrolle der professionellen Moralphilosophie die Rede, wobei ausdrücklich betont wird, dass ein Moralphilosoph diese Beraterrolle nur ausfüllen kann, wenn er einen Perspektivenwechsel zwischen verschiedenen Moralphilosophien vornehmen und beurteilen kann, welche moralphilosophische Zugangsweise bei welchem moralischen Problem am erfolgsversprechensten zu sein scheint.[95] Was nach Nagel für die professionelle Moralphilosophie gilt, insofern sie (in politischen Kontexten beispielsweise) eine Beraterrolle übernimmt, gilt in meinen Augen für jeden moralischen Akteur: Moralische Probleme haben eine umso größere Chance auf eine befriedigende Lösung, je umfassender der Akteur moralphilosophisch kompetent und gebildet ist. Man sollte die SchülerInnen (wenn es die Zeit zulässt) also schon deshalb mit einer möglichst großen Bandbreite[96] von ethischen Methoden konfrontieren, weil auch die erweiterte Dilemma-Methode natürlich (wie jede ethische Methode) ihre Grenzen hat.

(2) Wenn von Thomas Nagels Auffassung von der professionellen Moralphilosophie als vielperspektivische Beraterdisziplin die Rede ist, drängt sich natürlich noch einmal mehr der Einwand auf, dass die erweiterte Dilemma- Methode natürlich sehr voraussetzungsreich und anspruchsvoll ist. Ich habe diesen Einwand in II. 6.4. ja schon zugestanden, und tatsächlich erhebt er sich noch deutlicher, wenn man (wie in diesem Kapitel III. ja vorgeschlagen) im Ethik-Unterricht schließlich und endlich auch auf das Problem der unauflösbaren moralischen Dilemmata zu sprechen kommen will. Das gilt zum einen, weil (wie in II.6.4. schon betont) die erweiterte Dilemma-Methode nur sinnvoll eingesetzt werden kann, wenn ein Großteil der SchülerInnen in der Lage ist, moralphilosophische Prinzipien im Sinne der 5. und 6. Stufe von Kohlbergs Stufenfolge adäquat anzuwenden. Jenseits dessen stellt die erweiterte Dilemma-

95   Vgl. dazu *Nagel: The Fragmentation of Value.* A. a. O. insg.

96   Insbesondere Johannes Rohbeck und Ekkehard Martens haben sich in den letzten Jahren sehr um eine Methodenvielfalt für den Philosophie- und Ethikunterricht verdient gemacht. Stellvertretend für viele andere Schriften möchte ich besonders hervorheben *Methoden des Philosophierens.* Hrsg. v. J. Rohbeck. Dresden 2000; sowie *Philosophische Denkrichtungen.* Hrsg. v. J. Rohbeck. Dresden 2001; sowie *Denkstile der Philosophie.* Hrsg. v. J. Rohbeck. Dresden 2002; sowie *Didaktische Transformationen.* Hrsg. v. J. Rohbeck. Dresden 2003; sowie *Martens, Ekkehard: Methodik des Ethik- und Philosophieunterrichts.* Hannover ²2005. Vgl. außerdem *Danner, Helmut: Methoden geisteswissenschaflicher Pädagogik.* Basel ⁴1998; sowie *Wuchterl, Kurt: Methoden der Gegenwartsphilosophie.* München ³1999.

Methode aber sowohl an die Lehrperson als auch an die SchülerInnen noch einmal besonders hohe psychische Anforderungen, wenn es um die Möglichkeit unauflösbarer moralischer Dilemmata gehen soll. Den SchülerInnen wird schließlich nicht nur eine moralische Verunsicherung zugemutet, sondern auch die Aussicht darauf, irgendwann einmal in eine Lage kommen zu können, in der sie gezwungen sind, sich allen aufrichtigen moralphilosophischen Reflexionen zum Trotz schuldig zu machen – und das kann im Einzelfall schwer zu verdauen sein! Wie in II.6.4. würde ich die erweiterte Dilemma-Methode und insbesondere den abschließenden Exkurs zur Möglichkeit des unauflösbaren moralischen Dilemmas aber wiederum mit dem einfachen Hinweis darauf verteidigen, dass der Anspruch letztlich ja gar nicht von der Dilemma-Methode ausgeht, sondern von der moralischen Praxis! Das Leben konfrontiert nun einmal mit moralischen Problemen, bei denen eine strenge Anwendung moralphilosophischer Prinzipien zu moralisch kontraintuitiven Entscheidungen führen würde, und es konfrontiert letztlich auch mit unauflösbaren moralischen Dilemmata. Mit beiden Situationen muß der moralische Akteur umgehen können, mögen sie in einer deontologisch ausgerichteten Moralphilosophie auch noch so unwillkommen sein. Der Ethik-Unterricht soll reife moralische Akteure ausbilden – deshalb darf er allem intellektuell-moralphilosophischem und psychischem Anspruch zum Trotz die Probleme der kontraintuitiven moralischen Entscheidungen (vgl. Kapitel II) und der unauflösbaren moralischen Dilemmata (Kapitel III) nicht ausblenden.

(3) Ebenfalls sehr ernst nehme ich den Einwand, dass die Rituale, deren Entfaltung ich zur Abmilderung der Schuldgefühle nach der Umsetzung der Entscheidung eines als unauflösbar identifizierten moralischen Dilemmas in Handlung in Abschnitt III.6. empfohlen habe, im konkreten Einzelfall kitschig wirken können, und dass zudem der Verdacht aufkommen kann, dass sie den Akteuren mehr helfen als den ›Opfern‹ der Dilemma-Entscheidung. Auch diesen Einwand muß ich letztlich zugeben. Allerdings denke ich, dass sich zumindest der Einwand entkräftet, dass die moralischen Akteure die ›Opfer‹ mit den Ritualen zur Entschuldigung quasi ›benutzen‹ würden, insofern die Rituale mit dem nötigen Takt entfaltet und ausgeführt werden.

(4) Verteidigen möchte ich die erweiterte Dilemma-Methode insbesondere mit dem Hinweis darauf, dass sie besser als die konventionelle Dilemma-Methode gewappnet ist gegen den in I.4.4. diskutierten Einwand der Kulturabhängigkeit der Methode wegen der Kulturabhängigkeit der Moralphilosophie, in der sie basiert. In I.4.4.2. habe ich mich Habermas angeschlossen, der hervorhebt, dass die Grundannahmen der konventionellen Dilemma-Methode einer »spe-

zifischen, vor allem in angelsächsischen Ländern verbreiteten Traditionen«[97] verpflichtet und Produkte unserer durch die Aufklärung geprägten westlichen Kultur sind. Das muß ich für die erweiterte Dilemma-Methode letztlich schon deshalb ebenfalls einräumen, weil sie ja auf der konventionellen Dilemma-Methode (und damit letztlich auf denselben moralphilosophischen Voraussetzungen) basiert. Ich denke aber, dass man mit der erweiterten Dilemma-Methode der Situation besser als mit der konventionellen Dilemma-Methode gerecht wird, wie sie in den Ethik-Klassen deutscher Großstädte oft vorherrscht. In Berlin beispielsweise bestehen nahezu alle Klassen in allen Schulformen (das gilt mittlerweile auch für die Privatschulen verschiedenster Prägungen) aus ethnisch und kulturell sehr heterogenen SchülerInnengruppen. Ein Großteil der SchülerInnen ist muslimischen Glaubens. Deshalb läßt sich im Ethik-Unterricht zu vielen Problemen sehr viel schwerer der Konsens herstellen, der mit Kohlbergs konventioneller Methode auf dem postkonventionellen Niveau schließlich ja angestrebt wird. Mit dem Prinzip des situativ begründeten Prinzipienverstoßes lassen sich moralische Entscheidungen auch in heterogenen Gruppen rechtfertigen und kommunizieren. Und falls sich über einen Konflikt überhaupt keinen Konsens herstellen läßt, kann es hilfreich sein, ihn als unauflösbares moralisches Dilemma auszubuchstabieren und entsprechend zu behandeln.

(5) Einen weiteren Verteidigungsgrund stellt in meinen Augen die Tatsache dar, dass mit der erweiterten Dilemma-Methode die von Oser und Althoff formulierte Erwartung der Verfestigung von ethischen Tugenden wie »Toleranz und Offenheit« beispielsweise deutlich besser erfüllt werden kann als mit der konventionellen Dilemma-Methode. Das gilt vor allem auch für die Erwartung einer »Stimulierung der Konfliktsensibilität«[98]. Die Ausbildung von moralischer Kontextsensibilität ist schließlich das erklärte Ziel der 7. Stufe des situativ begründeten Prinzipienverstoßes, und zur taktvollen Entfaltung von Ritualen zur Abmilderung der Schuldgefühle nach einem unauflösbaren moralischen Dilemma ist Kontextsensibilität eine unabdingbare Voraussetzung.

(6) Verteidigen würde ich die erweiterte Dilemma-Methode schließlich und endlich auch mit dem Hinweis darauf, dass mit der erweiterten Dilemma-Methode gegenüber der konventionellen Dilemma-Methode noch einmal eine »Anhebung des Niveaus der Urteilsbildung«[99] im Sinne von Franzen erreicht

97   *Habermas: Moralbewusstsein und kommunikatives Handeln.* A. a. O. 185.
98   *Oser/Althof..: Moralische Selbstbestimmung.* A. a. O. 160.
99   *Franzen: Ethikunterricht.* A. a. O. 315.

werden kann: Es stellt in meinen Augen eine ganz wichtige Erweiterung der moralischen Kompetenzen dar, wenn ein moralischer Akteur moralphiloso-phische Prinzipien situativ bedingt modifizieren und mit der Möglichkeit unauflösbarer moralischer Dilemmata umgehen lernt, so dass er nicht mehr im Sinne von Kohlbergs konventioneller Dilemma-Methode schlicht blind darauf vertrauen muß, mit moralphilosophischen Prinzipien quasi automatisch die eine richtige Lösung jedes moralischen Problems finden zu können. Nun bin ich mir natürlich darüber im Klaren, dass mir jeder strikte Kohlbergianer wegen dieser Überzeugungen moralischen Relativismus oder gar moralischen Skeptizismus und Nihilismus und damit einen Rückfall von Stufe 6 auf ein skeptisches Zwischenstadium 4 ½ attestieren würde. Ohne die in Abschnitt II.1. ausführlich rekonstruierte Debatte über die vorgeblich ›rückfällig‹ gewordenen Probanden von Kohlbergs frühen Versuchsreihen noch einmal aufgreifen zu wollen, möchte ich diesen Verdacht weit von mir weisen. Wenn ich das Prinzip des situativ begründeten Prinzipienverstoßes verteidige, bin ich deshalb noch längst keine moralische Relativistin. Die Grenze ist meiner Moralphilosophie zufolge nämlich nicht zwischen moralischen Realismus bzw. Universalismus und moralischem Relativismus zu ziehen, sondern vielmehr zwischen mora-lischem Rationalismus und moralischem Intuitionismus: Insofern glaube ich (hiermit schließe ich mich Moralphilosophen wie Sir David Ross, E. Lemmon und Thomas Nagel an) zwar nicht an die uneinschränkte Leistungsfähigkeit von moralischen Prinzipien, aber doch an die Treffsicherheit unserer moralischen Vernunft. Und vor allem bin ich keine Skeptizistin oder Nihilistin, wenn ich an die Möglichkeit von unauflösbaren moralischen Dilemmata glaube: Es gibt Werte und ein weitgehend leistungsfähiges System moralischer Anforderungen, aber erstens gibt es in meinen Augen keinen Grund, warum es zwischen diesen Systemen nicht zu Widersprüchen kommen kann, und zweitens scheinen mir die Systeme zu wenig feinmaschig zu sein, als dass sie jede denkbare moralische Situation abdecken könnten. Weil es nun allerdings keinen Ethik-Unterricht weiterbringt, wenn ich diese moralphilosophischen Grundannahmen näher entfalte und begründe, breche ich meine Bemerkungen dazu jetzt ab, um statt dessen eine kurze Liste von Dilemmata zu erstellen, die im Ethik-Unterricht verschiedenster Ausrichtung vielleicht zum Einsatz kommen können.

4. Anhang: Moralische Dilemmata für den Ethik-Unterricht

Die Beschäftigung mit Dilemmata im Ethik-Unterricht ist außerordentlich fruchtbar, wenn man die Dilemmata richtig einführt. Es muss allerdings nicht immer das gute alte Heinz-Dilemma sein! Mit Beispielen für moralische Dilemmata versorgt die einschlägige Literatur so ausgiebig, dass die Fülle kaum noch zu fassen ist. Und wem das immer noch nicht reicht, der kann auch in Mythologie und Religion, in der Literatur, in der Tagespresse oder in der Geschichte fündig werden. Allerdings ist Ethik-Unterricht nicht gleich Ethik-Unterricht und moralisches Dilemma nicht gleich moralisches Dilemma: Die moralischen Dilemmata sollten vielmehr nicht nur dem Alter der SchülerInnen, sondern auch der grundsätzlichen Ausrichtung des jeweiligen Ethik-Unterrichts und seinen Zielsetzungen angepasst sein.

(1) Drei Kohlberg-Dilemmata. Wenn die konventionelle sechsstufige Dilemma-Methode angewandt wird, werden in aller Regel diejenigen Dilemmata als Beispiel ins Feld geführt, die Kohlberg in den sechziger Jahren des letzten Jahrhunderts für seine Forschungszwecke konstruiert hat. Kaum jemand, der in den letzten Jahrzehnten Ethik-Unterricht in Deutschland genossen hat, wird um diese Dilemmata herumgekommen sein. Pars pro tot möchte ich drei der beliebtesten[1] dieser Dilemmata kurz skizzieren, um dann jeweils einen kurzen Vorschlag zu unterbreiten, wie man die Dilemmata heute vielleicht ersetzen und aktualisieren könnte.

(1) Das berühmteste von Kohlberg Dilemmata ist zweifellos das sogenannte ›Heinz-Dilemma‹. Die Ehefrau von ›Heinz‹ ist an einer seltenen Krebsart erkrankt. Ein Apotheker hat ein Medikament entwickelt, das er allerdings zu einem völlig überteuerten Preis anbietet, den Heinz nicht aufbringen kann. Nachdem sich der Apotheker auf kein Ratenzahlungen einlassen und keine Bank einen Kredit geben will, überlegt Heinz verzweifelt, ob er in die Apotheke einbrechen und das Medikament stehlen sollte, um seine Frau zu retten.[2] Als Lorenz-Dilemma wird dieses Dilemma auch von Edelstein und Iser für den LER-Unterricht empfohlen. Es ist von dem Problem die Rede, ob ein Mann namens »Lorenz in die Apotheke einbrechen« darf, »um ein lebenswichtiges Medikament für seine Frau zu stehlen?«[3] Wenn man das gute alte Heinz-

---

1 Das sogenannte ›Korea-Dilemma‹ blende ich aus, weil es mit der Lebenswirklichkeit der SchülerInnen in Deutschland (zum Glück!) wenig Berührungspunkte hat.
2 Eine Version des Dilemmas wird geschildert in *Kohlberg: Die Psychologie der Moralentwicklung.* A. a. O. 495.
3 *Edelstein/Iser: Dilemmadiskussion.* A. a. O. 176.

Dilemma endlich in den verdienten Ruhestand schicken möchte, könnte man statt dessen vielleicht das ähnlich gelagerte Dilemma der Nora in Ibsens Theaterstück *Nora oder das Puppenheim* zur Diskussion stellen: Die Protagonistin dieses Stück muss die Entscheidung treffen, ob sie eine Unterschrift fälscht, um das Geld zu bekommen, mit dem sie ihrem Mann die notwendige Heilbehandlung bezahlen könnte.[4] Das Dilemma der Nora ist zwar letztlich nicht aktueller als das von Heinz. Allerdings entwickelt sich ihr Konflikt in Ibsens Theaterstück menschlich sehr viel anrührender, als das in den kurzen trockenen Skizzen Kohlbergs zum Heinz-Dilemma der Fall sein kann (und soll).

(2) Ein anderes von Kohlberg erfundenes Dilemma ist das sogenannte ›Sterbehilfe-Dilemma‹ des Dr. Jefferson. Diesem Dilemma zufolge bittet eine von großen Schmerzen geplagte, sterbenskranke Frau ihren Arzt Dr. Jefferson in ihren lichten Momenten immer wieder um eine tödliche Dosis Morphin, weil sie die Schmerzen nicht mehr aushalten kann. Damit steht Dr. Jefferson vor den beiden sich ausschließenden Handlungsmöglichkeiten, entweder der Bitte der Patientin nachzukommen und das Morphin zu verabreichen oder ihre Bitte zu verweigern und es nicht zu verabreichen.[5] Dieses Dilemma ist leider heute ebenso aktuell wie zu den sechziger Jahren des letzten Jahrhunderts, als Kohlberg es zu seinen Untersuchungen gebraucht hat. Die Tagespresse berichtet immer wieder über ähnliche Fälle. Wenn die Lehrperson auf die Aktualität der Dilemma-Diskussion aufmerksam machen will, bietet es sich an, auf solche Artikel über das Schicksal konkreter Personen zurückzugreifen, und nicht das Dilemma eines fiktiven Dr. Jefferson gegenüber einer fiktiven Patientin zur Diskussion zu stellen.

(2.1) So wurde im März 2007 beispielsweise in mehreren Zeitungen von dem schrecklichen Schicksal der Spanierin Inmaculada Echevarría berichtet, die seit ihrem 11. Lebensjahr an einer »erblich bedingten, degenerativen Erkrankung der Skelettmuskulatur« leidet. Im Alter von 51 (das heißt: im März des Jahres 2007) kann sie lediglich noch ihre Gesichtsmuskeln und einen kleinen Finger bewegen. Nachdem sie jahrelang um das Recht eines selbstbestimmten Todes gestritten hatte, wurde ihr im März des Jahres 2007 dieses Recht von der zuständigen andalusischen Ethik-Kommission zugestanden. Frau Echevarría soll die Entscheidung bezeichnet haben als »das Beste, was ihr je widerfahren sei«, weil sie jetzt »erstmals das Gefühl« habe, »dass ihr Leben nur ihr gehöre«. Da meldet sich aber der stellvertretende Vorsitzende der spanischen Bischofskonferenz Antonio Cánizares zu Wort, der in der Entscheidung einen Schritt zur »Lega-

---

4 *Ibsen: Nora oder das Puppenheim.* Vgl. insb. den III. Akt.
5 *Kohlberg: Die Psychologie der Moralentwicklung.* A. a. O. 499.

lisierung der Sterbehilfe« sieht, die in seinen Augen »stets illegitim« ist, weil sie »gegen den Menschen, das Leben, seine Würde« [6] verstoße.

(2.2) Ähnlich furchtbar ist der Fall der Französin Chantal Sébire, die im März des Jahres 2008 im Alter von 52 Jahren vor der Grande Instance in Dijon »ihr Recht auf selbstbestimmten Tod« erstreiten wollte, nachdem man sieben Jahren zuvor die »extrem seltene Krebserkrankung« eines Ethesioneuroblastom »diagnostiziert« hatte. Unter der Überschrift *Aufgefressen vom Schmerz* rekonstruiert der Autor des Artikels Gerd Kröncke das moralische Dilemma der zuständigen Gerichte in der Frage »darf ein Mensch sterben, weil ihm sein Leben unerträglich ist«? Den Schilderungen des Verfassers zufolge ist »ihr Anblick herzzerreißend«, und das nicht etwa, »weil ihr Gesicht so entstellt ist«, sondern »weil man die Schmerzen ahnt«, die Frau Sébire ihren Schilderungen vor Gericht zufolge »nicht mehr aushält«, weil »selbst stärkste Medikamente« längst schon »keine Linderung mehr bringen« können und der Tumor »unablässig« weiter wächst. Mit dem Hinweis darauf, dass »die Medizin dazu da« sei, »Leben zu erhalten«, aber nicht dazu, »tödliche Substanzen zu verabreichen«, läßt ihr das französische Gesetz den Verlautbarungen der französische Justizministerin Rachida Dati zufolge nur den Ausweg, »sich in ein künstliches Koma versetzen« und ihren »Körper sich selbst zu überlassen«, woraufhin sie »verdursten und verhungern« würde. Das mit ansehen zu müssen, will Frau Sébire ihren drei Kindern jedoch ersparen, von denen sie sich zudem auch bewußt verabschieden will. Deshalb verlangt sie etwas, was man vom Standpunkt der Moral jedoch vielleicht nicht verlangen kann: Sie verlangt von einem zuständigen Arzt eine »aktive Beihilfe zum Selbstmord«, was jedoch der derzeitigen französischen Rechtslage zufolge »kein französischer Richter legitimieren kann«. Deshalb deutet dem Autor des Artikels zumindest im März des Jahres 2008 »nicht darauf hin, dass das Tribunal in Dijon ihrem Wunsch entsprechen könnte«[7].

(3) In Kohlbergs sogenanntem Judy-Dilemma geht es um das Problem, ob man einen nahestehenden Menschen bei einer moralischen Verfehlung decken soll oder nicht. Judy soll ein zwölfjähriges Mädchen sein, die gern ein Rockkonzert besuchen möchte. Ursprünglich hatte die Mutter gesagt, dass sie gehen dürfe, wenn sie sich das Eintrittsgeld selbst verdient. Judy gelingt das auch, aber dann verbietet die Mutter den Besuch des Rockkonzerts trotzdem. Judy geht trotzdem hin und erzählt ihrer älteren Schwester Lousia davon. Soll Lousia ihre kleine Schwester decken oder nicht?[8] Auch dieses Dilemma wird von

---

6 *Süddeutsche Zeitung 53.* 5. März 2007, 10.
7 *Kröncke, Gerd: Aufgefressen vom Schmerz.* Französin will ihr Recht auf selbstbestimmten Tod erstreiten. In: *Süddeutsche Zeitung 66.* 14. März 2008, 1.
8 *Kohlberg: Die Psychologie der Moralentwicklung.* A. a. O. 503 f.

Edelstein und Iser für den LER-/Unterricht besonders empfohlen: Debattiert werden soll die Frage, ob ein Mädchen namens »Luise der besorgten Mutter sagen« solle, »wo die Schwester ist, die für ihr selbstverdientes Geld gegen den Wunsch der Mutter in die Disko gegangen ist?«[9] Ihrem *Abschlußbericht* zufolge sollen moralisch problematische Beispielsituationen aus der Lebenswelt der Schüler(innen) bevorzugt behandelt werden. So könnte beispielsweise auch ein »Warenhausdiebstahl« zur Debatte gestellt werden, der »das eine der beteiligten Mädchen vor die Entscheidung« stellt, »entweder die Freundin zu verraten oder selbst mit dem Gesetz in Konflikt zu geraten«[10]. Ausgehend von solchen Beispielsituationen soll laut Edelstein und Iser im Ethik-Teil des LER-Unterrichts dann »nach der Begründung« gefragt werden, »die für eine Handlung gegeben wird«, und vor allem »nach dem Grad der Verpflichtung« und »nach den Folgen einer Unterlassung des entsprechenden Handelns«[11]. Von einem Dilemma, das sich in ihrem Schulalltag tatsächlich ereignet hat, hat mir die Gymnasiallehrerin Christl Kluge berichtet. Eine sehr schwache und eine exzellente Schülerin waren eng befreundet. Die Versetzung der schwachen Schülerin hängt von einer Biologie-Klausur ab. Die Mädchen sitzen während der Klausur nebeneinander, und beide schreiben eine ausgezeichnete Klausur, so dass es eigentlich für niemanden einen Zweifel geben kann, dass die leistungsschwache Schülerin ihre Klausur von der leistungsstarken Schülerin abgeschrieben hat. Letzte behauptet aber, sie habe einen schlechten Tag gehabt und alles abgeschrieben, so dass sie das ›ungenügend‹ für einen Täuschungsversuch kassieren müsse. Wie soll die Klasse damit umgehen?[12] In einer anderen Variante ließe sich das Dilemma auch so präsentieren, dass ein Schüler von einem anderen weiß, dass er etwas gestohlen hat.

(2) Dilemmata mit religiöser Dimension. Eine wichtige Fundgrube für schultaugliche Beispiele für moralische Dilemmata sind religiöse und mythologische Schriften wie insbesondere das Alte Testament und die griechische Tragödie. Die Verwendung solcher Dilemmata bietet sich an, wenn der Ethik-

---

9   *Edelstein/Iser: Dilemmadiskussion.* A. a. O. 176.

10   *Ministerium für Bildung, Jugend und Sport: Abschlußbericht.* A. a. O. 32.

11   *Edelstein/Iser: Dilemmadiskussion.* A. a. O. 176.

12   *Raters, Marie-Luise: Von Rattenfängern und Musikern.* Die pragmatistische Methode der intelligenten Wertkritik. Grundsatzbemerkungen und ein didaktischer Vorschlag zur Ethik des Pragmatismus‹ als Methode für den Ethik-Unterricht. In: *Ethik und Unterricht.* Hrsg. v. H. P. Mahnke. Leipzig März 2003, 24–29;. Vgl ergänzend auch *Kluge, Christl: Eine Bürgschaft.* Ein Erfahrungsbericht. A. a. O. 30 f. Frau Kluges Bericht zufolge haben beide Schülerinnen die Klausur wiederholt, wobei die leistungsschwache Schülerin durch eine gemeinsame Anstrengung der gesamten Klasse so gut vorbereitet war, dass sie die Klausur schließlich mit der entsprechenden Note bestanden hat.

Unterricht im Rahmen eines Unterrichtsfaches mit starken religionskundlichen Anteilen ist, wie es beispielsweise im Schweizer Unterrichtsfach *Religion und Kultur* der Fall ist, aber auch im Brandenburgischen Schulfach *LER* oder im Hamburger Schulfach *Religionsunterricht für alle*. Einige wenige möchte ich kurz skizzieren und ansonsten auf die stattliche Sammlung von Dilemmata für verschiedene Altersstufen in dem Buch *Lernen aus Widersprüchen* von Kuld und Schmid aus dem Jahr 2001 verweisen.[13]

(1) Aus dem Deutschunterricht bekannt ist vermutlich das Dilemma der Antigone: Es wird hier nämlich gerne herangezogen, um die Textgattung der ›Tragödie‹ zu erklären. Die Geschichte ist bekannt; dennoch will ich sie kurz erzählen.

(1.1) Der moralische Konflikt der Antigone setzt ein, als der von ihrem Vater Ödipus verhängte Fluch über seine beiden abtrünnigen Söhne wirksam wird und sich beide im Kampf um die Vorherrschaft um Athen gegenseitig erschlagen. Der amtierende König Kreon will seine Neffen nicht begraben, sondern vor den Toren der Stadt als Strafe für ihren Landesverrat und zur Abschreckung verwesen lassen. Anders als ihre Schwester Ismene widersetzt sich Antigone in einer bewussten Entscheidung dem Befehl des weltlichen Herrschers Kreon, um dem Gebot der Götter Folge zu leisten und ihre Brüder wenigstens symbolisch unter einem Häuflein Erde zu begraben. Sie wird gefasst und lebendig eingemauert, wo sie sich erhängt, bevor sie von ihrem Verlobten Hämon (dem Sohn des Kreon) gerettet werden kann.[14]

(1.2) Der moralische Konflikt der Antigone wird gemeinhin als ein Konflikt zwischen weltlichem und göttlichem Gesetz diskutiert; deshalb eignet er sich in besonderem Maße für den Ethik-Unterricht im Rahmen eines religionskundlich ausgerichteten Faches. Ein ganz ähnliches Dilemma findet sich im Alten Testament (d. h. dem Teil der Bibel, auf das sich die jüdische und die christliche Religion gemeinsam beziehen) mit der Geschichte von Daniel in der Löwengrube. Der Jude Daniel war wegen seiner Weisheit als einer von drei Fürsten von dem persischen König Darius über 120 Landvögte eingesetzt worden. Man wusste, dass er jeden Tag zu Gott betete. Eines Tages hatten Daniels Neider den König jedoch dazu gebracht, ein Dekret zu erlassen, dass dreißig Tage lang nur vom König selbst etwas erbeten werden durfte. Daniel widersetzte sich dem königlichen Gebot und betete weiterhin dreimal am Tag zu Gott, wie es das göttliche Gesetz vorschrieb. Daraufhin wurde er in eine Grube mit hungrigen

---

13 *Kuld/Schmid: Lernen aus Widersprüchen.* A. a. O. 169–186. Vgl. zu Gemeinsamkeiten und Differenzen von religiöser und moralischer Entwicklung auch *Fetz, Reto Luzius/Oser, Fritz: Weltbildentwicklung, moralisches und religiöses Urteil.* In: *Zur Bestimmung der Moral.* A. a. O. 443–469.
14 *Aischylos: Agamemnon.*

Löwen geworfen, die ihn der Bibel zufolge aber verschont haben, weil Gott seine schützende Hand über Daniel gehalten hat.[15]

(2) Das meistdiskutierte Dilemma in der Philosophie des moralischen Dilemmas ist zweifellos das Dilemma des Königs Agamemnon von Argos nach Aischylos. Seine Geschichte ist Teil der *Ilias* des Homer. Agamemnon sieht sich durch ein Bündnis verpflichtet, mit König Menelaos in den Krieg gegen Troja zu ziehen, um den Raub an dessen Ehefrau Helena durch Paris zu rächen. Als das Heer wegen widriger Winde nicht aus dem Hafen segeln kann, steht er vor der Entscheidung, ob er seiner Pflicht als griechischer Feldherr gehorchen und seine Tochter Iphigenie den Göttern für günstigen Wind opfern oder sich als Vater für das Leben seiner Tochter entscheiden muß. Er entscheidet sich für dieses Opfer, weshalb ihn seine Frau Klytemnestra im Verein mit seinem Vetter Ägist bei seiner siegreichen Rückkehr aus Troja in der Badewanne ermordet.

(3) Wie die *Orestie* des Aischylos weiter erzählt, stellt der Mord der Klytemnestra dann wiederum Agamemnons Kinder Orest und Elektra vor die Frage, ob sie ihren Vater an der Mutter rächen sollen oder nicht. Orest entscheidet sich für den Muttermord. Und zumindest Jean Paul Sartres Theaterstück *Die Fliegen* (franz. *Les Mouches*) zufolge nimmt Orest die Verantwortung für den Muttermord stolz auf sich, während Elektra an der Schuld verzweifelt.[16]

(4) Ein Beispiel aus der Bibel für ein moralisches Dilemma wäre die Situation des Abraham, dem Gott befiehlt, seinen einzigen Sohn Isaac zu opfern, um seine Gottesliebe zu beweisen. Dass Gott dieses Opfer schließlich nicht annimmt, sondern sich mit einem Widder zufriedengibt, kann Abraham nicht wissen, als der vor der Entscheidung steht, ob er der Verbindlichkeit und Liebe zu seinem Sohn oder zu Gott die Oberhand lassen soll.[17]

(5) Ein weiteres Beispiel für ein Dilemma mit religiöser Dimension wäre die Situation der Nonne Isabella in Shakespares *Mass für Mass*: Isabelle muss die Entscheidung treffen, ob sie ihr Gelübde brechen und Angelo ihre Jungfräulichkeit opfern muss, damit dieser ihren Bruder Claudio nicht wegen eines Notzuchtverbrechens hinrichten lässt.[18]

---

15 *Die Bibel: Daniel 6.*
16 *Sartre: Les Mouches.* A. a. O. 8–76. Vgl. insb. den III. Akt.
17 *Bibel.* 1. Buch Moses. Genesis 22, 1–14.
18 Vgl. *Shakespeare: Mass für Mass.* Als Beispiel für ein Dilemma eingeführt bei *McConnell: Moral Dilemmas and Consistency in Ethics.* A. a. O. 159.

(3) Dilemmata als Grenze einer Moralphilosophie. Einige der einschlägigen Beispiele für moralische Dilemmata sind als Beispiele für moralische Dilemmata im Rahmen von moralphilosophischen Abhandlungen erfunden worden, um die Grenzen bestimmter Moralphilosophien aufzuzeigen. Diese Dilemmata eignen sich besonders, wenn der Ethik-Unterricht im Rahmen eines insgesamt philosophisch ausgerichteten Unterrichtsfaches stattfindet, wie beispielsweise im Rahmen des Fachs *Praktische Philosophie* in Nordrhein-Westfalen oder im Fach *Philosophieren mit Kindern* in Mecklenburg-Vorpommern.

(1) Besonders viele Beispiele für moralische Dilemmata wurden im Zuge der Auseinandersetzung mit dem utilitaristischen Konsequentialismus erfunden, um zu demonstrieren, dass das Kriterium des größtmöglichen Nutzens für eine größtmögliche Anzahl von Betroffenen manchmal zu einer moralisch fragwürdigen Entscheidung bzw. Handlung führen kann.

(1.1) Zu dieser Sorte von Beispielen gehört beispielsweise das sogenannte ›Jim-Dilemma‹ von Bernard Williams. In seiner Schrift *Consequentialism and Integrity* konstruiert Williams den Fall von Jim, der in eine südamerikanische Stadt kommt, in der ein General 20 Indianer festgenommen hat, um die Indianer von einem Aufstand abzuhalten. Er verspricht Jim, 19 Indianer freizulassen, falls Jim eigenhändig einen der Indianer erschießt.[19].

(1.2) Ein weiteres berühmtes Beispiel aus diesem Kontext ist das ›Organtransplantations-Dilemma‹. Es enthält Abweichungen im Detail zum Trotz im Kern immer die Frage, Problem, ob man einen gesunden Menschen töten darf, um genügend Organe für mehrere kranke Patienten zu haben.[20]

(1.3) Viel diskutiert wird auch das sogenannte ›Trolley-Dilemma‹, demzufolge sich ein Straßenbahnfahrer wegen eines Versagens seiner Bremsen entscheiden muss, ob er nach links ausweichen und einen Menschen töten oder ob er nach rechts ausweichen und fünf Menschen töten soll. Dieses Beispiel wird häufig variiert: Manchmal handelt es sich bei dem einen Menschen um einen Nobelpreisträger, ein anderes Mal um ein Kind und ein drittes Mal um eine Person, die aus irgendwelchen Gründen die Menschheit retten kann.[21]

---

19 *Williams, Bernard: Consequentialism and Integrity.* In: *Consequentialism and its Critics.* Hrsg. V. S. Scheffler. Oxford 1988, (20–50) 34
20 Vgl. dazu u. a. *Harris, John: The Survival Lottery.* In: *Applied Ethics.* Hrsg. v. P. Singer. Oxford, (96–122) 87; sowie *Thomson, Judith Jarvis: Rights, Restitutions, and Risks.* Cambridge 1986, 80; sowie *Birnbacher, Dieter: Das Tötungsverbot aus der Sicht des klassischen Utlitarismus.* In: *Zur Debatte über Euthanasie.* ²1992, (25–50) 35.
21 Das Beispiel stammt von *Foot, Philippa: Das Abtreibungsproblem und das Problem der Doppelwirkung.* 1967. Im Text zit. nach *Um Leben und Tod.* A. a. O. 196–211. Aufgegriffen wird es u. a. von *Thomson, Judith Jarvis: Rights, Restitutions, and Risks.* Cambridge 1986, 78–93; sowie von

(1.4) Wenn man das Trolley-Dilemma in seiner Grundstruktur aktualisieren will, könnte man die Frage stellen, die seit dem Ereignis des 11. September immer diskutiert wird: Die Frage nämlich, ob es staatlichen Behörden erlaubt sein kann, ein Flugzeug abzuschießen, das von Terroristen entführt wurde, um es nach dem Vorbild des 11. Septembers als Massenvernichtungswaffe zu missbrauchen.

(2) Das wichtigste ›klassische‹ Beispiel aus dem Kanon der Dilemmata, die herangezogen werden, um die Grenze einer moralphilosophischen Position aufzuzeigen, ist zweifelsohne das ›Lügen-Dilemma‹, von dem in Kapitel II. ja schon ausführlich die Rede war.

(2.1) Es wird in Kants Schrift *Über ein vermeintliches Recht, aus Menschenliebe zu lügen* von 1797 entfaltet. Wie oben schon skizziert, ist der Anlass der Schrift eine süffisante Anfrage des französisch-schweizerischen Philosophen Benjamin Constant in seiner 1793 Schrift *Über politisch Reaktion* (franz. *Des Réactions Politique*) an einen ›deutschen Philosophen‹ (mit dem zweifelsohne Kant gemeint ist), ob die bedingungslose Pflicht zur Aufrichtigkeit nicht doch eine Ausnahme zulassen müsse, falls man von einem potentiellen Mörder nach dem Aufenthaltsort eines Freundes gefragt wird.[22] Das Dilemma eignet sich, um die Grenze der deontologischen Moralphilosophien aufzuzeigen.

(2.2) Wie oben gezeigt, eignet es sich zudem auch zur Plausibilisierung des Prinzip des situativ begründeten Prinzipienverstoßes (vgl. Abschnitt II.2.). Wenn das allerdings Ziel des Ethik-Unterrichts sein sollte, empfiehlt es sich, das Dilemma so zu präsentieren, dass sich die SchülerInnen vorstellen können, dass es sich tatsächlich so ereignen kann. Wie oben ebenfalls skizziert, bietet sich dafür das von Wellmer[23] entfaltete Szenarium an, in dem ein moralischer Akteur, der im Nazi-Deutschland einen Juden versteckt hat, von SS-Offizieren gefragt wird, ob sich in seinem Haus Juden befinden (vgl. Argument II.3.3.2).

(4) Dilemmata zur Plausibilisierung des Prinzips des situativ begründeten Prinzipienverstoßes. Dilemmata zur Plausibilisierung des Prinzips des situativ begründeten Prinzipienverstoßes müssen so konstruiert sein, dass ein etabliertes moralisches Gebot oder Verbot in einer Situation zur Disposition steht, in der es allen gesunden moralischen Intuitionen widerspre-

---

Naylor, Margery B.: The Moral of the Trolley Problem. In: *Philosophical Phenomenological Research* 48. 1987, 711–722. Von Zoglauer wird es folgendermassen abgeändert: Wie sieht die Sache aus, wenn man den Strassenbahnwagen stoppen kann, indem man einen unbeteiligten Zuschauer auf die Gleise stösst? *Zoglauer: Normenkonflikte.* A. a. O. 172

22   *Kant: Über ein vermeintliches Recht aus Menschenliebe zu lügen.* A. a. O. insg.
23   *Wellmer: Eine Kantische Exposition.* A. a. O. 26.

chen würde, sich dem Gebot oder Verbot auch in der vorliegenden Situation zu unterwerfen.

(1) Das wohl deutlichste Beispiel des Lügendilemmas in den Varianten von Immanuel Kant und Albrecht Wellmer wurde gerade schon angesprochen (vgl. Beispiel IV.3.4) und im II. Kapitel immer wieder herangezogen (vgl. Abschnitt II.2. und Argument II.3.3.2).

(2) Ein anderes Beispiel wäre das sogenannte ›Waffendilemma‹ in Platons *Politeia*. Nachdem Sokrates Gesprächspartner Cephalus die ›Gerechtigkeit‹ als »Wahrheit reden und was man empfangen hat, wiederzugeben« definiert hat, fragt ihn Sokrates, ob man eine geliehene Waffe etwa auch dann zurückgeben müsse, wenn der Freund, von dem man die Waffe geliehen hat, dem Wahnsinn verfallen sei?[24] Die Antwort liegt auf der Hand: Natürlich darf man dem Freund die Waffe nicht zurückgeben, obwohl es ansonsten außer Frage steht, dass man ein gegebenes Versprechen halten muß. Damit eignet sich das Dilemma ebenfalls zur Plausibilisierung des Prinzips des situativ begründeten Prinzipienverstoßes, wenn im Ethik-Unterricht mit der erweiterten Dilemma-Methode eine 7. Stufe der Moralentwicklung anvisiert werden soll.

(3) Ein aktuelleres Beispiel wäre das Dilemma des finalen Rettungsschusses. In unserer Kultur hat kein moralisches Verbot einen so hohen Stellenwert wie das Tötungsverbot. Wenn ein Geiselnehmer aber Geiseln in seiner Gewalt hat und damit droht, sie umzubringen, kennt unsere Rechtspraxis trotzdem die Möglichkeit, den Geiselnehmer erschießen zu lassen, um die Geiseln zu retten.

(5) Kandidaten für unauflösbare moralische Dilemmata. Kandidaten für unauflösbare moralische Dilemmata sind ungleich schwerer zu finden als Dilemmata, mit denen sich ein situativ begründeter Prinzipienverstoss rechtfertigen ließe. Der Grund liegt darin, dass es auch nach aufrichtiger und langwieriger moralischer Reflexion immer noch der Fall sein kann, dass die richtige Lösung für das Dilemma schlicht noch nicht gefunden worden ist. Wenn ich im folgenden also meine Kandidaten für unauflösbare moralische Dilemmata präsentiere, geschieht das unter dem moralphilosophischen Vorbehalt, dass sich die Unauflösbarkeit eines moralischen Dilemmas niemals wirklich beweisen läßt.

(1) Vom Säuglingsdilemma als einem ersten Kandidaten war in Abschnitt III.7. schon ausführlich die Rede. Mit dem Etikett bezeichne ich eine Situation, in

---

24 *Platon: Politeia.* 331c.

der ein Säugling mit so schweren Behinderungen geboren wird, dass er ohne
massive medizinische Unterstützung nicht weiterleben kann, die andererseits
aber mit großem Leiden für den Säugling verbunden sind, ohne dass jemals die
Aussicht auf ein schmerzfreies Leben bestehen würde. Der bekannteste Fall ist
vielleicht der Falls des Säuglings, das als ›Baby Doe‹ in die Literatur eingegangen
ist. Das Kind ist mit einem Down-Syndrom und zusätzlich mit einer schweren
Missbildung der Speiseröhre zur Welt gekommen. Weil Menschen mit Down-
Syndrom jedoch ein durchaus glückliches Leben führen können, insofern die
Missbildung der Speiseröhre erfolgreich operiert werden kann, sollte man unter
dem Etikett ›Säuglingsdilemma‹ besser eine Situation ins Feld führen, bei der
ein Säugling mit einer dauerhaften schweren und schmerzhaften Behinderung
wie beispielsweise der Spina Bifida geboren wird, damit die Option, den Säugling sterben zu lassen, größeres moralisches Gewicht bekommt gegenüber der
moralisch natürlich zunächst einmal geboten Option, ihn mit allen möglichen
Mitteln am Leben zu erhalten.

(2) Ein weiterer möglicher Kandidat wäre in meinen Augen das Folterdilemma,
das in der moralphilosophischen Literatur zum moralischen Dilemma in verschiedenen Varianten diskutiert wird.

    (2.1) Im Rahmen des Ethik-Unterrichts ins Feld führen könnte man das
Folterdilemma beispielsweise am konkreten Fall des Frankfurter Polizisten, der
dem Entführer Magnus Gräfgen Folter im Januar des 2002 die Folter angedroht
hat, um jede Chance zu nutzen, das Leben des elfjährigen Bankierssohn Jakob
von Metzler noch zu retten.

    (2.2) Eine andere Variante des Folterdilemmas findet sich in dem Kapitel
Ethik von Thomas Nagels Abhandlung *View from Nowhere* von 1986. Hier wird
ein Protagonist Zeuge eines Autounfalls, bei dem das Leben eines Freundes
gefährdet ist, so dass dringend ein Arzt gerufen werden muss. Er geht zu dem
Haus einer alten Dame, die kein Telefon hat, wohl aber ein Auto in der Garage.
Die Dame hat Angst und schließt sich im Bad ein. Ihr Enkelkind bleibt vor
der Tür. Das moralische Dilemma entsteht laut Nagel, sobald man sich die
Frage stellt, ob man dem Enkelkind in einer solchen Situation »brutal den
Arm umdrehen« darf, um auf diese Weise der Grossmutter die Information
abzupressen, wo der Autoschlüssel ist?[25]

    (2.3) In Sinnott-Armstrongs Abhandlung *Moral Dilemma* von 1988 wird
der Fall konstruiert, dass Terroristen den Wasser-Speicher einer großen Stadt
vergiftet haben. Eine Frau namens Liz soll eine verantwortliche Person sein, die

---

25 *Nagel, Thomas: The View from Nowhere.* New York/Oxford 1986. Im Text zit, nach *ders.: Der
Blick von Nirgendwo.* Übers. v. M. Gebauer. Frankfurt a. M. 1992, 303.

das Massensterben verhindern könnte, indem sie das Kind eines Terroristen mit Folter bedroht bzw. tatsächlich solange foltert, bis der Terrorist verrät, welcher Tank vergiftet wurde.[26] Ein ähnliches Beispiel findet sich bei Gerwith, der im Zuge einer Debatte um unbedingte Rechte die Frage aufwirft, ob ein Sohn seine Mutter zu Tode foltern muss, wenn das Terroristen von ihm fordern mit der Drohung, ansonsten mehrere Atombomben in mehreren Großstädten detonieren zu lassen.[27] In beiden Fällen geht es um die Frage, ob das Grundrecht, demzufolge niemand gefoltert werden darf, aufgehoben werden muss, wenn der Wert vieler Menschenleben auf dem Spiel steht.

(3) Ein in der Literatur besonders vielschichtig diskutiertes Beispiel (bei dem manche Autoren allerdings bezweifeln, ob es sich um ein moralisches Dilemma handelt, weil schließlich nicht zwei Optionen zur Disposition stehen, die moralisch unterschiedlich begründet wären) findet sich in der Novelle *Sophies Choice* von W. Styron aus dem Jahr 1979. Die Novelle erzählt die furchtbare Geschichte von Sophie, die (nachdem sie dem Lagerarzt gesagt hat, dass sie weder Jüdin noch Kommunistin, sondern gläubige Katholikin sei) im Konzentrationslager von den Nazi-Verbrechen vor die Entscheidung gestellt wird, eines ihrer beiden Kinder dem Gas zu opfern, weil sonst beide Kinder ermordet würden.[28] Sophie steht zwischen zwei Verbindlichkeiten gegenüber ihren beiden Kindern. Um dieses besonders schreckliche Dilemma von der Literatur ins Leben zu holen, berichtet Sinnott-Armstrong von einer Fernseh-Reportage über eine äthiopische Mutter, die nur die körperliche Kraft hatte, eines ihrer beiden Kinder zur Ausgabestelle von Nahrungsmitteln zu tragen, so dass sie ihr anderes Kind zurücklassen musste.[29]

---

26   Im englischen Wortlaut heißt es: »Suppose some terrorists poison the water supply of a large city. Liz is an offizial who can prevent anyone from being killed, but only by tourturing the child of a terrorist in order to get the terrorist to tell her what and where the poison is. Suppose also that hundreds or even thousands of people would die, but, whatver the number, it is high enough to torture the child is not worde and possibly is better than to let the people be killed.« *Sinnott-Armstrong: Moral Dilemma.* A. a. O. 1988, 44.

27   *Gerwith, Alan: Are there any absolute rights?* In: *Theory of Rights.* Hrsg. V. J. Waldron. Oxford 1989, (91–109) 99.

28   *Styron, William: Sophies Entscheidung.* München 1979. Im Text zit. nach [9] 1993, 541. Im Roman opfert sie ihre Tochter und behält den Jungen, ohne dass dafür aber Gründe angegeben werden. Diskutiert wird es u. a. in *Kuhlmann, Wolfgang: Reflexive Letztbegründung.* Freiburg/München 1985, 252 f.; sowie in *Sinnott-Armstrong: Moral Dilemmas.* A. a. O. 54ff. Ruth B. Marcus modifiziert den Fall dahingehend, dass es sich bei den beiden Kindern um eineiige (sprich: genetisch identische) Zwillinge handeln soll. *Marcus: Moral Dilemma and Consistency.* A. a. O. 192.

29   Im englischen Wortlaut heißt es bei Sinnott-Armstrong: »A recent American TV advertisement depicts a mother in Ethiopia who is too weak to carry both children to the only food supply, so she must leave one behind.« *Sinnot-Armstrong: Moral Dilemmas.* A. a. O. 57.

Das alles sind nur Beispiele, die nicht zuletzt belegen, wie alltäglich das moralische Dilemma und letztlich auch das unauflösbare moralische Dilemma in unserer moralischen Praxis tatsächlich sind. Es wird einer Lehrperson also keine Mühe bereiten, weitere passende Beispiel zu finden oder zu erfinden.[30]

---

30   Obwohl zumindest der englische Originaltitel ›ethische Dilemmata‹ verspricht, handelt es sich nicht bei jeder ›Zwickmühle‹, die in dem Buch *99 moralische Zwickmühlen* von Martin Cohen geschildert wird, tatsächlich um ein moralisches Dilemma. Dennoch bietet das Buch eine gute Materialsammlung. Die Rede ist von *Cohen, Martin: 101 Ethical Dilemmas.* USA/ Kanada 2003/2007. Im Text zit. nach *ders.: 99 moralische Zwickmühlen.* Übers. v. R. Seuß, Th. Wollermann, H. Reuter. München 2010.

Bibliographie

Aquin, Thomas von: Summa theologiae. Quaestiones 18–21. 1266–1274. Im Text zit. nach ders. *Über sittliches Handeln.* Übers. u. hrsg. v. R. Schönberger. Einl. v. R. Spaemann. Stuttgart 2001, 25–27.

Aquin, Thomas von: Quaestiones Disputatae de Veritate. Quaestio 17, Art. 1. In deutscher Übersetzung in *Des heiligen Thomas von Aquino Untersuchungen über die Wahrheit.* Bd. II. Quaestio 14–29. Übers. v. E. Stein. Hrsg. v. L. Gelber, P. Fr. R. Leuven. Louvain/Freiburg 1955, 74–78. Im Text zit. nach überarbeitet u. hrsg. v. A. Speer, F. V. Tommasi, Freiburg 2008, 460–465.

Belenky, M.: Conflict and Development. A Longitudinal Study of the Impact of Abortion Decision on Moral Judgments of Adolescents and Adult Women. Unveröff. Diss. Harvard University 1978.

Benhabib, Seyla: Feminismus und Postmoderne. Ein prekäres Bündnis. In: *Der Streit um Differenz.* Feminismus und Postmoderne in der Gegenwart. Hrsg. v. S. Behabib, J. Butler, D. Cornell, N. Fraser. Frankfurt a. M. 1993, 9–30.

Benhabib, Seyla: The Generalized and the Concrete Other. Visions of the Autonomous Self. In: *Praxis International.* Bd.5. Nr. 4. 1986, 402–424. Im Text zit nach *dies.: Der verallgemeinerte und der konkrete Andere.* Ansätze zu einer feministischen Moraltheorie. In: *Denkverhältnisse.* A. a. O. 454–487.

Birnbacher, Dieter: Das Tötungsverbot aus der Sicht des klassischen Utilitarismus. In: *Zur Debatte über Euthanasie.* O. O. ²1992, 25–50.

Birnbacher, Dieter: Tun und Unterlassen. Stuttgart 1995.

Blasi, A.: Moral Cognition and Moral Action. In: *Developmental Review* 3. O. O.1983, 178–210.

Boyd, D. R.: An Interpretation of Principled Morality. In: *Journal of Moral Education.* O. O. 1978, 110–123.

Boyd, D. R.: The Rawls Connection. In: *Moral Development, Moral Education and Kohlberg.* Basic Issues in Philosophy, Psychology, Religion, and Education. Hrsg. v. B. Munsey. Birmingham 1980, 113–131.

Brune, Jens Peter: Dilemma. In: *Handbuch Ethik.* Hrsg. v. M. Düwell, Ch. Hübenthal, M. H. Werner. Stuttgart 2002, 325–331.

Cohen, Martin: 101 Ethical Dilemmas. USA/Kanada 2003/2007. Im Text zit. nach *ders.: 99 moralische Zwickmühlen.* Übers. v. R. Seuß, Th. Wollermann, H. Reuter. München 2010.

Danner, Helmut: Methoden geisteswissenschaflicher Pädagogik. Basel ⁴1998.

Das medizinisch assistierte Sterben. Hrsg. v. A. Holderegger. Fribourg (Schweiz) 1999. Daraus:
– *Siep, Ludwig/Quante, Michael: Tun vs. Unterlassen.* A. a. O. 37–55.
– *Holderegger, Adrian: Zur Euthanasie-Diskussion in den USA.* A. a. O. 123–137.

Denkstile der Philosophie. Hrsg. v. J. Rohbeck. Dresden 2002.

Denkverhältnisse. Feminismus und Kritik. Frankfurt 1989.

Der Erziehungsauftrag der Schule. Hrsg. v. L. Mauermann/E. Weber. Donauwörth 1978.

Dewey, John: Democracy and Education. New York 1916. Auch als *ders.: Demokratie und Erziehung* – eine Einleitung in die philosophische Pädagogik. Übers. v. E. Hylla. Braunschweig ³1964.

Dewey, John: Moral Theory and Praxis. In: *International Journal of Ethics I.* O. O. 1891, 186–203. Im Text zit. nach *ders: Early Works.* Bd. 3. Hrsg. J. A. Boydston. Carbondale and Edwardsville 1969, 93–109.

Dewey, John: The Postulate of Immediate Empiricism. 1905. In: *ders.: The Middle Works.* Bd. 3. Hrsg. v. J. A. Boydston. Carbondale o. J., 158–167.

Didaktische Transformationen. Hrsg. v. J. Rohbeck. Dresden 2003.

Döbert, R./Nunner-Winkler, G.: Adoleszenzkritik und Identitätsfindung. Frankfurt a. M. 1975 insg.

Döbert, R./Nunner-Winkler, Gertrud: Wertwandel und Moral. In: *Gesellschaftlicher Zwang und moralische Autonomie.* Hrsg. v. H. Bertram. Frankfurt a. M. 1986, 289–319.

Donogan, Alan: Moral Dilemmas, Genuine and Spurious: A Camparative Anatomy. In: *Ethics* 104. O. O. 1993, 7–21. In: *Moral Dilemmas and Moral Theory.* Hrsg. v. H. E. Mason. Oxford 1996, 13–22.

Dubs, Rolf: Lehrerverhalten. Zürich 1995.

Edelstein, Wolfgang/Oser, Fritz: Dilemmadiskussion. In: *Lebensgestaltung – Ethik – Religionskunde.* Zur Grundlegung eines neuen Schulfachs. Analysen und Empfehlungen, vorgelegt vom Wissenschaftlichen Beirat LER W. Edelstein, K. E. Grözinger, B. Kirsch, A. Leschinsky, F. Oser. Mit Beiträgen von Sabine und Imma Hillerich. Weinheim, Basel 2001, 176–183.

Eine weibliche Moral? Hrsg. v. G. Nunner-Winkler. München 1995

Einführung in die utilitaristische Ethik. Hrsg. v. O. Höffe. Tübingen/Basel⁴ 2008.

Entwicklung des Ichs. Hrsg. v. R. Döbert, J. Habermas, G. Nunner-Winklers. Köln 1977. Daraus:
– *Turiel, E.: Developmental Processes in the Childs Moral Thinking.* In: *New Directions in Developmental Psychology.* New York 1969. Dt. als *ders.: Entwicklungsprozesse des moralischen Bewusstseins des Kindes.* A. a. O. 115–149.
– *Kohlberg, Lawrence: Continuities in Childhood and Adult Moral Development Revisited.* In: *Life-span Developmental Psychology.* Hrsg. v. Baltes, Scharf. New York ²1973. Auch als *ders. Eine Neuinterpretation der Zusammenhänge zwischen der Moralentwicklung in der Kindheit und im Erwachsenenalter.* A. a. O. 225–252.
– *Haan, N./Smith, M. B./Block, J.: Moral Reasoning of Young Adults.* In: *Journal of Personality and Social Psychology* 10. 1968, 183–201. Dt. als *dies.: Moralische Argumentationsstrukturen junger Erwachsener.* A. a. O. 307–337.

Ethik und Unterricht. Hrsg. v. H. P. Mahnke. Leipzig März 2003. Daraus:
– *Raters, Marie-Luise: Von Rattenfängern und Musikern.* Die pragmatistische Methode der intelligenten Wertkritik. Grundsatzbemerkungen und ein didaktischer Vorschlag zur Ethik des Pragmatismus‹ als Methode für den Ethik-Unterricht. A. a. O. 24–29.
– *Kluge, Christl: Eine Bürgschaft.* Ein Erfahrungsbericht. A. a. O. 30 f.

Flammer, A.: Entwicklungstheorien. Psychologische Theorien der menschlichen Entwicklung. Bern u. a. 1988.

Fowler, J.: Toward a Developmental Perspective on Religiouzs Faith. Unveröff. Manuskript Harvard University Divinity School. Cambridge (Mass) 1972.

Fowler, James W.: Stages of Faith, New York 1981.

Frankena, William K.: Ethics. 1963/New York 1973. Auch als *ders.: Analytische Ethik.* München 1972.

Franzen, Winfried: Ethikunterricht. In: *Ethik.* Ein Grundkurs. Hrsg. v. H. Hastedt, E. Martens. Hamburg 1994, 301–323.

Galbraith, R. E./Jones: T. M.: Teaching Strategies for Moral Dilemmas. In: *Social Education* 39. O. O. 1975.

Gerwith, Alan: Are there any absolute rights? In: *Theory of Rights.* Hrsg. V. J. Waldron. Oxford 1989, 91–109.

Gilligan, Carol/Murphy, J. M.: Development from Adolescence to Adulthood. The Philosopher and the Dilemma of the Fact. Auch in: *Intellectual Development Beyond the Childhood.* Hrsg. V. D. Kuhn. San Francisco 1980. Im Text zit. nach *New Directions for Child Development* 5. O. O. 1979, 85–99.

Gilligan, Carol/Murphy, J. M.: Moral Development in Late Adolescence and Adulthood. A Critique and Reconstruction of Kohlberg's Theory. In: *Human Development* 23. O. O. 1980, 77–104.

Gilligan, Carol: A Different Voice. Harvard 1982. Im Text zit. als *dies: Die andere Stimme.* Lebenskonflikte und Moral der Frau. München 1984.

Gilligan, J.: In a Different Voice: Women‹s Conception of Self and of Morality. In: *Harvard Educational Review* 47. O. O. 1977. 481–517.

Gould, Carol C.: Philosophical Dichotomies and Feminist Thought. Towards a Critical Feminism. In: *Feministische Philosophie.* Hrsg. v. H. Nagl-Docekal. München 1990, 84–190.

Haan: Norma: Two Moralities in Action Contexts: Relationships to Thought, Ego Regulation and Development. In: *Journal of Personality and Social Psychology* 36. 1978, 286–305.

Haan, N.: Coping and Defending. Processes of Self-Environment Organization. New York 1977.

Haan, N./Kuhn, D./Kohlberg L/Langer, J.: Logical Operational Foundation of Moral Judgement. In: *Genetic Psychology Monographs* 95. 1977, 97–188.

Haan, N./Langer, J./Kohlberg L.: Familiy Moral Patterns 1947. O. O. 1976, 1204–1206.

Habermas, Jürgen: Erläuterungen zur Diskursethik. Frankfurt a. M. 1991.

Habermas, Jürgen: Moral Development and Ego Identity. In: *Communication and the Evolution of Society.* Boston 1979, 69–95.

Habermas, Jürgen: Moralbewusstsein und kommunikatives Handeln. Frankfurt 1983.

Hare, Richard Mervyn: Moral Thinking. Its Levels, Methods and Point. Oxford/New York 1981. Im Text zit. nach *ders.: Moralisches Denken.* Seine Ebenen, seine Methode, sein Wizt. Übers. v. Ch. Fehige, G. Meggle. Frankfurt a. M. 1992.

Hare, Richard Mervyn: The Language of Morals. Oxford 1952. Im Text zit. Nach *ders.: Die Sprache der Moral.* Übers. v. P. v. Morstein. Frankfurt a. M. 1983.

Harris, John: The Survival Lottery. In: *Applied Ethics.* Hrsg. v. P. Singer. Oxford, (96–122) 87.

Hartshorne, H./May, M. A.: Studies in the Nature of Charactere. In: *Studies in Service and Self-Control.* Bd. 2. New York 1928.

Haug, Frigga: Die Moral ist zweigeschlechtlich wie der Mensch. Zur Theorie weiblicher Vergesellschaftung. In: *Weiblichkeit oder Feminismus.* Hrsg. v. C. Opitz. Konstanz 1983, 95–122.

Hegel, G. W. F.: Vorlesungen über die Geschichte der Philosophie. 3. Bde. Bd.3. Posthum. Hrsg. v. G. Irrlitz, K. Gurst. Leipzig 1982.

Helkama, K.: The Devolement of the Attribution of Responsibility. A Critical Survey of Empirical Research and a Theoretical Outline. In: *Helsinki Research Reports* 3. Helsinki 1979.

Herzog, W.: Die Banalität des Guten. In: *Zeitschrift für Pädagogik.* 37. 1991, 41–64.

Holstein, C.: Parental Determinants of the Development of Moral Judgment. Unveröff. Diss. University of California Berkeley 1968.

James, William: The Will to Believe. Eine Ansprache an die philosophischen Vereine der Yale- und Brown-Universität. In: The New World. Juni 1896. Im Text zit. nach *ders.: Der Wille zum Glauben.* In: *Texte der Philosophie des Pragmatismus.* Hrsg. von E. Martens. Stuttgart 1975, 128–160.

Jenseits der Geschlechtermoral. Hrsg. v. H. Nagel-Docekal, Pauer-Studer. Frankfurt a. M. 1993.

Juraneck, Natalie/Dobert, Rainer: Eine andere Stimme? Universalien oder geschlechtsspezifische Differenzen in der Moral. Heidelberg 2002.

Kant, Immanuel: Eine Vorlesung über Ethik. Hrsg. v. G. Gerhardt. Frankfurt 1990.

Kant, Immanuel: Metaphysik der Sitten in zwey Theilen. Königsberg 1797. Im Text zit. nach *Kant: Werke in zehn Bänden.* Bd. 7. Hrsg. v. W. Weischedel. Darmstadt 1983.

Kant, Immanuel: Über ein vermeintliches Recht aus Menschenliebe zu lügen. In: *Berlinische Blätter.* Hrsg. v. Biester. 1. Jahrgang 1797, 301–314. Im Text zit. nach *Werke in zehn Bänden.* Bd. 7. Hrsg. v. W. Weischedel. Darmstadt 1956, 635–643.

Kant und das Recht der Lüge. Hrsg. v. G. Geismann, H. Oberer. Würzburg 1986.
– *Paton, Herbert J.: An Alleged Right to Lie.* A Problem in Kantian Ethics. A. a. O. 46–60.
– *Ebbinhaus, Julius: Brief an Herbert J. Paton vom 81.1954.* A. a. O. 66–71.
Keller, Monika: Moralische Sensibilität. Entwicklung in Freundschaft und Familie. Weinheim 1996.
Keller, Monika: Zur Entwicklung moralischer Reflexion. Eine Kritik und Rekonzeptualisierung der Stufen des präkonventionellen moralischen Urteils in der Theorie von L. Kohlberg. In: *Entwicklung.* Allgemeine Verläufe – Individuelle Unterschiede – Pädagogische Konsequenzen. Festschrift für F. E. Weinert. Hrsg. v. M. Knopf, W. Schneider. Göttingen 1990, 19–44.
Kleinberger, A. F.: The Proper Object of Moral Judgement and of Moral Education. In: *Journal of Moral Education* 11. O. O. 1982, 147–158.
Kohlberg, Lawrence/Colby, Anne: The Measurement of Moral Judgment. (2 Bde.) Bd.1. *Theoretical Foundations and Research Validation.* Cambridge 1987/1990.
Kohlberg, Lawrence/Gilligan, Carol: The Adolescent as a Philosopher. The Discovery of the Self in a Post-Conventional World. In: *Dadalus* 100. O. O. 1971, 1051–1086.
Kohlberg, Lawrence: A Cognitive-Developmental Approach to Sozialization. In: *Handbook of Socialization.* Hrsg. v. D. Goslin. New York, 1969, o. S.
Kohlberg, Lawrence: A Reply to Owen Flanagan and Some Comments on the Puka-Goodpaster Exchange. In: *Ethics 92.* Chicago April 1982, 515–528.
Kohlberg, Lawrence: Die Psychologie der Moralentwicklung. Hrsg. v. W. Althof, G. Noam, F. Oser. Frankfurt 1996. Daraus:
– *Kohlberg, Lawrence: Moral Development.* In: *International Encyclopedia of the Social Sciences.* New York 1968, 483–494. Auch in: *Kohlberg, Lawrence: The Psychology of Moral Development.* San Fransciso 1984. Im Text zit. nach *ders.: Moralische Entwicklung.* A. a. O. 7–40.
– *Kohlberg, Lawrence/Kramer Richard: Continuities and Discontinuities in Childhood and Adult Moral Development.* In: *Human Development* 12. 1969, 93–120. Im Text zit. nach *dies. Zusammenhänge und Brüche zwischen der Moralentwicklung in der Kindheit und im Erwachsenalter.* A. a. O. 41–81.
– *Kohlberg, Lawrence: Continuities in Childhood and Adult Moral Development Revisited.* In: *Life-span Developmental Psychology.* Hrsg. v. Baltes, Scharf. New York ²1973. Auch als *ders. Eine Neuinterpretation der Zusammenhänge zwischen der Moralentwicklung in der Kindheit und im Erwachsenenalter.* In: *Entwicklung des Ichs.* A. a. O. 225–252. Im Text zit. als *ders.: Zusammenhänge zwischen der Moralentwicklung in der Kindheit und im Erwachsenenalter – neu interpretiert.* A. a. O. 81–123.
– *Kohlberg, Lawrence: Moral Stages and Moralization.* The Cognitive Developmental Approach. In: *Moral Development and Behaviour.* New York 1976. In leicht überarbeiteter Form auch in *ders.: The Psychology of Moral Development.* Bd. II. *The Psychology of Moral Development.* A. a. O. 170–205. Im Text zit. nach *ders: Moralstufen und Moralerwerb. Der kognitiv-entwicklungstheoretische Ansatz.* A. a. O. 123–174.
– *Kohlberg, Lawrence/Candee, Daniel: The Relationship of Moral Judgement to Moral Action.* Cambridge (Mass.) 1980. In überarbeiteter Fassung in: *Kohlberg, Lawrence: Essays on Moral Development.* Bd. II. *The Psychology of Moral Development.* San Francisco 1984, 498–581. Die Version von 1984 im Text zit. nach *dies.: Die Beziehung zwischen moralischem Urteil und moralischem Handeln.* A. a. O. 373–495.
– *Anhang.* A. a. O. 495–508.
Kohlberg, Lawrence: Philosophical Issues in the Study of Moral Development. Vortrag Cambridge (Mass). Juni 1980.

Kohlberg, Lawrence: Essays in Moral Development. 2 Bde. Bd.1 *The Philosophy of Moral Development.* Moral Stages and the Idea of Justice. San Franciso 1981. Bd.2. *The Psychology of Moral Development.* San Fransciso 1984. Daraus:

– *Kohlberg, Lawrence: From Is to Ought.* How to Commit the naturalistic fallacy and get away with it in the study of moral development. In: *Cognitive Development and Epistemology.* Hrsg. v. T. Mischel. New York/London 1971, 151–235. Im Text zit. nach A. a. O. Bd. 1. 101–189.

– *Kohlberg, Lawrence: Justice as Reversibility.* A. a. O. Bd.1. 190 ff.

– *Kohlberg, Lawrence: Synopses and Detailed Replies to Critics.* Im Text zit. nach A. a. O. Bd. 2. O. S.

Kramer, Richard: Progression and Regression in Adolescent Moral Development. Vortrag vor der *Society for Research in Child Development.* Santa. M. Nica 1969.

Kramer, Richard: Changes and Moral Judgment Response Pattern during Late Adolescence and Young Adulthood. Unveröff. Diss. University of Chicago 1968.

Kuhlmann, Wolfgang: Reflexive Letztbegründung. Freiburg/München 1985.

Kuhn, D./Langer, J./Kohlberg L/Haan, N.: Logical Operational Foundation of Moral Judgment. In: *Genetic Psychology Monographs* 95. O. O. 1977, 97–188.

Kuhse, Helga/Singer, Peter: Should the Baby live? Oxford/Melbourne 1985. Im Text zit. nach *dies. Muss dieses Kind am Leben bleiben?* Von der Autorin und dem Autor überarbeitete und erweiterte deutsche Ausgabe. Übers. v. J. Schust. Erlangen 1993.

Kuhse, Helga: The Sancity of Life-Doctrine in Medicine. A Critique. Oxford 1987. Im Text zit nach *dies.: Die ›Heiligkeit des Lebens‹ in der Medizin.* Eine philosophische Kritik. Übers. v. Th. Fehige. Erlangen 1994, 51–108.

Kuld, Lothar/Schmid, Bruno: Lernen aus Widersprüchen. Dilemmageschichten im Religionsunterricht. Donauwörth 2001.

Labouvie-Vief, G.: Uses of Logic in Life-Span Development. A Theoretical Note on Adult Cognition. In: *Human Development.* 1979 o. S.

Lind, Georg: Moral ist lehrbar. Handbuch zur Theorie und Praxis moralischer und demokratischer Bildung. München 2003.

Maihofer, A.: Ansätze zur Kritik des moralischen Universalismus. In: *Feministische Studien I.* O. O. 1988, 32–52.

Malti, T.: Moralische Gefühle. Begründungen und Sozialverhalten in der Kindheit. Ein integrativer Ansatz. Diplomarbeit FU Berlin 1999.

Martens, Ekkehard: Methodik des Ethik- und Philosophieunterrichts. Hannover ²2005.

Mauermann, L.: Unterrichtsplanung zur Diskussion eines moralischen Dilemmas in der 8./9. Jahrgangsstufe. In: *Der Erziehungsauftrag der Schule.* Hrsg. v. L. Mauermann/E. Weber. Donauwörth 1978, 192–201.

McCarthy, Thomas A.: Rationality and Relativism. In: *Critical Debates.* Hrsg. v. J. B. Thompson, D. Held, J. Habermas. London 1982.

McNamee, S.: Moral Behaviour, Moral Development, and Motivation. In: *Journal of Moral Education* 7. 1977, 27–31.

Methoden des Philosophierens. Hrsg. v. J. Rohbeck. Dresden 2000.

Milgram, S.: Obedience to Authority. An Experimental View. New York 1974.

Mill, John Stuart: Utilitarianism. London 1861/1871. In *ders.: Essays on Ethics, Religion and Society.* Hrsg. v. J. M. Robson. Toronto/London 1969. Im Text zit. nach *der.: Der Utilitarismus.* Übers. und hrsg. v. D. Birnbacher. Stuttgart 1976/2006.

Ministerium für Bildung, Jugend und Sport: Abschlussbericht zum Modellversuch ›Lebensgestalt – Ethik – Religion. Potsdam Februar 1996.

Moral Dilemmas. Hrsg. v. Ch. Gowans. New York/Oxford 1987. Daraus:
- *Fraassen, Bas. C. van: Values and the Heart‹s Command.* In: *The Journal of Philosophy* 70. 1973, 5–19. A. a. O. 138–153.
- *McConnell, Terrance C.: Moral Dilemmas and Consistency in Ethics.* In: *Canadian Journal of Philosophy,* 8, 1978, 409–13. A. a. O. 154–173.
- *Marcus, Ruth Barcan: Moral Dilemma and Consistency.* In: *The Journal of Philosophy* 77. 1980, 121–136. A. a. O. 188–204.

Moralische Erziehung in der Schule. Entwicklungspsychologie und pädagogische Praxis. Hrsg. v. W. Edelstein, F. Oser, P. Schuster. Weinheim/Basel 2001. Daraus:
- *Oser, Fritz: Acht Strategien der Wert- und Moralerziehung.* A. a. O. 63–89.
- *Keller, Monika: Moral in Beziehungen.* Die Entwicklung des frühen moralischen Denkens in Kindheit und Jugend. A. a. O. 111–140.
- *Nunner-Winkler, Gertrud: Weibliche Moralentwicklung?* A. a. O. 141–153.
- *Schuster, Peter: Von der Theorie zur Praxis.* Wege zur unterrichtspraktischen Umsetzung des Ansatzes von Kohlberg. A. a. O. 177–212.
- *Oser, Fritz/Alhof, Wolfgang:: Die gerechte Schulgemeinschaft.* Lernen durch Gestaltung des Schullebens. A. a. O. 233–267.

Moralisches Urteil und Handeln. Hrsg. v. W. Althof, D. Garz, F. Oser. Frankfurt a. M. 1999.

Moralische Urteilsfähigkeit. Eine Auseinandersetzung mit Lawrence Kohlberg. Hrsg. v. G. Lind, J. Raschert. Weinheim/Basel 1987. Daraus:
- *Vorwort der Herausgeber.* A. a. O. 7–9.
- *Schwier, Hans: Einleitende Bemerkungen zu Schule und Erziehung des Kultusministers von Nordrhein-Westfalen.* A. a. O. 11–15.
- *Kohlberg, Lawrence: Moralische Entwicklung und demokratische Erziehung.* 1973. A. a. O. 25–43.
- *Oser, Fritz: Möglichkeiten und Grenzen der Anwendung des Kohlberg‹schen Konzepts der moralischen Erziehung in unseren Schulen.* A. a. O. 44–53.
- *Hänisch, Hans/Hagemann, Wilhelm/Nunner-Winkler, Gertrud/Oser, Fritz/Reinhardt, Sibylle/ Schiro, Heinz/Vossen, Ulrich/Lind, Georg/Raschert, Jürgen: Vorschlag für ein Projekt zur Förderung der moralisch demokratischen Urteilskompetenz in der Schule.* A. a. O. 113 ff.
- *Lind, Georg: Kohlberg auf dem Prüfstand.* Ein fiktives Gespräch über Schule, Demokratie und kognitiv-moralische Entwicklung. A. a. O. 93–115.

Nagel, Thomas: Mortal Questions. Cambridge 1979. Im Text zit. nach *ders.: Letzte Fragen.* Hrsg. v. M. Gebauer. Übers. v. K. E. Prankel, R. Stoecker, M. Gebauer. Bodenheim ¹1984/²1996. Daraus:
- *Nagel, Thomas: War and Massacre.* 1971. In: *Philosophy and Publics Affairs.* 1972. A. a. O. 83–109.
- *Nagel, Thomas: The Fragmentation of Value.* In: *Knowledge, Value and Belief.* Hrsg. v. D. Callahan. New York 1977, 279–294. A. a. O. 181–199.

Nagel, Thomas: The View from Nowhere. New York/Oxford 1986. Im Text zit, nach *ders.: Der Blick von Nirgendwo.* Übers. v. M. Gebauer. Frankfurt a. M. 1992.

Naylor, Margery B.: The Moral of the Trolley Problem. In: *Philosophical Phenomenological Research* 48. 1987, 711–722.

Noddings, Nel: Women and Evil. Berkeley 1989.

Nunner-Winkler, Gertrud: Moralentwicklung im Kindesalter. Zur Frage nach dem Verhältnis von Moral und Religion. In: *Der Kinderglaube.* Perspektiven aus der Forschung für die Praxis. Donauswörth 1996, 47–64.

Oser, Fritz/Gmünder, Paul: Der Mensch – Stufen seiner religiösen Entwicklung. Ein strukturgenetischer Ansatz. Gütersloh 1982.

Oser, Fritz: Lernen durch Gestaltung des Schullebens. Der Ansatz der ›Gerechten Gemeinschaft‹. In: *Aufwachsen in Widersprüchen.* Bericht der 38. Internationalen Pädagogischen Werktagung. Salzburg 1990, 11–115.

Oser, Fritz: Moralisches Urteil in Gruppen, soziales Handeln, Verteilungsgerechtigkeit. Stufen der interaktiven Entwicklung und ihre erzieherische Stimulation. Frankfurt 1981.

Oser, Fritz/Althof, Wolfgang: Moralische Selbstbestimmung. Modelle der Entwicklung und Erziehung im Wertebereich. Ein Lehrbuch. Hrsg. v. Stuttgart 1992. Darin auch:

- *Kohlberg, Lawrence: Recent Research in Moral Development.* Unveröff. 1973. Im Text zit. nach ders.: *Moralstufen und Moralerwerb.*: Der kognitiv-entwicklungstheoretische Ansatz. 1973. A. a. O. 26–65.

Perry, W. B.: Forms of Intellectual and Ethical Development in the College Year. A Scheme. New York 1968.

Pfeiffer, Volker: Didaktik des Ethik-Unterrichts. Bausteine einer integrativen Wertevermittlung. Stuttgart 2009.

Philosophische Denkrichtungen. Hrsg. v. J. Rohbeck. Dresden 2001.

Piaget, J.: The Moral Judgement of the Child. New York 1932. Auch als *ders.: Das moralische Urteil beim Kinde.* Frankfurt 1973.

Piaget, Jean: Structuralism. New York 1970.

Pieper, Annemarie: Der Aufstand des stillgelegten Geschlechts. Einführung in die feministische Ethik. Freiburg 1993.

Raters, Marie-Luise: Das moralische Dilemma – Supergau der Moral? Forthcoming.

Rawls, John: A Theory of Justice. Cambridge (Harvard) 1971. Im Text zit. nach *ders.: Theorie der Gerechtigkeit.* Übers. v. H. Vetter. Frankfurt 1979. 257.

Rawls, John: Two Concepts of Rules. In: *The Philosophical Review* 64, 1958, 3–32. Im Text zit. nach *ders.: Zwei Regelbegriffe.* In: *Einführung in die utilitaristische Ethik.* Hrsg. v. O. Höffe. Tübingen/Basel [4]2008, 135–167.

Reichenbach, Roland: Leben als Geschäft. Über Tausch, Täuschung und Selbsttäuschung. In *Homo oeconomicus – die Wirtschaft braucht den ganzen Menschen.* Hrsg. v. M. Rapold. Schaffhausen 2006, 67–94.

Rest, J. R.: Morality. In: *Handbook of Children‹s Psychology.* Bd. 3. Cognitive Development. Hrsg. v. J. H. Flavell, E. Markham. New York [4]1983, 556–629.

Riegel, K.: Dialectical Operations. The Final Period of Cognitive Development. In: *Human. Development* 16. O. O. 1973, 345–276.

Rorty, Richard: Solidarity or Objectivity? Howison Lecture University of California. In: *Post-Analytic Philosophy.* Hrsg. v. J. Rajchmann, C. West. New York 1986, 3–19. Im Text zit. nach *ders.: Solidarität oder Objektivität?* In *ders.: Solidarität oder Objektivität.* Drei philosophische Essays. 1987. Übers. u. hrsg. v. J. Schulte. Stuttgart 1988, 11–37.

Ross, Sir David: The Right and the Good. Oxford 1930. Im Text zit. nach hrsg. v. P. Stratton Lake. Oxford 2002.

Sartre, Jean Paul: L‹Existencialisme est un Humanisme. Vortrag Paris 1946. Im Text zit. nach *ders.: Ist der Existentialismus ein Humanismus?* In *ders.: Drei Essays.* Übers. u. hrsg. v. W. Schmiele. Zürich 1973, 7–51.

Sartre, Jean Paul: Les Mouches. Paris 1943. Im Text zit. nach *ders.: Die Fliegen. Die schmutzigen Hände.* Zwei Dramen. Hamburg 1961.

Schopenhauer, Arthur: Preisschrift über die Grundlage der Moral. Nicht gekrönt von der Königlich Dänischen Societät der Wissenschaften, zu Kopenhagen, am 30. Januar 1840. Im Text zit. nach *ders.: Preisschrift über das Fundament der Moral.* Hrsg. v. H. Ebeling, Hamburg 1979.

Sen, Amaryte: *Plural Utility.* In: *Proceedings of the Aristotelian Society.* 81. 1980–1981, 193–215.

Sidgwick, Henry: *The Methods of Ethics.* London 1874. Im Text zit. nach *ders.: Methoden der Ethik.* Übers. V. C. Bauer. Leipzig 1909.

Sinnott-Armstrong, Walter: *Moral Dilemmas.* Oxford 1988.

Spitzley, Thomas: *Handeln wider besseres Wissen.* Eine Diskussion klassischer Positionen. Berlin/ New York 1992.

Stangl, Werner: *Einführung in die Psychologie.* Kurs 03250. FernUniversität Hagen.

Steinvorth, Ulrich: *Klassische und moderne Ethik.* Grundlinien einer materialen Moraltheorie. Reinbek bei Hamburg 1990.

Styron, William: *Sophies Entscheidung.* München 1979. Im Text zit. nach [9]1993.

Thomas von Aquin: *Quaestiones Disputatae de Veritate.* Quaestio 17, Art. 1. Im Text zit. nach: *Des heiligen Thomas von Aquino Untersuchungen über die Wahrheit.* Bd. II. Quaestio 14–29. Übers. v. E. Stein. Hrsg. v. L. Gelber, P. Fr. R. Leuven. Louvain/Freiburg 1955, 74–78. Im Text zit. nach überarbeitet u. hrsg. v. A. Speer, F. V. Tommasi, Freiburg 2008, 460–465

Thomson, Judith Jarvis: *Rights, Restitutions, and Risks.* Cambridge 1986.

Um Leben und Tod. Hrsg. v. A. Leist. Frankfurt a. M. 1992. Daraus:
- Foot, Philippa: *Das Abtreibungsproblem und das Problem der Doppelwirkung.* 1967. A. a. O. 196–211.
- Harris, John: *Ethical Problems in Management of Some Severely Handicaped Children.* In: *Journal of Medical Ethics* 7. 1981, 107–120. Als *ders.: Ethische Probleme beim Behandeln einiger schwergeschädigter Kinder.* A. a. O. 349–360.
- Hare, Richard M.: *Survival of the Weekest.* In: *Moral Problems in Medicine.* Hrsg. V. S. Gorovitz u. a. New York 1976, 369–375. Als *ders.: Das mißgebildete Kind.* A. a. O. 374–384.
- Lorber, John/Anscombe, Gertrud E. M./Cousine, Douglas J.: *Commentaires.* In: *Journal of Medical Ethics* 7. 1981, 120–124; 8. 40 f. Als *dies.: Kommentare.* A. a. O. 360–369.

Walker, Lawrence J.: *Cognitive and Perspective-Taking Prerequisites for Moral Development.* In: *Child Development* 51. 1980, 131–139.

Weibliche Moral. Die Kontroverse einer geschlechtsspezifischen Ethik. Hrsg. v. Nunner-Winkler. Frankfurt/New York 1991. Daraus:
- Gilligan, Carol: *Moral Orientation and Moral Development.* In: *Women and Moral Theory.* Hrsg. v. E. Kittey, D. Meyers. Totowa 1987, 19–33. Im Text zit. als *dies.: Moralische Orientierung und moralische Entwicklung.* A. a. O. 79–100.
- Nails, Debra: *Social-Scientific Sexism: Gilligan᾿s Mismeasure of Man.* In: *Social Research* 50. O. O. 1983, 643–663. Im Text zit. nach *dies: Sozialwissenschaftlicher Sexismus. Carol Gilligans Fehlvermessung des Menschen.* A. a. O. 101–108.
- Walker, Lawrence J.: *Sex Differences in the Development of Moral Reasoning.* A Critical Review. In: *Child Development* 55. O. O. 1984, 677–691. Im Text zit. nach *ders.: Geschlechtsunterschiede in der Entwicklung des moralischen Urteils.* A. a. O. 109–120.
- Harding, Sandra: *The Curious Coincidence of Feminine and African Moralities.* In: *Women and Moral Theory.* Hrsg. v. E. Kittay, D. Meyers. Totowa NJ 1987, 296–315. *Im Text zit. nach dies.: Die auffällige Übereinstimmung feministischer und afrikanischer Moralvorstellungen.* Eine Herausforderung für feministische Theoriebildung. A. a. O. 162–189.
- Habermas, Jürgen: *Gerechtigkeit und Solidarität.* Gekürzte Fassung A. a. O. 225–231. Im Text zit. nach: *Zur Bestimmung der Moral.* A. a. O. 291–318.

Weibliche Moral. Ein Mythos? Hrsg. v. D. Hoerster. Frankfurt a. M. 1998.

Wellmer, Albrecht: *Ethik und Dialog.* Frankfurt 1986.

Williams, Bernard: *Moral Luck.* Cambridge 1981, 71–82. Im Text zit. nach *ders.: Moralischer Zufall.*

Philosophische Aufsätze 1973–1980. In: *Philosophie.* Analyse und Grundlegung. Bd.9. Hrsg. v. P. Bieri, R. Geuss, Th. Nagel, R. Rorty, P. Strawson. Königstein Ts. 1984. Daraus:
- *Conflict of Values.* Als: *Konflikt von Werten.* A. a. O. 82–93.
- *Moral Luck.* Als: *Moralischer Zufall.* A. a. O. 30–50.

Williams, Bernard: Consequentialism and Integrity. In: *Consequentialism and its Critics.* Hrsg. v. S. Scheffler. Oxford 1988, 20–50.

Williams, Bernard: Ethical Consistency. In: *Proceedings of the Aristotelian Society.* Bd. 39, 1965. Auch in *ders.: Problems of the Self.* Cambridge 1973, 166–186. Im Text zit. nach *ders.: Widerspruchsfreiheit in der Ethik.* In: *ders. Probleme des Selbst.* Kapitel 11. Stuttgart 1978, 263–296.

Williams, Bernard: Morality. An Introduction to Ethics. New York 1972/London 1976. Im Text zit. nach *ders.: Der Begriff der Moral.* Eine Einführung in die Ethik. Übers. v. E. Bubser. Stuttgart 1986.

Williams, Bernhard: Ethics and the Limits of Philosophy. Cambridge 1985. Im Text zit. nach *ders.: Ethik und die Grenzen der Philosophie.* Übers. v. M. Haupt. Hamburg 1999.

Women and Moral Theory. Hrsg. v. E. F. Kittay, D. T. Meyers. Totowa/New York 1987.

Wuchterl, Kurt: Methoden der Gegenwartsphilosophie. München ³1999.

www.learn-line.nrw.de/…/dilemma_rolf.html

Zoglauer, Thomas: Normenkonflikte. Zur Logik und Rationalität ethischen Argumentierens. Stuttgart/Bad Cannstatt 1998.

Zur Bestimmung der Moral. Philosophische und sozialwissenschaftliche Beiträge zur Moralforschung. Hrsg. v. W. Edelstein, G. Nunner-Winkler. Frankfurt a. M. 1986. Daraus:
- *Kohlberg, Lawrence/Boyd, Dwright R./Levine, Charles: Die Wiederkehr der sechsten Stufe.* Gerechtigkeit, Wohlwollen und der Standpunkt der Moral. A. a. O. 204–240.
- *Habermas, Jürgen: Gerechtigkeit und Solidarität.* Im Text zit. nach A. a. O. 291–318. Vgl. auch die gekürzte Fassung in: *Weibliche Moral.* A. a. O. 225–231.
- *Keller, Monika/Edelstein, Wolfgang: Beziehungsverständnis und moralische Reflexion.* Eine entwicklungspsychologische Untersuchung. A. a. O. 259–277
- *Fetz, Reto Luzius/Oser, Fritz: Weltbildentwicklung, moralisches und religiöses Urteil.* A. a. O. 443–469.

Zum moralischen Denken. Hrsg. v. Ch. Fehige, G. Meggle, 2 Bde, Frankfurt a. M. 1992. Daraus:
- *Richard M. Hare: Universal Prescriptivism.* In: *A Companion to Ethics.* Hrsg. V. P. Singer. Oxford 1991. Im Text zit. als *ders.: Zur Einführung. Universeller Präskriptivismus.* A. a. O. Bd.1, 31–54.
- *Hinsch, Wilfried: Präferenzen im moralischen Denken.* A. a. O. Bd. 2, 87–113.
- *Kusser, Anna: Welchen Nutzen maximiert der Utilitarismus.* A. a. O. Bd. 2, 113–139.
- *Hare, Richard M.: Replik auf Kusser.* A. a. O. Bd. 2, 280–285.
- *Hare, Richard M.: Moralisches Zaubern.* Replik auf Leist. A. a. O. Bd.2, 302–309